社長
人事制度で解決できます

人事コンサルタント歴30年以上
プロのノウハウを大公開

株式会社日本能率協会コンサルティング
高原暢恭 著

労務行政

はじめに

　本書は、主に中小企業が人事制度を改革しようとしたときに、そのガイドとなるように書き上げたものです。日本企業は、過去何回にもわたって人事制度改革の大波に洗われてきました。その関係もあり、人事制度改革の指南書がたくさん登場しました。しかし、成果主義など、特定のコンセプトの説明に偏ったり、そのコンセプトを具体化するための手法の説明に偏ったりしているものが多く、自社に有効な改革は何かを見極めて具体化していける指南書は案外少ない状況にあります。本書は、特に中小企業が、自らの経営改革や事業改革を目指す手段の一つとして人事制度改革を考える際、どのような思考ストーリーで検討するべきかを公平・客観的な立場から説明し、かつ必要な人事制度設計をどう具体化していけばよいか、一通り理解できるように解説しています。

◆本書が対象とする「中小企業」の規模感

　本書における中小企業とは、社員数にして、おおよそ30～300人未満の規模をイメージしています。中小企業基本法では、「中小企業」という概念を、資本金や社員数から定義しています。製造業などでは、資本金（または出資金）の総額が3億円以下の会社、または常時使用する社員数が300人以下の会社を指します。サービス業では、資本金（または出資金）が5000万円以下で、常時使用する社員数が100人以下の会社を指します。筆者は、公的機関が行う中小企業政策を議論する者ではないので、特にそのような厳密な定義からは話をスタートさせませんが、人事を専門とするコンサルタントの経験からすると、社員数は人事制度の内容を論じる際に重要な尺度になると考えています。

　やはり社員数10万人規模の企業の人事制度と社員数100人規模の人事制度とは大きな違いが現にありますし、新しい人事制度を設計して導入する際にも、同じものでよいはずはありません。

　人事制度は社員のマネジメントシステムの中核ですから、どのような

環境の中で、どのような社員をマネジメントするかは、人事制度のありようを考える上で大変重要な要素といえるでしょう。

社員数規模でいえば、10人程度の会社と数万人規模の会社では、あらかじめルールとして決めておくべきものの程度が違うはずです。この点、異論を唱える人はいないと思います。

◆中小企業における人事制度の必要性

人事制度のありようを考える際、人がマネジメントできる集団の規模を見ていくべきだと思います。社長1人がマネジメントできる人の数は、その人の能力に影響を受けますが、いくら有能でも、せいぜい20〜30人が限界ではないでしょうか。ということは、20〜30人程度の規模であれば、人事制度も、必要な役職と一人ひとりの給与の支払い方を決めておけば十分です。

一方、300人を超える社員数になってくると、社長1人のマネジメント力では、もうどうにもなりません。仮に有能な社長1人が30人の管理者を直接マネジメントしたとして、その管理者が何とか10人の部下をマネジメントするとなると、それで300人の集団となります（ここでは、管理者はマネジメント力にばらつきがあり、社長ほどのリーダーシップを発揮できないという認識から、管理者1人当たり10人の部下を掌握する目安で説明しています）。したがって、社長の直接の部下である管理者が30人を超えると、社長1人のマネジメント力では対応できなくなり、社員数が300人超となれば、特別なシステムとしての人事制度をつくり込む必要性が生じることになります。

◆人事制度のシステム化

中小企業と大企業とは、同じタイプの人事制度でよいのかというと、そういうわけでもありません。中小企業は単一事業で経営していることが多く、複数の事業を手掛けていても数はそれほど多くないと思います。大企業の場合、一つの事業規模も大きい上に事業も多岐にわたります。

筆者のコンサルタントの経験からすると、300～5000人までの企業は、人事制度をシステム化しなければならない点は、5000人を超える企業と同じですが、主要な事業部門と人事部門に有能な管理者がいれば、その人の応用動作や頑張りで何とか仕切っていける規模です。一方、5000人を超える企業の場合は「何とか仕切っていける」という期待を持たないほうがいいと思います。コンプライアンスの問題も相当に吟味した上で、可能な限りシステム化して、自動運営ができるような方策をできるだけ検討していく必要があるでしょう。そういう意味で、いろいろな工夫が行われているのは事実です。

　もちろん、一つの人事管理対象の規模を大きくしないで人事制度を機能させる努力もあります。分社政策をとったり、カンパニー制をしいたり、規模を小さくし、事業に合った人事制度を導入したりするのも工夫の一つになります。

　本書は、30～300人規模の中小企業を対象に人事制度改革を指南するものですが、①有能な社長１人のマネジメント力だけで対応するには無理があり、かつ②300人を超える大きな企業ほどには詳細なシステム化を必要としない――規模における人事制度改革について解説します。もちろん、中小企業といっても千差万別で、一律に説明しにくい点がたくさんありますが、上記①②程度の目安をつけて解説を加えていきたいと思います。

　ですから、本書の内容を自社の状況に当てはめたとき、「もう少しシステム化の程度を上げたほうがいい」、あるいは「そこまでシステム化しなくてもいい」などの個別の判断は必要になります。

◆制度改革には、経営企画力のある人材が必要

　中小企業の場合、どうしても事業推進力が大事ですから、間接部門としての人事部門に優秀な人材を配置することが難しくなります。そのため、人事部門には給与実務を間違えずに進められる「事務スタッフ」しかいないことがよくあります。そういう状況では、そのスタッフに依拠して人事制度改革を進めることは難しいでしょう。人事制度改革を進め

るには、一時的にでも、経営企画力のある人材が必要になるため、何とか確保してほしいと思います。新しい人事制度ができて運用するときには、その「事務スタッフ」も人事政策企画力をつけて相当に育つでしょうし、人事制度改革に参加した経営企画力のある人材もさらに成長して、経営者の候補になっていくはずです。そのような特別な育成期間を意識的に取る経営判断も大事です。

とはいえ、やはり事業推進を中心として有能な人材を配置する必要がありますから、新しい人事制度は、できるだけシンプルに判断でき、難しい応用的判断をそれほど必要としないものであることが望ましいといえます。そのような人事制度改革を目指して、これから検討していきましょう。

◆本書の構成

本書の構成は、以下のとおりです。

第1章「中小企業の人事管理のポイント」では、どのような性格を持つ人事制度を検討し、どのような工夫をすべきかを述べます。中小企業といってもさまざまありますので、なかなか一つの「定番」に絞るのは難しいところですが、自社の人事制度改革の大切な視点が見つかればと思います。

第2章「中小企業が直面する人事制度の改革課題」では、そもそも人事制度とはどのようなものか、中小企業に共通する人事管理上の課題とは何か、それに対してどのような対応を目指すべきかを解説します。中小企業は、どうしても人事に精通するスタッフを確保しにくいでしょうし、人材の採用や育成に苦労すると思います。また「資金繰りにいつも気を使う」ということもあります。こうした点を踏まえて、目指すべき人事制度改革の方向性を見定めていきたいと思います。

第3章「人事制度改革に向けた準備」では、人事制度改革において、何を目的に進めるのか、何を変えるのか、これらをスタート時点でどう見極め、定義するかについて述べます。また、人事制度改革の目的について、経営トップや関係部門の問題意識を強化するとともに、推進体制

を確立し、スケジュールを立てなければなりません。また、内部での推進力が心配な場合には、外部のコンサルタントの協力を得たほうがよいでしょう。

　第４章「人事制度の設計実務」では、中小企業の課題に即した人事制度設計の具体的内容を、制度例を示しながら説明していきます。何をどの程度具体化すればよいか、よく検討してみてください。人事制度は製造業と非製造業で違いがあることは確かですし、さらに業種によっても異なります。この違いを分かりやすく説明するよう意を払い、三つの人材群（①熟練労働者群、②「通常の管理者（幹部社員）・同候補者」人材群、③「事業開発」人材群）の人事制度を説明することで、業種の違いに対応できるようにしました。①〜③を組み合わせることで、製造業、非製造業などの特性を、制度に柔軟に反映できると考えています。

　製造業には一連の熟練労働者がいますが、一般に非製造業にはいません。ですが、非製造業にも通常のサービス事務や定型事務の担当者はいます。その人事制度には共通性がありますので、①熟練労働者向けの人事制度について述べた項を参考にしていただきたいと思います。また、製造業にも非製造業にも、通常の管理者や営業職、管理的業務に従事する管理者候補はいます。こうした職種については、製造業・非製造業を問わず、通常の②幹部社員・幹部候補生向けの人事制度の説明を参考にしてください。③事業開発人材は、中小企業の場合、製造業にはそれほど多くはいないかもしれませんが、多角化戦略をとるなら一定数は必要です。さらに、製造業でも、開発技術者がいれば事業開発を担いますので、③事業開発人材向けの人事制度の説明が参考になります。事業開発人材が豊富な商社などについても、まさに同様です。製造業・非製造業、さらには業種別に説明するとなると、内容があまりにも細分化されるため、三つの人材群別に人事制度の設計実務を解説することにし、読者の皆さまには自社の問題を考える際に応用していただければと思います。

　第５章「新人事制度導入のための社内説明・制度導入後の定着フォロー」で述べるのは、新人事制度の導入に当たり、重要な事項について

経営陣や管理者との間で認識を共通化することの重要性です。また、労働組合や従業員代表に説明し、理解を求める必要があります。労働組合や従業員代表とは、社員一人ひとりの理解が進むように、どのように説明し検討体制をつくっていくかを議論し、合意して進める必要があります。こうした注意点とともに、新人事制度の運用や定着に向けたさまざまな施策（研修や意識調査、効果測定など）を解説します。

　終章「おわりに」では、「中小企業の人事制度改革の独創性と可能性」について述べます。今後の中小企業の人事制度改革は、人口減少社会への対応、とりわけ生産人口の減少、労働力確保という難題に向き合う必要があると思います。中小企業は、規模が小さく身軽なゆえに、思い切った人事施策の実行が可能です。優秀な人材の採用に苦労する面はありますが、思い切った施策で人材を吸収していける可能性もあります。そういう面での問題意識を読者の皆さまと共有し、今後の継続的な人事制度改革に対する目の付けどころを探っていければと思います。

　何はともあれ、本書を通じて、中小企業の人事制度改革の質が少しでも上がっていくことを願ってやみません。

　なお、本書は、筆者の責任の下に執筆したものですが、ここで解説した内容は、筆者が所属する日本能率協会コンサルティング（JMAC）の多くの先輩や仲間と共同で練り上げてきたものです。この背景には、JMACの73年にわたるコンサルティングの実践があり、多くの企業の方々との熱心で前向きな議論があります。この場を借りて、感謝申し上げます。

　また、今回、出版の機会を与えてくださった労務行政研究所編集部の石川了氏、井村憲一氏、深澤顕子氏、三宅敦久氏にお礼を申し上げるとともに、原稿の整理などに多大な労力をおかけしたことに感謝申し上げたいと思います。

2016年8月

　　　　　　　　　　　　日本能率協会コンサルティング　高原暢恭

◎はじめに ……………………………………………………………………… 3

第1章 中小企業の人事管理のポイント　15

1 人材獲得力――しっかりした考え方で処遇していることを
アピール ……………………………………………………………………… 16

2 リテンション――公正に処遇しようとしている価値観を示す ………… 17

3 モチベーション向上――業績を上げれば高年収を得られる印象を
強くする ……………………………………………………………………… 18

4 トップの心得①――トップのマネジメント力の強化 ………………… 19

5 トップの心得②――競争力の源泉は「分かりにくいもの」の中に
ある …………………………………………………………………………… 20

6 人事制度の緻密さの程度は、企業文化の違いで変わる ……………… 22

第2章 中小企業が直面する人事制度の改革課題　25

1 中小企業が改革すべき人事制度の対象 …………………………………… 26

　1 人事制度の全体像を見る ………………………………………………… 26

　2 どこに重点を置くべきかを検討する …………………………………… 28

　　①経営計画の実践のために社員の役割を明確にする仕組み
　　　＝目標管理制度 ………………………………………………………… 28

②長期的な視点から社員の能力開発課題を示す仕組み
　　　＝等級制度 29
　　③評価の仕組み ＝評価制度 33
　　④社員の実績に報いる仕組み＝賃金・昇降格制度 34
　　⑤能力開発・適材適所の仕組み＝配置・教育研修 34
2 中小企業の人事管理上の課題 36
　1 できるだけシンプルかつ柔軟な運用ができるようにしたい 36
　2 優秀な人材を採用したい 38
　3 人材の育成を行い、戦力化したい 39
　4 できる人材とそうでない人材と処遇の差がつくメリハリのある
　　人事制度としたい 40
　5 総額人件費を業績と連動させたい 40
3 中小企業の課題解決の柱は三つ 42

第3章　人事制度改革に向けた準備　45

1 検討スタート時に確認すべきポイント 47
　1 経営者の「思い」を事業と関連させて明確にしていく 47
　2 今後の事業的な見通しをどう考えるか 48
　3 どのような事業的な変化を引き起こすのか 50
　4 人事制度改革により得られる経営上の効果とは何か 57
2 人事制度改革に着手するに当たって配慮すべきこと 59
　1 経営層のコミットメントの大切さ 60
　2 現場とのコミュニケーション 61
　　①管理者の巻き込み 61
　　②現場の声の聴取 62

③現場とのコミュニケーションの意義 ………………………………… 63
　❸ 推進体制（事務局等）の整備 ……………………………………… 64
　　①メンバー構成 ………………………………………………………… 64
　　②コンサルタントとの役割分担 ……………………………………… 65
　❹ コンサルタントの選定・活用法 …………………………………… 66
　　①選定ポイント ………………………………………………………… 66
　　②活用法 ………………………………………………………………… 67

❸ どのようなスケジュールで進めるか（全体計画の策定） …………… 70
　❶ 検討開始から制度導入までの期間 ………………………………… 70
　❷ スケジュールイメージ ……………………………………………… 71

❹ 現状分析と課題整理の進め方 ………………………………………… 74
　❶ どのような手法で行い、その結果から、何をどのように判断するか … 74
　　①現状調査の進め方 …………………………………………………… 74
　　②基本となる現状調査の項目 ………………………………………… 76
　　③社員インタビュー・アンケート調査 ……………………………… 87
　❷ 新人事制度をどのような形で構想していくか …………………… 91
　　①事業環境変化から人事課題を把握する …………………………… 95
　　②人事課題から人事制度改革の基本方針を策定する ……………… 97
　　③基本方針を新人事制度の具体化イメージに落とし込む ………… 98

第4章　人事制度の設計実務
　　　　──主要項目別に実践ポイントを徹底指南　　　　　101

❶ 運用の易しさを確保する ……………………………………………… 103
❷ 主要項目別の「制度改革」指南──処遇の見通し感を持たせる ……… 106
　❶ 月例給与・賞与の処遇モデルのつくり方 ………………………… 106

①新人事制度の基本構想の確認 ······································· 107
　　②必要とする人材像のイメージアップ ······························· 111
　　③等級区分数の設定 ·· 113
　　④役職階層の設定 ·· 117
　　⑤目安年収（ポリシーライン）の設定 ································ 119
　　⑥月例給与における支給項目の設定 ·································· 124
　　⑦モデル昇格年数の設定 ·· 125
　　⑧期待処遇モデルの設定（モデル給与・賞与試算表の設定） ········· 131
　2 月例給与制度の設計 ·· 135
　　①基本給テーブルのタイプの選択 ····································· 135
　　②基本給テーブルの設計 ·· 141
　　③手当額の設定 ·· 146
　3 賞与制度の設計 ·· 152
　　①等級別の年間賞与額水準の設定 ····································· 152
　　②等級別の評価別賞与格差の設定 ····································· 153
　　③基本給との連動性の程度の決定 ····································· 164
　　④賞与制度のタイプの設定 ·· 166
　4 昇格基準のつくり方 ·· 170
　　①等級制度のタイプの設定 ·· 171
　　②職群（コース）の設定 ··· 173
　　③全社等級体系と定義の作成 ·· 176
　　④職群別等級基準の作成 ·· 177
　　⑤昇格（降格）要件の設計 ·· 179
　5 人事評価表のつくり方 ·· 182
　　①評価項目の体系の設計 ·· 182
　　②人事評価表のタイプの選択 ·· 185

③評価項目別の評価ウエートの設計 …………………………………… 186
　　④目標管理制度の設計 ………………………………………………… 187
　6 育成制度のつくり方 ……………………………………………………… 190
　　①ターゲットとなる人材育成目標像の設定 ……………………………… 191
　　②人材育成思想の確認 ………………………………………………… 193
　　③教育体系の設定 ……………………………………………………… 194
　　④OJTの進め方の設定 ………………………………………………… 198
　　⑤研修の内製化と育成施策のPR ……………………………………… 201
　7 退職金制度のつくり方 …………………………………………………… 204
　　①退職金の世間水準の確認と設定 ……………………………………… 204
　　②モデル退職金試算表の作成 …………………………………………… 206
　　③退職金制度のタイプの選択 …………………………………………… 211
　　④主なタイプの退職金制度の設計 ……………………………………… 213
3 資金繰りに苦しまない ……………………………………………………… 220

第5章 新人事制度導入のための社内説明・制度導入後の定着フォロー　　225

1 新人事制度の社内説明 ……………………………………………………… 226
　1 経営層、労働組合・従業員代表への説明 ………………………………… 226
　2 全社(各事業所)説明会の開催と社内コンセンサスの醸成 ……………… 228
2 人事制度の運用・定着策 …………………………………………………… 229
　1 管理者など一部階層への試行適用の可否 ……………………………… 229
　2 各種研修の実施 …………………………………………………………… 231
　　①人事評価者研修 ……………………………………………………… 231
　　②被評価者研修 ………………………………………………………… 234

③管理者研修 ･･ 237
　3 新人事制度導入後の効果測定 ･･････････････････････････････････ 240
　4 新人事制度および運用の修正・調整 ･････････････････････････ 241
3 新人事制度のさらなる改革が必要な場合 ･･････････････････････ 243

おわりに　中小企業の人事制度改革の独創性と可能性　　245

1 人口減少社会の到来は中小企業の経営に何をもたらすか ････････ 246
2 中小企業には独特の"生命力"がある ･･････････････････････････ 250
3 中小企業ならではの強みを生かして人材を育成せよ ･････････････ 252

第1章

中小企業の人事管理のポイント

そもそも、「人事管理」や「人事制度」について右も左も分からず、困っています。これらを実施する目的は何ですか。また、どのような視点を持って考え、何に気をつければよいのでしょうか。

中小企業の人事制度改革について、大企業とは違う人事管理上の課題があることを前提で解説します。大企業には大企業なりの、中小企業には中小企業なりの難しさがあるということです。人事制度は、人事管理をより合理的に進めるためにつくりますし、継続的に整備していく必要があります。しかし、人事制度は人材マネジメントをするだけのものではありません。中小企業における①人材獲得力、②リテンション、③モチベーション向上、この三つの視点から考えてみましょう。

1　人材獲得力
──しっかりした考え方で処遇していることをアピール

　中小企業の人事管理上の課題として、最も重要なものは何かと問われたら、"採用"だと答えると思います。いかに有能な人材を採用できるかは、企業の存続に関わってくるからです。しかし、中小企業は、大企業に比べて知名度がない場合がほとんどです。有能な人材を採用しようとしても、名前も知られていない会社だと、なかなか応募すらしてもらえません。

　人事制度は、内部の人事管理のためという側面がまずは注目されますが、同時にしっかりした考え方で人材マネジメントを行っていることを外部にも知ってもらう必要があります。

　何も自社のホームページに人事制度を公開せよと言っているのではありません。入社説明会や採用内定者に入社承諾を求めたりする場面で、しっかりと説明できればよいのです。「きちんとした会社なのだ」との印象を与えることが当面の目標になります。

　また、高い年収を提示せよと言っているわけでもありません。年収は高いに越したことはないでしょうが、不相応に提示年収が高ければ、休みもなく寝る時間もなく働かされる"ブラック企業"ではないかと、かえって疑いを持たれる恐れすらあります。

　大切なことは、「処遇の見通し感」があるかどうかです。頑張れば将

来的にどのような処遇となり、どの程度の年収となっていくかの見通しを社員および、これから社員になろうとする人に示せるかがポイントです。彼らにとって大事なのは、①プロフェッショナルとしての自分自身の市場価値が上がる（自分が成長していけるか）、②面白い仕事ができる、③業績を上げたならば、自分の年収を高くすることができるという視点です。あなたの会社は、社員に対し、処遇の見通し感を明確に示していますか。

　中小企業は、事業そのものの安定性に不安がある場合も少なくないと思います。しかし、だからこそ、継続的な事業運営のために有能な人材の獲得が必要なのであり、そのためには処遇の見通し感を明確に示すことが重要なのです。

2　リテンション
——公正に処遇しようとしている価値観を示す

　処遇の見通し感を示すためには、給与制度や賞与制度に加えて、人事評価の在り方をも示す必要があります。どの会社も、採用段階では、人事評価までは提示できていないのが実情ではないでしょうか。①面談で目標を設定し、業務遂行について困ったことがあれば指導があり、結果をきちんと話し合って事実確認をする、②その上で人事評価があり、結果のフィードバックを受けられる、③さらに必要な教育機会も与えられる——ことを、自信を持って示すことができるようにしましょう。それにより、会社への安心感が生まれ、この会社で働いてみようという気になるのです。そして、そのような制度を整備することが、入社後の帰属意識の向上につながっていきます。

　多くの中小企業は、こういう面での配慮が乏しい場合が多いでしょう。日々仕事が忙しく、そんなことを行っている場合ではない空気が会社に蔓延（まんえん）しているのかもしれません。この辺りの仕掛けはしっかりと設計し、あいまいにしないで進めてください。それは採用面だけの効果ではなく、

社員の人材育成につながりますし、とりわけ管理職の育成にも相当に効果があるはずです。管理職のマネジメント能力は、事業推進力にも事業開発力にも必ず生かされますから、チャレンジではありますが、効果の大きい取り組みといえます。

　また、中小企業の場合は、人数が少ないので、人間関係がうまくいかなくなると、修復しにくくなります。大企業の場合、肌の合わない上司がいても、しばらくすると異動し、別の上司に変わることも普通にあります。そのため、マネジメント体制についても、「今の状況は永遠ではない」と大企業の社員のほうが気づきやすい環境にあります。

　上司・部下の人間関係がうまくいかないときにも、上司のマネジメントが、ある公正なプロセスで進められていると理解できるだけで、気分は一変します。上司が自分の気分感情で好きに運営しているのではなく、一連の決まったプロセスに沿って運営している、しかも、その運営方法は、会社全体で進めているものだと理解できますから、大きな安心感が出てきます。中小企業の場合、この安心感がどれだけリテンションに大きな影響を及ぼすか、計り知れないものがあります。

3　モチベーション向上
――業績を上げれば高年収を得られる印象を強くする

　中小企業は、収益性がそれほどよくない事業を進めている場合が多いので、年収を高く出せません。それは、社員も理解はできます。しかし、フットワークのよい挑戦的な中小企業では、いろいろな工夫をして業績を上げられる可能性が広がっています。業績が上がると賞与がたくさん出て、年収が高くなることも可能になります。今すぐでなくても、労使双方が努力し、事業を成功させた暁には高い年収の可能性を約束することはできます。事業を成功させて報われる可能性が見えてくれば、社員は意欲的に働きます。

　大企業と違って、中小企業では、自分の力が良くても悪くても結果に

極めて大きな影響を及ぼすことが実感できます。自分たちが出した業績に対する手応えを感じやすいわけです。「あの受注に成功したから、業績が上がった」「このクレームが起こらなかったらもっと利益が出ていたはずだ」などという業績に連動する事実を具体的に認識しやすいということです。

　元来、そういう環境の中で仕事をしたい人のほうが多いと思います。自分の具体的な頑張りが部署の業績に直結し、会社全体の業績を向上させ、その結果、自分の賞与に跳ね返ってくる感触を感じていたいはずです。それが中小企業に勤めるモチベーションになるわけですから、その有利な点をよく理解して、人事制度設計に反映させていく必要があります。

　以上の **1**～**3** は、人事管理のいわば"筋目"ではありますが、中小企業の場合、人事制度として表現するとなると、専門の人事スタッフがいないこともあり、なかなか難しいのが現実です。中小企業の人事スタッフは、給与支払い実務などの定型業務を粛々と担っているケースが少なくないだろうと思います。上記のようなことをやろうと思えば、それなりのトレーニングが必要になります。

　本書によって人事制度を整備・運用しながら、中小企業の有利な点を際立たせていきましょう。そのためには、まずはトップ自らが実力をつけなければなりません。そこで、次に、トップの心得についてお話ししていきます。

4　トップの心得①──トップのマネジメント力の強化

　トップ自らが、面談し、目標設定し、業務指導し、人事評価し、フィードバックをして、部下の育成のための具体策を打ち出していかなければなりません。何となくの感覚で分かってほしい、経験的に分かってほしいではなく、意識的に言語によって伝えていく必要があります。その努

力は一見地味ですが、中小企業の成長力をつける上で大きな意味があります。

　こういう取り組みは、大企業よりも中小企業のほうがやりやすい面があります。トップには、自分の思いと具体策を社員に直接語りかけてほしいと思います。それができれば、スピーディーに会社に変化を起こせますし、社員に対して、この会社はしっかりとした成長戦略を持っていると伝えることができます。

　中にはワンマン経営者のトップもいます。ワンマン経営者の良いところは、トップ自ら矢面に立ち、すべての社員と向き合っているところです。悪いところは、中間管理職が育ちづらい点です。社員は、一人ひとり尊重され自発的に仕事をしたいと思っています。そういう意味ではワンマン経営者も工夫が必要です。より企業を成長させるためには、自分と同じような意欲的な管理者を多数育てないといけません。それには、社員と本気で向き合いながら、自発性を引き出す努力を最大限に行う必要があります。人は試行錯誤しながら成長するもので、トップから見るとその様子がもどかしく感じることがあると思います。しかし人が育つには、「試行錯誤」が必要なのです。ぜひそのような視点で、トップ自らマネジメント上の工夫を行い、マネジメント力をつけていただきたいと思います。

5　トップの心得②
——競争力の源泉は「分かりにくいもの」の中にある

　競争力の源泉は「分かりにくいもの」の中にあります（図表1-1）。分かりやすいものは、すでに誰かが行っているでしょうし、たとえ行われていなくとも、誰でも「まね」をしやすいものといえます。「まね」しやすいものならば、競争力の源泉にはなりません。分かりにくくても、悪戦苦闘しながらも考え続け、競争力の源泉を見つけなければなりません。誰かが考えて別の人が実行するようなことは、中小企業の場合なか

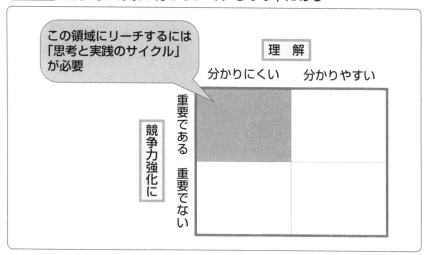

図表 1-1 競争力の源泉は分かりにくいものの中にある

なか難しいと思います。「考えて実行し」「実行して考える」という、「思考と実践のサイクル」を同じ人の中で同時に素早く実行していく必要があります。つまり、それだけ中小企業には、オールラウンドプレーヤーが求められるということです。

親会社から、あるいはお客さまから言われたとおりのことをこなしているだけでは、中小企業の事業は成り立ちませんし、また、社員のリテンションも効かなくなります。常に新しいチャレンジが始まる組織風土を醸成していく必要があります。具体的には、目標管理や人事評価にしても、形骸化したものにならないように気をつけなければなりません。そのためには、常に「業務をどう変えていくか」と自ら考えられる社員を育てることです。チャレンジに伴うリスクを感じながらも、懸命に試行錯誤を続ける社員を育成する、そんな支援のできる人事制度の構築を目指しましょう。

6 人事制度の緻密さの程度は、企業文化の違いで変わる

　大企業は詳細な人事制度になりがちですが、中小企業は必ずしもそのようにしなくてもよいと思います。また、実は、人事制度が緻密であるかどうかは、企業規模以外の要素も大きく影響しています。

　それは、企業文化、特に会社への信頼度の程度と関わっています。会社のマネジメントへの信頼度の違い、と言い換えることもできるでしょう。

〈マネジメントへの信頼度が低い場合〉

　信頼度が低ければ、言葉を尽くした説明がセットとなっている緻密な「説得型」の人事制度をつくり込んでしまいがちです（図表1-2）。緻密に制度をつくり込むことで信頼度を上げたいという気持ちが働くわけです。また一方で、「カリスマ型」の社長がいるのであれば、緻密な制度でなくとも問題があると感じさせない運営ができるかもしれません。しかし、人事制度は、やはりある程度緻密につくる必要があります。「公明正大型」で、ある程度緻密につくり、それに沿って運営をし、信頼度を高める努力をする必要があります。その上で信頼度が高まったときに、

図表1-2 企業文化の違いで緻密さの程度が変わる

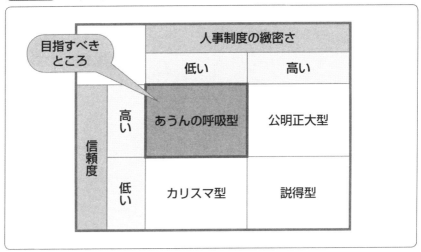

「あうんの呼吸型」で進められるように、簡素化していきます。中小企業の場合、事業変化のスピードが速いので、緻密につくっても有用な期間が短いのですが、会社のマネジメントへの信頼度を高められれば、有用な期間が終了するタイミングで、緻密なバージョンアップ版をつくらない形で対応していくことも可能になります。

〈マネジメントへの信頼度が高い場合〉

　会社のマネジメントへの信頼度が高く、緻密な人事制度でなくても十分機能するという形が本来の好ましい姿です。逆に、信頼度が高いにもかかわらず、緻密な人事制度をつくっているとすると、人事制度の設計工数（コスト）をかけ過ぎかもしれません。また、緻密な人事制度は、事業変化に対応しにくい点もあります。

　事業環境の変化に機敏に対応していくためにも、社員数の少なさの利点を生かして、マネジメントへの信頼度を高めながら比較的身軽な人事制度にしていくことが得策です。まずは、そういう視点も持っていただければと思います。

第 2 章

中小企業が直面する人事制度の改革課題

　人事制度とは、社員にどう働いてもらい、それをどう評価し、どう報いるかを決める仕組みだと認識しています。見直すに当たって、どのような視点で考え、どこから手をつければよいでしょうか？　特に、中小企業ならではの"押さえどころ"について教えてください。

1 中小企業が改革すべき人事制度の対象

　はじめに、中小企業が改革すべき人事制度の対象を確認していきましょう。人事制度の対象は、大きく分けて①目標管理制度、②等級制度・役職制度、③評価制度、④賃金・昇降格制度、⑤配置・教育研修——の五つをいいます（図表2-1）。この全体像を把握した上で、中小企業の場合はどこに重点を置くべきか、そのメリハリのつけ方を検討してみましょう。

1　人事制度の全体像を見る

　まず、中小企業において大切なのは、人事制度を単に給与や賞与を支払うためのシステムと捉えるのではなく、人材マネジメントのコアシステムと位置づけることです。その前提に立てば、まずは経営計画を受けていかにそれを実行するか、またその実行をいかに確実にするかが重要になります。

　このように考えながら図表2-1を見てください。まずは「❶経営計画の実践のために社員の役割を明確にする仕組み」をつくり、次にその役割がきちんと実行されたかどうかを評価する「❸評価の仕組み」を整備し、その上で「❹社員の実績に報いる仕組み」（インセンティブの仕組み）を形づくる必要があることが分かります。会社は業績を上げる活動を促進して、実際に業績を上げなければなりません。したがって、その活動に積極的に参加し、実績を上げた人にインセンティブを与え報いていくことが、人事制度のコアシステムになります。中小企業の場合は、給与や賞与の支払い実務を粛々と進めていくだけの人事部門が多いかもしれ

図表 2-1 人事制度の全体像

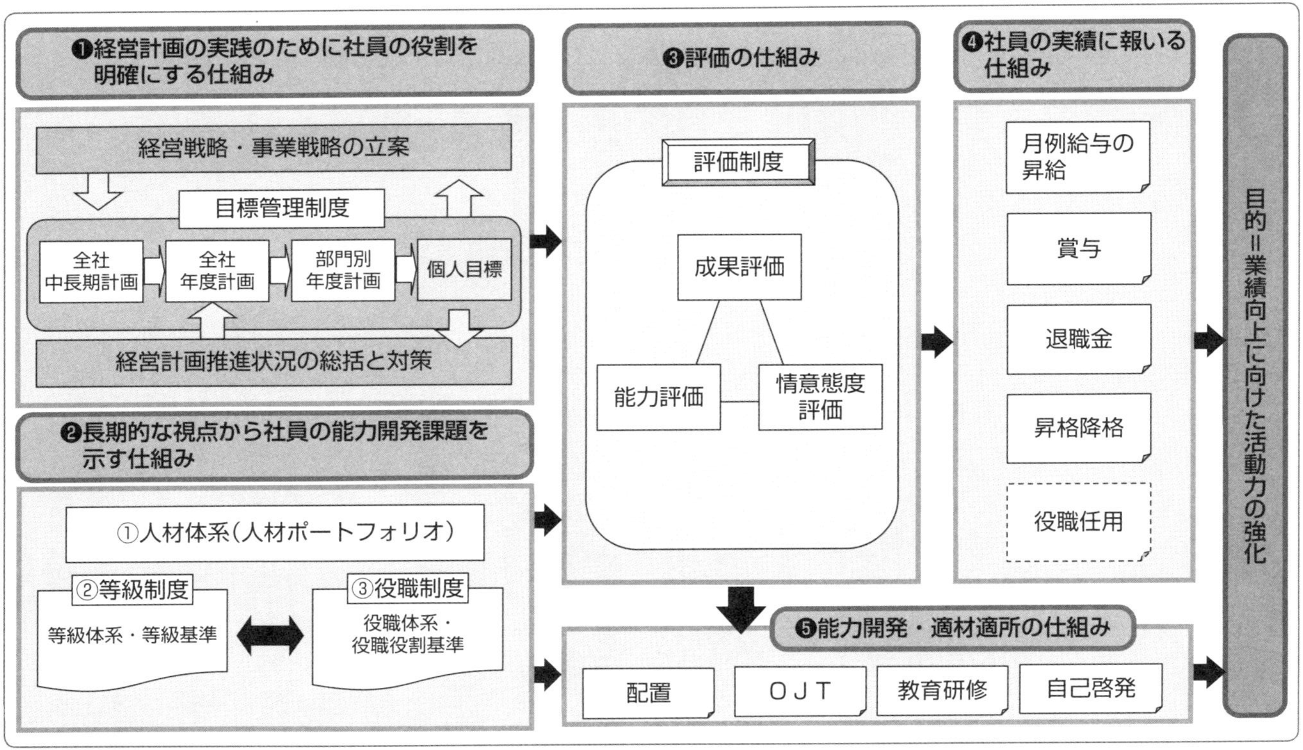

目的＝業績向上に向けた活動力の強化

①経営計画の実践のために社員の役割を明確にする仕組み
- 経営戦略・事業戦略の立案
- 目標管理制度
  - 全社中長期計画 → 全社年度計画 → 部門別年度計画 → 個人目標
- 経営計画推進状況の総括と対策

②長期的な視点から社員の能力開発課題を示す仕組み
- ①人材体系（人材ポートフォリオ）
- ②等級制度：等級体系・等級基準
- ③役職制度：役職体系・役職役割基準

③評価の仕組み
- 評価制度
  - 成果評価
  - 情意態度評価
  - 能力評価

④社員の実績に報いる仕組み
- 月例給与の昇給
- 賞与
- 退職金
- 昇格降格
- 役職任用

⑤能力開発・適材適所の仕組み
- 配置
- OJT
- 教育研修
- 自己啓発

1. 中小企業が改革すべき人事制度の対象　27

ませんが、「経営計画の実行を促進する」という視点に立って人事部門の役割を組み直す必要があります。つまり、人事制度改革は、そのような人事部門改革とセットとなるのです。

　もう一つ重要なのは、長期にわたって人材を育成し続ける努力を継続的に行うことです。**図表2-1**でも、「❷長期的な視点から社員の能力開発課題を示す仕組み」と「❺能力開発・適材適所の仕組み」との関係を示しています。長期的な視点から社員の能力開発をしっかりと行うには、能力開発を人事評価の対象とし、その活動へのインセンティブを用意することが大切です。何も給与や賞与といった金銭的な報酬だけがインセンティブになるわけではありません。より自らの価値を高める能力開発機会を与えたり、より高度な内容の仕事を与えたりするやり方もあります。それらも人事制度改革の対象になります。

2　どこに重点を置くべきかを検討する

❶ 経営計画の実践のために社員の役割を明確にする仕組み
　　＝目標管理制度

　もう少し**図表2-1**の中身を詳細に見てみましょう。「❶経営計画の実践のために社員の役割を明確にする仕組み」では、「経営戦略・事業戦略の立案」があり、また「目標管理制度」として、「『全社中長期計画』⇒『全社年度計画』⇒『部門別年度計画』⇒『個人目標』」を挙げています。つまり、経営戦略や事業戦略を立案し、それを個人目標にまで落とし込み、その実行管理を行うことを示しています。

　そして、各個人目標が全社としてうまく達成される方向で運用されているかを確認するために、「経営計画推進状況の総括と対策」を行います。これは部門ミーティングをしたり、課長会議や部長会議をしたりして、業績の進捗状況を確認することを指しています。

　中小企業の場合、意図的にそのような機能を設けていないこともあります。また、ここで示した内容をすべて形にして実行することが必要か

と問われれば、必ずしもそうではありません。短いスパンで物事を考えるほうが適切である場合も多いでしょう。中長期にわたる「経営戦略・事業戦略」を明確にするまでもなく、大体の"感触"で動き、気が付いた段階で明確にしていけば十分間に合うことも多いと思います。そうであれば、図表2-1に掲げた項目すべてに対応した制度をつくる必要はありません。

　まずは、業績を良くするために、社員がどういう役割を担うかを明確にする「目標管理制度」があればよいでしょう。つまり、「個人目標」が明確になればよいということです。そう考えると、制度化の焦点が絞られてきます。

❷ 長期的な視点から社員の能力開発課題を示す仕組み＝等級制度

　次に図表2-1の「❷長期的な視点から社員の能力開発課題を示す仕組み」について説明します。これは、目標管理では向こう半年間、ないしは1年間の社員の個人目標を設定することが一般的であるのに対して、もう少し長期的な視点から社員の育成課題を明確にするための仕組みです。ここでは、①人材体系と②等級制度（等級体系および等級基準）から考えることにします。

①人材体系

　「人材体系」とは、自分の会社にとって、どのような人材がどれくらい必要なのかを分析したものです。一般的な人事の書物では、「人材ポートフォリオ」という用語で説明しているものですが、もう少し単純な言い方をすれば、戦略的にどういう人材群を用意するかを明確にすることです。「戦略的」とは、長期間かけて意図的にどういう人材を育成・確保していくかを意味します。

　例えば、工場がある場合は、工場で地道に加工・組み立てができる人材が必要ですし、自社製品を自社で売っていく体制の会社であれば、営業ができる人がいないといけません。「営業ができる人」といっても、代理店の営業担当者と訪問販売ができる人とではかなり能力や適性が異

1. 中小企業が改革すべき人事制度の対象

なります。新商品を開発した結果、代理店営業ではなく訪問販売ができる人を確保しなければならなくなることもあります。その場合、「訪問販売ができる人材を3年かけて20人確保する」という目標を明確にする必要があります。

中小企業では、事業の進捗に合わせて採用活動を軌道修正しながら組み立てますので、それほど厳格にどういう人材群を用意するかについて考える必要はありませんが、前記のように「どのようなタイプの人材を、何年かけて何人程度確保するか」といった大まかな方向性は確認しておくべきでしょう。

②等級制度

等級制度は「等級体系」と「等級基準」の二つに分けて考えます。

(ア) 等級体系

等級体系とは、処遇の背骨のようなものです。給与や賞与は「等級が高ければ高くなり、等級が低ければ低くなる」ということで、人事制度はこの等級を軸に組み立てられています。等級体系は、その区分数が問題になります。図表2-2は、いわゆる基幹職群（管理職層）、一般社員群ともに4区分（基幹職群：「A・B・C・D」、一般社員群：「1・2・3・4」）の例です。区分数は会社によって異なりますが、通常、区分があれば、そこで昇格審査（昇格基準を満たしているかの評価）が行われます。社員にとっては、それまでを総括・反省し、今後のチャレンジ課題を明確にする機会になります。そういう機会を定年までの間で何回持たせるかが、この区分数の設計のポイントになります。例えば、大学卒で38年間勤めると60歳の一般的な定年年齢を迎えますので、等級が8区分あれば、「38年÷8区分＝4.75年」になります。この場合、4〜5年に1度は前記のような評価・振り返りの機会が与えられることになります。これは昇格審査を活用して、育成や教育の機会を強制的に設けようということで、この機会を何回つくるかが、等級区分数の設定の考え方となります。

そのほか、とりわけ大企業のように社員数の多いところでは、年功序

図表 2-2 全社等級体系の例

区分数設計のポイント
昇格審査の機会を何回持たせるか

等級区分		等級基準(その等級でどういう実力を発揮すべきか)	役職体系
基幹職群(管理職層)	A	**経営執行者** ・全社経営全般にわたる中長期的な経営政策を企画・推進することができる	執行役員 / 部長
	B	**部門管理者** ・部またはそれに相当する部門の統括をすることができ、担当部門の業績目標の達成と中長期の成長性を確保することができる	次長
	C	**部門業績推進リーダー** ・部またはそれに相当する部門の統括者補佐ができる。担当部門の業績目標の達成と中長期の成長性に貢献することができる	課長
	D	**部署管理者** ・課またはそれに相当する部門の統括者としての業務遂行ができる。担当部門の業績目標の達成と成長性を確保することができる	係長
一般社員群	4	**日常業務先導者** ・自己および担当グループの目標を設定し、より効果的な業務遂行を指導することができる	
	3	**自立的業務遂行者** ・日常業務のみならず、ある程度の高度な判断を前例に基づいて処理する業務を担当することができる	
	2	**複雑日常業務遂行者** ・簡単な例外処理を含む複雑な日常業務を担当することができる	
	1	**定型定常業務遂行者** ・定型定常な日常業務を担当し、確実・迅速に遂行することができる	

列というものに一定程度配慮する考え方も出てきます。例えば、10年勤続の社員と15年勤続の社員が同じ等級になると、何となく先輩・後輩関係が明確でなくなるため、もう一つ等級を増やして上下関係を設けるような考え方です。大企業の場合、中小企業よりも等級区分数が多くなりがちなのは、そのためです。

(イ) 等級基準

　等級基準は、その等級でどういう実力を発揮すべきかを示しています。なお、役職体系は、ここでは執行役員、部長、次長、課長、係長としています。役職に対応する役割基準（仕事の困難度、評価基準）については煩雑になるので割愛しますが、**図表2-2**の「等級基準」に対応をしていると考えてください。

　例えば、等級区分A（A等級）の等級基準には、「経営執行者：全社経営全般にわたる中長期的な経営政策を企画・推進することができる」と書いています。「できる」という表現は、能力があることを意味します。すなわち、執行役員の役割基準は「経営執行者：全社経営全般にわたる中長期的な経営政策を企画・推進する」ことであるため、そういう役割を果たすことが「できる」人は、A等級から選ぶことになります。同様に、B等級の等級基準は、「部門管理者：部またはそれに相当する部門の統括をすることができ、担当部門の業績目標の達成と中長期の成長性を確保することができる」となっています。これはB等級の能力基準ですが、部長の役割基準に連動しています。したがって、部長はB等級以上から選抜されます。A等級には、執行役員を担う能力を持っている人が格付けられていますから、部長の役割は当然果たせる能力があるわけです。

　そのような考え方から、次長はA〜C等級、課長はA〜D等級、係長はA〜D等級および一般社員群の4等級から選抜することになります。係長の役割を、執行役員を担えるA等級の人に任すことは現実にはありませんが、人事制度の等級体系・役職体系としては、そのような表現をすることが多いのです。もちろん、A等級の人の給与は高い

ので、係長の職務に従事させたのでは、コストパフォーマンスが悪いことは言うまでもありません。

　等級に求められる能力レベルと役職に求められる役割のレベルを文章として表現し、それを見た社員に対し、自分の能力形成や役割の具体化に向けた努力をしてほしいと訴えるのが、これらの意味合いとなります。

❸ 評価の仕組み＝評価制度

　経営計画の実践のための社員の役割（個人目標）が決まり、かつ長期的視点からの社員の能力開発課題が見えてきたら、それに基づいて、社員は実際に業績を向上させるための仕事にまい進することになり、その結果に対して人事評価が行われます。

　人事評価は、事実（行動事実、業績結果事実）に基づき行わなければなりません。そのため、きちんと事実を把握できる仕組みをセットにした人事評価制度を設計する必要があります。

　仕事を行う場所も時間も、社員によってさまざまですし、常に上司（評価者）の目の前で仕事が行われるわけではありません。つまり、上司がすべての事実を把握して、それに基づいて部下を評価しようとするには、少し無理があります。こういった前提に立って、評価の結論が誤りにくい仕組みを考えていく必要があります。できるだけ多面的に評価することも、その工夫の一つです。

　「多面的に評価する」には、評価の対象となる事実を、少なくとも①成果、②能力、③情意態度の三つの視点から評価します。さらに、①～③それぞれに用いる評価項目（要素）・視点は、次のとおりです。

①「成果」評価：目標数値の達成率、日常業務の効率性、取り組んだ改善効果など
②「能力」評価：企画力、実行力、改善力、育成力など
③「情意態度」評価：責任性、規律性、協調性、自己啓発など

　もちろん、ここで挙げた評価項目は一例にすぎず、企業によってさまざまに設定して構いません。社員の役割（個人目標）や能力開発課題を

評価しやすいように、また、実務として可能な限り正しく評価できるように、いろいろな角度から検討を加えるとよいでしょう。

❹ 社員の実績に報いる仕組み＝賃金・昇降格制度

次に、「❹社員の実績に報いる仕組み」が必要になります。社員が自らの役割をしっかりと果たし、業績を上げたなら、それに報いる必要があります。苦労が報われると、社員にはさらなるチャレンジ意欲が湧いてきます。「仕事は、その面白さで取り組むものだ」「お客様の笑顔がインセンティブだ」という意見もありますが、金銭的インセンティブも、重要な仕事のやりがいにつながります。

金銭的インセンティブには、①月例給与の昇給、②賞与、③昇格降格、④役職任用の四つの要素があります。

しかし、業績をなかなか上げられなかった人も、生活していかなければなりませんから、おのずとそこには一定の"処遇の常識"というものが働きます。この「処遇の常識」についてはあらためて説明しますが、国の文化によって違いがあります。「長幼の序」のような年齢的要素を重視したり、地道な努力の継続を重んじたり、チームワークに力点を置いたりするケースでは、金銭的インセンティブはおのずと抑制されたものとなります。

ただ、少なくともわが国の中小企業では、そういう配慮をしつつも、やはり頑張って実績を上げた人には達成感を味わってもらい、それにより次のチャレンジ意欲を形成していける仕組みとすべきでしょう。

❺ 能力開発・適材適所の仕組み＝配置・教育研修

「能力開発・適材適所」については、それ自体、社員へのインセンティブになります。新しくプロジェクトを任せたり、以前から希望していた営業職へ異動させたりすることは、本人にとってチャレンジであり、また、相当なインセンティブになります。

ただ、「能力開発・適材適所の仕組み」を構築する最も大きな目的は、

社員へのインセンティブの付与ではなく、社員の職務能力を強化することによる会社業績の向上です。

例えば、営業職として実績を上げられなかった社員について、社内の事務職に適性があると判断し、異動させたとします。その結果、よい仕事を行うようになれば、それは本人にとっても、会社にとっても大変よいことです。

また能力的に不十分な部分を、OJTや教育研修を通じて補うことは、本人のモチベーションにとっても好ましいことです。中小企業にとって、優秀な人材を潤沢に確保することはなかなか容易ではありません。能力開発や適材適所の取り組みを地道に続けることが、優秀な人材のリテンションとなり、長期的な業績向上にもつながるのです。

さらに、社員の自己啓発についても支援策を講じることは重要です。仕事に必要な公的資格を取得するための通信教育受講やセミナー参加などは、積極的に奨励するとよいでしょう。中小企業にとっては、社員の成長こそが最大の業績向上策につながります。

人事制度の枠組みを理解し、自社なりの思いを込めつつも、できるだけ簡素につくり込み、運用していきながら、「業績向上に向けた活動力の強化」を目指していくことが大切です。

これまでの人事制度を、前掲**図表2-1**の考え方に即して評価してみてください。そして、業績向上に向けた活動力を強化する人材マネジメントの視点から、足りないところを補い、また、より大きなインセンティブ効果を引き出すポイントを見つけて、順次人事制度改革を行っていくことをお勧めします。

2　中小企業の人事管理上の課題

　人事制度は、給与や賞与の額を決定し、支払う実務を行うためのシステムにすぎないという理解のままでは、あまりにももったいないです。社員の役割（目標）を明確にし、役割発揮の実績を評価し、インセンティブにつなげることを通じて、会社の業績向上に資するシステムを構築すべきです。

　それにはまず、中小企業ならではの人事管理上の課題をよく理解しなければなりません。中小企業といえども、人事管理上の課題は各社各様と思いますが、幾つかの共通課題があります。中小企業固有の課題を理解し、その解決のためのメリハリを利かせた人事制度にすることがポイントとなります。

　筆者は、中小企業の人事管理上の課題として、①制度運用、②人材採用、③人材育成、④処遇のメリハリ感、⑤総額人件費の五つがあるとみています。これらを**図表2-3**で整理しました。順に説明していきます。

1　できるだけシンプルかつ柔軟な運用ができるようにしたい

　人事スタッフとは、社内専門家ともいえる職務ですが、中小企業の場合は、なかなか優秀な人事スタッフを確保できない事情があるでしょう。そういう意味では、人事制度は、できるだけシンプルで変化に対応しやすい柔軟なものにすべきです。そうすれば運用も易しくなります。

　中小企業の場合、得意先が一つ増えるだけで業務量が飛躍的に増えるケースもあります。まして、新規事業を始めたともなれば、従来とはまっ

図表 2-3 中小企業の人事課題（例）とその解決策

	課題	背景認識	課題解決（人事制度改革）の方向性
1	できるだけシンプルかつ柔軟な運営ができるようにしたい	人事部門に優秀な人材を配置しにくい状況であることが多いので、複雑で難しい人事制度にはせず、運営についても融通が利くようにしたい	①運用の易しさを確保する
2	優秀な人材を採用したい	優秀な人材の採用に苦労しており、大企業にない魅力的な風土をつくると同時に、処遇においても納得のいくものを提示したい	②働く人が将来の見通し感を持てるようにしていく
3	人材の育成を行い、戦力化したい	必要な人材育成を行う意思を示し、具体的なプログラムをつくり上げ、確実な育成活動を行いたい	
4	できる人材とそうでない人材と処遇の差がつくメリハリのある人事制度としたい	全体として処遇が大企業に及ばないとしても、頑張って業績を良くしたら、報われる仕組みを明確にして、社員に示したい。また、どのように頑張り、成果を出せば、どのように昇格が行われ、年収がどの程度になるかの見通し感を持ってもらいたい。処遇面においても、大きな可能性を感じてもらいたい	
5	総額人件費を業績と連動させたい	資本規模が小さいことから、単年度の業績と総額人件費を連動させなければ資金繰りに困るので、業績と総額人件費の連動を明確にする	③資金繰りに苦しまないようにする

たく異なる業務が必要になります。あまりにも詳細に人事制度をつくり込み過ぎていると、その修正に苦労することになります（**コラム**参照）。そういう意味では、人事評価のベースとなる等級基準については、事業環境の変化にも柔軟に対応しやすい内容とすべきです。

　中小企業の場合は特に、将来の環境変化にも備え、あまり詳細につくり込み過ぎないくらいがいいでしょう。評価基準はある程度抽象的であっても、汎用性のあるものとし、その趣旨については管理者研修で伝え、組織としての共通認識を獲得していくのが実効的だろうと思います。

> **コラム** 等級基準をつくり込み過ぎて失敗したケース
>
> 　かつて、職能等級基準をつくる際、「全社共通の抽象的な基準では評価しづらい」として、職種別に丹念に評価基準をつくり込むことがブームになりました。製造業で300人規模企業の場合、100近い職種区分が設けられ、職種別に職能等級基準がつくられました。ところが、数年のうちに、扱う商品が変わり、業務が変わり、従来の職能等級基準では間に合わなくなりました。しかし、あまりに詳細につくり込み過ぎていたので、そのまま放置されました。結局、制度上は職種別の職能等級基準で評価することになってはいるものの、実際は全社共通の抽象的な職能等級基準で評価せざるを得ない事態に陥ってしまいました。

　こうした問題は、等級基準だけでなく、人事評価のプロセスなどでも起こります。部門間調整を部門長全員の調整会議を組織して行うなどの方法は、やはり運用が難しくなります。全社調整は社長に任せるようなシンプルな形にしたほうがよいでしょう。

2　優秀な人材を採用したい

　中小企業の場合は、なんといっても優秀な人材を採用したいという気持ちが強いと思います。優秀な人材を確保するには、中小企業の良さを生かした魅力的な施策を打ち出せるかがポイントとなります。

　ただ、高い年収水準の提示はなかなか難しいと思います。年々、業績が大きく変動することも珍しくないですし、特に月例給与の額を大きくすると、利益確保に大きな支障となる恐れもあります。給与の面では、少なくとも①世間水準と比較し低いわけではないこと、②業績が良ければ賞与で大きく報いる制度があることを、応募者に説明できるようにしておくことです。

　また、育児・介護期の特別な働き方に対応した給与・賞与制度は別に

設けていいと思います。法定の育児・介護休業制度等に加え、可能であれば在宅勤務についても取り入れるとよいのではないでしょうか。育児・介護に従事しながら、例えば通常勤務の半分の業務量で在宅勤務をしてもらうということであれば、月例給与や賞与をその分減らした特別処遇制度をつくることも可能です。会社としては貴重な労働力を失わず、社員は育児・介護との両立ができるというメリットがあります。年収は少なくなるとしても、条件に応じて仕事をやり続けられるというのは、魅力だろうと思います。

　国立社会保障・人口問題研究所の2012年１月の推計によると、2015年に7682万人だった生産年齢人口（15歳以上65歳未満人口）が、2025年には7085万人となり、7.8％もの減少となると報告されています。このような生産年齢人口の急激な減少に備えるためにも、中小企業としては思い切った対策を先取りしていくべきでしょう。

3　人材の育成を行い、戦力化したい

　限られた人材を、できるだけ育成して戦力化しなければなりません。そのためには戦略が必要となります。育成の戦略が功を奏せば、社員の活用にも良い影響が出るとともに、採用でも大きなメリットを得られますので、まさに「一石二鳥」といえます。

　まずは、育成制度を整え、人材育成に熱心な会社であることを社内外にアピールしてください。そして、最初は外部コンサルタントの力を借りることがあったとしても、できるだけ内製化を図りつつ、着実に育成活動を行っていってください。これは、そう難しいことではありません。公的資格がないと事業展開できないような業界もありますので、そういう場合は積極的に公的資格を取得させる支援策から始めればよいでしょう。また、業界内で市場価値が上がるスキルを身に付けさせるのも有効です。人材育成に熱心であることは、人材獲得競争において有利に働きます。

4 できる人材とそうでない人材と処遇の差がつくメリハリのある人事制度としたい

　しっかり頑張って結果を出す人材と、そうでない人材とでは、処遇に差を設けなければなりません。それは大企業でも中小企業でも同じですが、特に中小企業の場合、メリハリのある制度とすることが必要です。中小企業では年収水準が大企業に及ばないケースが多く、それだけに、会社全体の業績や個人の活躍ぶりによっては、より良い水準が獲得できる可能性を示すことは一層重要になります。

　にもかかわらず、中小企業では、大企業よりも給与・賞与制度の公開が進んでおらず、どのように支給額が決まっているのかが分からないケースが珍しくありません。それでは、なかなか社員の支持は得られません。会社業績・個人業績の良い悪いにかかわらず、どのようにしてその支給額が決まったのかを説明できるようにしておくべきです。

　世の中には、「業績連動型賞与制度」と呼ばれる賞与制度があります。これは、営業利益などの一定の業績指標を基にあらかじめ明示した計算式を用い、賞与原資を算出する制度です。ただ、中小企業には、この制度はなじみません。例えば損益計算書上で営業利益が出ていたとしても、手形取引などを許容しなければならないなど、資金繰りが安定しないことがあるからです。

　しかし、業績に連動して賞与原資をアップダウンさせることは明確に示すべきです。さらに、個人間の評価格差がそれなりに出る賞与制度を取り入れて、個人のチャレンジを促し、その成果に報いる仕組みを設けることも必要でしょう。

5 総額人件費を業績と連動させたい

　また、中小企業では常に総額人件費と業績との連動を意識し、妥当な総額人件費を確認していく必要があります。月例給与や残業代、社会保

険料や教育投資などの人件費を計算しておき、業績との関係を意識した賞与原資枠の調整により、業績と総額人件費を連動させるのです。

「業績との関係を意識した賞与原資枠の調整」と言いましたが、簡単に言えば、業績が良いときは出すが、悪くなれば出さないようにするということです。

例えば、「業績は良いので3カ月分の賞与は出すべきだが、設備投資のタイミングにより手元のキャッシュが足りない」場合があります。こうした事実は、すべて公表すればよいと思います。その上で、「夏季賞与では2カ月分出し、9月にもう1カ月分出すこととする」というような言い方をして社員の理解を求めていけばよいのです。

社員に自社の財務状況についても十分理解してもらい、必要な設備投資についても、なぜそのタイミングなのかということもよく示した上で、すべてを公開して進めていく。それくらいの度量が必要だろうと思います。

中小企業は、人数が少ない分、自分の会社だという帰属意識を持ちやすいといえます。そのためにも、すべての数値を公開し、みんなで盛り上げていこうという機運をつくっていく必要があります。

そういう前提条件をつけた上で、総額人件費と業績とを連動させる努力をしていくことをお勧めします。

3 中小企業の課題解決の柱は三つ

　これら中小企業の人事管理上の課題解決策は、**図表2-3**の右に記したとおり、次の三つにまとめられます。

> ①運用の易しさを確保する
> ②働く人が将来の見通し感を持てるようにしていく
> ③資金繰りに苦しまないようにする

　図表2-3の「1　できるだけシンプルかつ柔軟な運用ができるようにしたい」に対しては、「①運用の易しさを確保する」形でこだわりたいと思います。

　「2　優秀な人材を採用したい」「3　人材の育成を行い、戦力化したい」「4　できる人材とそうでない人材と処遇の差がつくメリハリのある人事制度としたい」という部分については、「②働く人が将来の見通し感を持てるようにしていく」ことにつながります。どんな仕事をし、どんなトレーニングを積んで、頑張ってどんな仕事の成果を出していけば、将来どのような処遇になるか、この全体観を示すことができれば、それこそが会社に対する社員の信頼感の醸成につながります。そして、優秀な人材が集まってくるようにもなります。特に若い人にとって、自分の価値を将来にわたって高めてくれる会社は魅力的です。

　将来的にどのような処遇となり、どの程度の年収水準となり得るのかを社員に明確にしましょう。後掲（109〜110ページ）の**図表4-2**や**図表4-3**などは、処遇の見通し感を出すためのツールです。また、等級基準などは、将来にわたってどのような能力を持った人材を目指すのかの見通し感を持ってもらうツールとなります。こうした資料は、新人事制度の設計に当たって必ず作成し、社員に公表することが望ましいです。も

ちろん公表すると、年収水準が低いとの不満が生まれてくる可能性もありますが、さまざまな事情がある中での内容であると誠実に訴えたものであれば、社員にも応募者にも理解してもらえると確信します。

「5　総額人件費を業績と連動させたい」は、「③資金繰りに苦しまないようにする」こととつながります。中小企業の経営者にとって、資金繰りはいつも深刻な問題となります。人事制度の設計においては、社員に支払う給与や賞与といった人件費について考えることになります。これが期日までに支払えるかは大きな問題となります。したがって、常に業績と資金繰りとの連動性を意識した総額人件費であるようにバランスを取るべきです。また、そのバランス判断の運用がしやすいものでなければなりません。

図表2-4には、日本企業の人事制度を主導した三つのコンセプト（思想）を取りまとめています。よく聞く言葉だと思いますが、「年功主義」「能力主義」「成果主義」というものです。

今後、中小企業は、「成果主義」をベースにした人事制度とすべきでしょう。成果主義の問題点として、結果ばかりを求めるがゆえに短期志向となり、チームプレーが軽視され社員同士の関係が悪化する等の点が指摘されます。しかし、さまざまな弊害はあるにしても、これからの中小企業の人事制度を支える思想は「成果主義」をベースとしたものとならざるを得ないと思います。成果主義、しかも職務等級をベースにした処遇制度の構築へと向かっていくのではないでしょうか。日本では、職務等級という言葉への抵抗が強いこともあり、役割に着目して、役割等級という概念も生まれました。いずれにしても、そういう方向で人事制度改革を進めていくべきでしょう。等級制度の種類については、**図表4-18**にまとめていますので、一度目を通してもらえればと思います。

中小企業の場合、家族主義的な雰囲気をつくろうとして、年功主義的な処遇を維持したいとの思いを抱くところもあるでしょう。しかし、年功的に処遇するということは、仕事ができる人とできない人の処遇差を

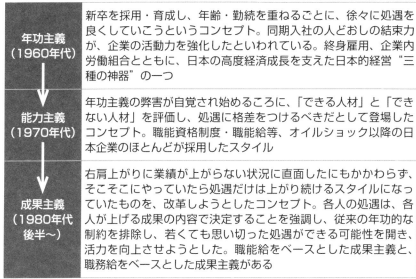

図表 2-4 「年功主義」「能力主義」「成果主義」の三つのコンセプト

日本では、「年功主義→能力主義→成果主義」という人材マネジメント・コンセプトの変遷があった

年功主義 （1960年代）	新卒を採用・育成し、年齢・勤続を重ねるごとに、徐々に処遇を良くしていこうというコンセプト。同期入社の人どおしの結束力が、企業の活動力を強化したといわれている。終身雇用、企業内労働組合とともに、日本の高度経済成長を支えた日本的経営"三種の神器"の一つ
能力主義 （1970年代）	年功主義の弊害が自覚され始めるころに、「できる人材」と「できない人材」を評価し、処遇に格差をつけるべきだとして登場したコンセプト。職能資格制度・職能給等、オイルショック以降の日本企業のほとんどが採用したスタイル
成果主義 （1980年代 後半〜）	右肩上がりに業績が上がらない状況に直面したにもかかわらず、そこそこにやっていたら処遇だけは上がり続けるスタイルになっていたものを、改革しようとしたコンセプト。各人の処遇は、各人が上げる成果の内容で決定することを強調し、従来の年功的な制約を排除し、若くても思い切った処遇ができる可能性を開き、活力を向上させようとした。職能給をベースとした成果主義と、職務給をベースとした成果主義がある

設けないことと等しくなります。将来、事業開発に成功して、大きな利益貢献を会社に提供した人もそうでない人も同じ処遇となるようであれば、特に若い人の支持は得られません。若い人がたくさん集い、さまざまなチャレンジが行われる会社でなければ、発展はありません。人事制度は、外部の労働市場から人材をいかに調達するかに関わりますから、会社の内部論理だけで考えることはできません。社会との関連性、若い人の意識との関連性をよく考えて、制度設計していく必要があります。

第3章

人事制度改革に向けた準備

人事制度改革の方向性を定める際、最初に検討すべき点は何ですか。また、社内の推進体制やスケジュールの適切な立て方、現場の理解・納得感を得る方法を教えてください。さらに、改革の中身の具体化に当たり、現行制度のさまざまな課題をどのようにあぶり出し、その解決策を新制度にどう落とし込めばよいでしょうか。

新しい人事制度ができて、導入・運用していった結果、**何が実現できれば、人事制度改革が成功したといえる**のでしょうか。実はこの問いかけ、すなわちはっきりした**「目的感」を持つ**ことが非常に重要です。目的感を持たないで、何となく「成果主義的な制度にしないといけない」という印象だけでスタートした場合、なかなかうまくいきません。人事制度に対する思いは社員の中にもいろいろありますし、人それぞれに筋の通った理屈を持っています。新しい人事制度の形が見えてきたときに、「少しやり過ぎではないか」「もう少しチームワークを促進できるような穏当なものにしたほうがいい」など、さまざまな意見が出て、振り回されることがあります。気づけば、従来とあまり変わりばえのない人事制度ができてしまったということも起こってきます。そうならないために、本章ではスタート時に何を考えておけばよいかを説明します。

1 検討スタート時に確認すべきポイント

1 経営者の「思い」を事業と関連させて明確にしていく

　まずは、以下の3点について何らかの定義をした上で検討を始めるのがよいと思います。そして将来、この人事制度改革が成功したかどうかを検証する機会に、もう一度この定義を振り返ってほしいと思います。
① 今後の事業的な見通しをどう考えるか
② どのような事業的な変化を引き起こすのか
③ 改定により得られる経営上の効果とは何か

　人事制度改革を行いたいという思いがあるからこそ、一連の検討を始めるわけですが、経営者の頭の中で、人事制度改革の目的をそれほど明確に意識できていない場合が少なくありません。それでは実行した人事制度改革が成功したのかどうか、検証できないことになります。

　経営者が人事制度改革を行おうと考えるとき、最初は次のように考えていることが多いと思います。

- 今までの制度は、年功的な仕組みになっているので、もう少し成果が出せた人とそうでない人で格差がつくようにしたい
- 実力のない人は、自分から辞めていきたくなる制度にしたい
- 年功的な評価にならないように、評価基準を明確にしたい

　ごくごくまっとうな考えだと思います。しかし、「格差がつく」ようにできれば何が変わるのでしょうか。「実力のない人は、自分から辞めていきたくなる」といっても、どういう「実力のない人」をターゲットにするのでしょうか。「評価基準を明確にしたい」といっても、（評価の対象となる）どういう行動を大事だと見るべきでしょうか。こうした点

が、実はまったく語られていないのです。人事制度は、それでも何となく改革できるのですが、これでは**人事制度改革の成否の判断基準**を決めないまま、スタートすることになります。

　そもそも格差をつけるようにして、実力のない人が辞めていきたくなり、年功的にならないような評価基準をつくれば、会社の業績が良くなるのでしょうか。何となくのイメージでは、良くなりそうだと思えるかもしれませんが、もっと意識的に業績を向上させる要因を分析し、そこから評価基準を導き出す必要があると思います。業績を向上させる行動とは関係ないものに良い評価をつけ、評価格差を大きくしても、業績は良くなりません。人事制度改革は、**事業との関連性を明確にしなければなりません**が、そこがなかなか難しいところといえます。

2　今後の事業的な見通しをどう考えるか

　そこで、まずはどういう業績状況の中で進めようとしているのか、基本認識を明確にしましょう。もちろん不透明な時代ですから、予測や推測が外れることもあります。それでも人事制度改革を行う時点での問題意識を書き出して、保管しておきたいものです。

　さて、貴社が今回、人事制度改革をスタートしたいと考えた動機は何でしょうか。以下、三つのパターンに分けて検討します。

①業績が悪く、当面は改善が見込めないので、全体として総額人件費を抑えられるようにしたい
②成長局面に入っており、多くの優秀な人材を採用して攻めに出たい
③業績はしばらく現状のまま推移するとみているが、これから生まれる成長チャンスを確実につかむためにも、コアとなる人材は高い報酬で処遇し、そうでない人の報酬は抑えて、コア人材の報酬増の原資を確保したい

①業績が悪く、当面は改善が見込めないので、全体として総額人件費を抑えられるようにしたい

　等級別の給与の下限・上限の幅を狭くし、かつ評価別の昇給額を半分に抑え、低い評価の場合には昇給しない、ないしは降給するような制度が考えられます。つまり、**成り行きでの人件費増をどれくらい抑えられるか**が、この人事制度改革の成果測定基準となります。例えば「5年後の人件費総額がどの程度抑えられたか」などです。これは成功・不成功の明確な指標になります。

②成長局面に入っており、多くの優秀な人材を採用して攻めに出たい

　この場合、労働市場との関係を意識する必要があります。どうしても欲しい人材を採用するには、少なくとも世間水準より少しは高い給与を出す必要があると思われます。そうなると、欲しい人材がどういう人材で、どういう会社で働いており、そうした会社の給与水準はどの程度かを把握しないといけません。厚生労働省「賃金構造基本統計調査」から探すことは最低限行うとしても、業界団体調査や、ターゲットとなる企業の採用サイトなどを見て、そこに提示されている報酬水準をまとめてみることも必要でしょう。この場合の人事制度改革の成功・不成功の指標は、**欲しい人材を採用できるようになったかどうか**です。従来の事業と成長事業の内容が異なるものであっても、従来の事業の人材の給与水準には手をつけたくないこともあります。その場合は、別会社をつくって別の賃金体系を導入する、あるいは別の職種を設けて募集する方法もあります。別の職種（例えば事業開発職）を設けるのであれば、該当職種の人事制度の構築を中心に進め、全体の人事制度は、それとの関係で調整すべきところのみ変えていくのも手です。

③コアとなる人材は高い報酬で処遇し、そうでない人の報酬は抑えて、コア人材の報酬増の原資を確保したい

　「普通の社員」の人件費を抑える仕掛けをつくり、コア人材の報酬水準を上げることになります。「総額人件費は同額にしたい」意向が強いと想定できますので、**「総額人件費一定、コア人材の人件費増額、普通**

の社員の人件費減額」が可能な給与・賞与制度をつくり、数年先もそのような人件費管理が維持できれば、その人事制度改定は成功といえます。もちろんそうなっても、成長のチャンスをこのコア人材がつかめなければ、事業的な意味では成功といえません。しかし、人事制度としては意図どおりになったといえるでしょう。

　①～③のいずれにしても、**今後の事業見通し、業績見通しをどう評価するかを明確に書き出し、それとの関係で人事制度改革の方向を位置づけてみる**ことが必要です。上記以外にもさまざまなパターンがあると思いますが、同様の発想で検討してみてください。もし、この作業を怠れば、この先人事制度改革の各論作業を進めていくうちに、何をやっているのか分からなくなるかもしれません。そして、改定に伴う社内の摩擦が現実に見えてきたときに、これを安易に避け、トーンダウンした施策を選択することになり、そもそも人事制度を変える意味を失ってしまうことにもなりかねません。

　先述のとおり、今後の事業あるいは業績の見通しは、あることをきっかけに瞬間的に間違いだったと判明する場合があります。リーマンショックのような深刻な出来事が起こったら、瞬時に方向転換しなければならないこともあります。それでも、やはり何を目指して人事制度改革をしようとしたのかを明確にしておき、軌道修正が必要になったら、その点をもう一度確認することが大事です。その際は新たな方針を決めて、変化に対応させていくことになりますが、最初の動機が明確であれば、スピーディーな軌道修正ができるはずです。

3　どのような事業的な変化を引き起こすのか

　ここでは、前記2の②「優秀人材の確保」における"成長局面に入って、新しい事業を立ち上げようとした場合"を例にとって説明します。

　事業変化を引き起こそうとする場合、人事制度との関係では、**新しい**

事業を支える業務プロセスに焦点を当てて考えていきます。「どういう新しい業務プロセスを成長のコアプロセスと考えるか」です。その**コアプロセスができる人材とはどういうものかを**（難しい場合も多いと思いますが）可能な限り明確に定義し、**そこをターゲットにした人事制度改革を目指す**ことになります。

この視点からの検討は、中小企業の場合は比較的明確になります。大企業の場合は、もちろん一つひとつの事業創造を行うことに変わりはないですが、他にも多くの事業があるため、一つの事業をつくる目的だけでは、全社の人事制度改革にまでつながらないケースが多いと思います。一方、中小企業では、一つでも新しい事業をつくろうとすると、それは全社の事業の中で間違いなく大きなウエートを占めますので、この新規事業の推進を支える全社の人事制度を構想しようという視点が生まれます。中小企業のほうが小回りが利く分、成長チャンスの獲得に大きく貢献できる人事制度を構築しやすい面もあるということです。

以下ではさらに、具体例を題材に、事業の方向性と人事制度の関係について説明することにします。

■新事業を始めるシステム開発会社の例

図表3-1は、あるシステム開発会社（以下、A社）の例です（システム開発会社の場合、本書で対象としている30〜300人規模の企業割合が非常に多いと思います）。ここでは、A社のコアプロセス変化を説明していますが、この「コアプロセス」とは、A社の業績を支えている中心的な業務プロセスだと理解してください。図表3-1の上に記した「現在」「将来」における「戦略立案」→「BPR※」→「基本設計」→「詳細設計」→「導入・構築」→「運用」は、顧客企業（以下、顧客）がシステムを開発しようとしたときの、顧客側の業務プロセスです。さらに、A社がその中のどの部分に関わって事業をして売り上げを上げているのかを示すのが、その下の「自社の売上比率」です。

※ BPR（Business Process Re-engineering）：抜本的な業務プロセス改革

図表3-1 A社（システム開発会社）のコアプロセス変化

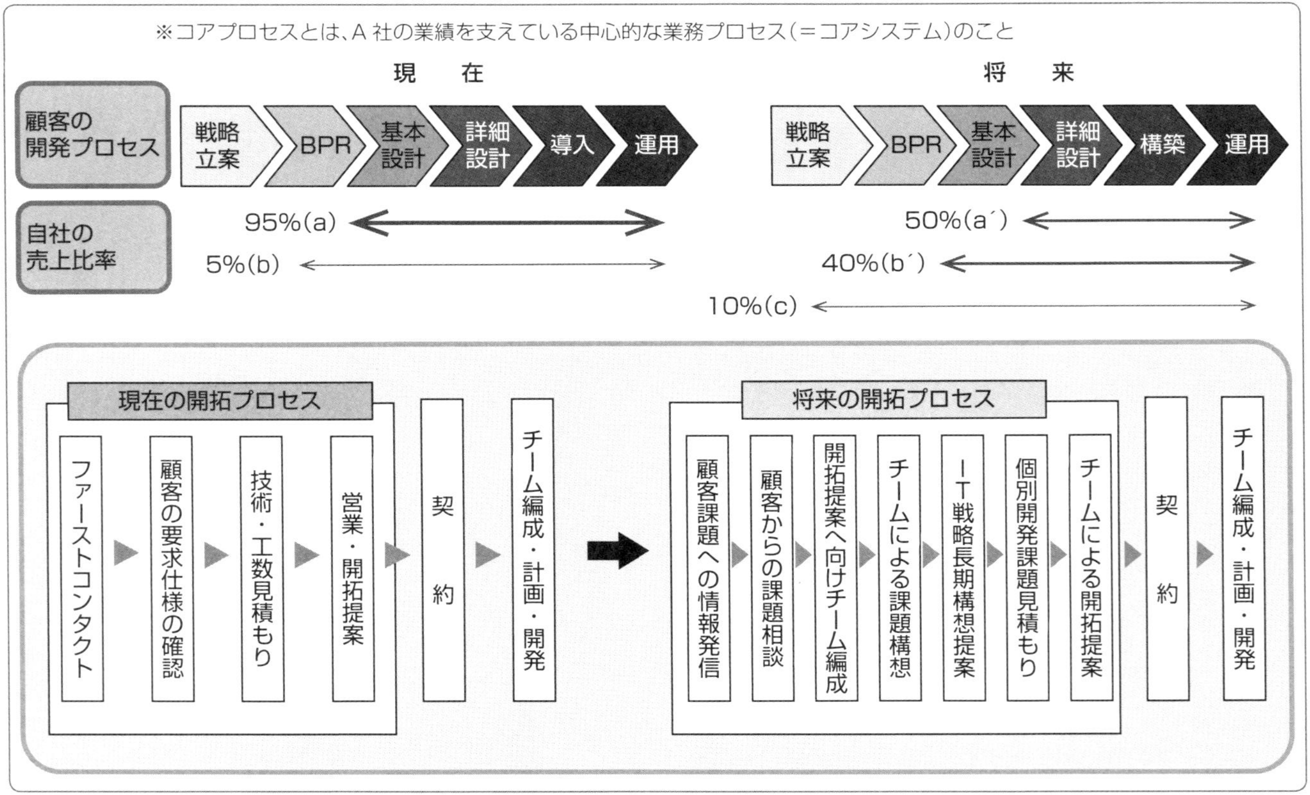

※コアプロセスとは、A社の業績を支えている中心的な業務プロセス（＝コアシステム）のこと

現在

戦略立案 ＞ BPR ＞ 基本設計 ＞ 詳細設計 ＞ 導入 ＞ 運用

- 95%(a)
- 5%(b)

将来

戦略立案 ＞ BPR ＞ 基本設計 ＞ 詳細設計 ＞ 構築 ＞ 運用

- 50%(a')
- 40%(b')
- 10%(c)

顧客の開発プロセス／自社の売上比率

現在の開拓プロセス

ファーストコンタクト → 顧客の要求仕様の確認 → 技術・工数見積もり → 営業・開拓提案 → 契約 → チーム編成・計画・開発

将来の開拓プロセス

顧客課題への情報発信 → 顧客からの課題相談 → 開拓提案へ向けチーム編成 → チームによる課題構想 → IT戦略長期構想提案 → 個別開発課題見積もり → チームによる開拓提案 → 契約 → チーム編成・計画・開発

52 | 第3章 人事制度改革に向けた準備

●現在の戦略

　システム開発の引き合いが来た際に、顧客が作成した「基本設計」の説明を受けて、理解するところから始まり、続いて「詳細設計」「導入」「運用」の取り組み方を提案し、受注を得ており、その売り上げが全社の95％（a）を占めています。そして、顧客と一緒にBPRに取り組む中で、システムの基本設計を提案し、それに基づいて「詳細設計」「導入」「運用」までの流れをつくっていく部分の売り上げが5％（b）となっています。

　aのような売り上げ比率の領域は、システム会社の事業領域としては特に珍しくありません。しかし、比較的工数の掛かる仕事であり、「独創的なアイデアが勝負」というよりは、やるべき膨大な作業量をしっかりとこなしていくタイプのものです。そうなると、顧客の視点としては、どうしてもコストダウンの対象となります。やることが決まっているのであれば、できるだけ安く上げたいのが人情であり、他社と連携するなど、A社には全体のコストを下げる努力により対応していくことが求められます。低コストでの開発ができる会社は伸びていくため、その戦略として従来の路線を徹底的に安いコストで実現していくことには意味があります。

●将来の戦略

　しかし、将来的には、コスト競争を勝ち抜くよりも、顧客のシステム開発の上流にもっと関わりを持ち、より付加価値の高いシステム企画（基本設計）の部分から請け負い、より大掛かりな受注にして、生き抜いていく戦略をとることも考えられます。つまり、「BPR」「基本設計」段階から受注していくタイプの売上高を、現在の5％から40％（b'）にまで引き上げる戦略です。もちろん、「詳細設計」「構築」「運用」段階のコストダウンを進めることも依然必要ではありますが、もっと上流において強みを形成することは、企業の経営に大きな変化を引き起こします。A社ではさらに、顧客の「戦略立案」（例えば長期的IT戦略）段階からの受注による売り上げも10％（c）としています。

そう考えると、**仕事の質が変わってきます**。特に、仕事を受注する「開拓プロセス」（図表3-1の下）に大きな変化が起こります。

現在は、顧客とファーストコンタクトをとった場合、顧客が何を開発したいのかの要望仕様の確認から入ればよいのですが、将来は、もっと川上の段階、すなわち経営コンサルティング的な領域から仕事を受注していかなければなりません。長期のIT戦略について、顧客と継続的にディスカッションし、A社として仮説的なIT長期構想を提案しながら、顧客自らがIT長期構想・長期戦略を立案できるよう支援する。その上で、より包括的な形で多数のシステム開発を受注することを目指すわけです。

●コア人材能力の変化への対応と要員確保

仕事の質が変わるとなると、**コアとなる人材の能力が大きく変わらなければなりません**。図表3-2にまとめましたが、「業務遂行能力」「対人能力」「資質」とも、従来のシステムエンジニアに求められてきた能力とはまったく違う内容が定義されることになります。これらはほぼ経営コンサルタントの能力といえます。しかし、こういう能力を持った社員

図表3-2 A社で新しく必要となった能力

	現在	→	将来
業務遂行能力	①ニーズを基本設計に落とし込む能力 ②業務を理解する能力 ③概要設計・システム開発・プログラミング能力		①顧客への戦略・課題提案力 ②内部の業務遂行体制の変革企画力 ③社会に対する情報発信力
対人能力	④顧客のニーズを粘り強く聴く能力 ⑤例外業務処理を聞き出す能力 ⑥システム開発内容を説明する能力		④顧客の課題についてフランクに議論する能力 ⑤専門の違う人材と顧客成果のために協力し合う能力 ⑥プロジェクトの質・進捗を評価し、必要な修正を迫る影響力
資質	⑦膨大な業務負荷に耐える資質 ⑧ストレス耐性 ⑨すべてをプログラムロジックで組み立てようとする志向性		⑦顧客のことを考え続ける意欲 ⑧実成果にこだわり続ける意欲（本質思考） ⑨話を聞いてみたくなる人望

が相当に増加しないと売上高の50%（＝40%＋10%）にはなりません。従来100人のシステムエンジニアがいて、90%の売り上げを出してきたとすれば、少なくとも新たなコア人材は50～60人は必要になると見てよいでしょう。「100人」としないのは、ビジネスが高付加価値化し、1人当たり約2倍の売上高を確保できると見ているからです。それでもこの事業（構造）転換は、相当に難しいチャレンジになります。

　これに取り組むには、特別の組織をつくり、特別な動き方を考え、また、システムエンジニアとは違う給与や賞与の制度も整備しなければなりません。本書は人事制度改革の本ですが、こういう「事業転換」級のスケールを持つ場合は、人事制度改革の趣旨をこのレベルでしっかり確認する必要があることを、ここで指摘しておきます。

●評価項目の刷新による、社員の行動転換促進

　「社員の行動転換」を通じて、事業転換を進める方法もあります。そのために、人事評価項目をリニューアルします。図表3-3の左側は、人事評価の中でも情意評価（仕事に対する取り組み姿勢や意欲、態度を見

図表3-3 情意評価からバリュー行動評価へ

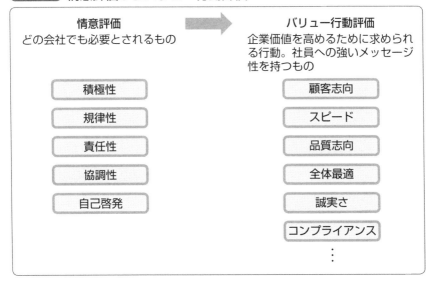

るもの）に焦点を当てています。こうした従来の情意評価項目は、どこの会社にもある、ごく普通のものです。それを「バリュー行動評価」（図表3-3の右側）というタイプの評価に置き直すことで、社員の従来の行動を変化させるのです。

「顧客志向」「スピード」「品質志向」を重視して仕事をする、すなわち、顧客との対話頻度を上げ、素早く対応し、しかも高品質の商品・サービスを提供するということです。こうした評価項目は、具体的な営業場面でのせめぎ合いのイメージを基に設定されるもので、社員に対し「そこで競り勝とう」という意欲を喚起する内容となっています。この「バリュー行動評価」項目を採用することで、顧客とのどういう接点で、どういう行動をするかを社員間で具体的に意思統一し、事業変革につなげていく作戦です。評価項目のリニューアルには、社員のそういう行動転換を促す意味があります。

人事制度が業績を向上させるための人材マネジメントのコアシステムだという前提に立てば、このA社の例のように、**事業を具体的に変化させるために新しい人事制度を活用しなければなりません**。そういう意味で人事制度改革という点に絞って考えても、**どこで事業的な転換のトリガーとなる仕組みを入れるか**が大事になりますし、その点にこだわってほしいと思います。

A社が目指す新しい人事制度は、あくまでその事業転換に役立つものでなければなりません。バリュー行動評価を取り入れる場合には、少しでも顧客との打ち合わせ密度が濃くなり、スピーディーに品質のよいサービスを提供できるようになることが必要です。そういう方向性をしっかりと踏まえることが人事制度改革を行うに当たり、とても大切です。特に中小企業の場合、規模が小さいだけに、改革の焦点を定めやすいのは有利な点といえます。「中小企業は小回りが利く」といわれますが、それは、こういうタイプの改革を目指しやすいことだと、ぜひ肝に銘じてほしいと思います。

4 人事制度改革により得られる経営上の効果とは何か

　ここまで、人事制度は人材マネジメントのコアシステムであり、経営や事業推進に変化を引き起こすために人事制度改革が行われる——という基本認識に基づき解説をしてきました。そうであるならば、**人事制度改革により得られる経営上の効果をあらかじめ確認し、その効果を獲得する手段として活用できる新しい人事制度を構想しなければなりません。**以下、前記 2 の①～③を例に、想定する効果に応じた人事制度改革のイメージを見てみましょう。

①業績が悪く、当面は改善が見込めないので、全体として総額人件費を抑えられるようにしたい

　例えば、5年先にどの程度の総額人件費が抑えられるかが、経営的な効果であり、そのための給与制度・賞与制度を設計することになります。その制度設計のプロセスで、具体的なシミュレーションを行えば、5年先の総額人件費の削減額は確認できますから、それを常に考えて、詳細な給与制度や賞与制度を設計します。

②成長局面に入っており、多くの優秀な人材を採用して攻めに出たい

　多くの人材を採用できなければ、経営上の効果が出たとはいえません。昨今のように採用競争が激しさを増している中では、少々給与水準を上げても、優秀な人材の量を確保するのは難しいかもしれません。しかし、この場合の人事制度改革の効果は、"優秀な人材の量"の確保になります。そのためには、世間水準を超える給与水準を設計し、なおかつ目標利益が出るように事業を運営していかなければなりません。もしその展望が見えないならば、目指す人事制度改革の効果に修正を加える必要があります。

③コアとなる人材は高い報酬で処遇し、そうでない人の報酬は抑えて、コア人材の報酬増の原資を確保したい

　コア人材に求めるチャレンジ内容や行動習慣（成長チャンスをつかむための試行錯誤などの行動）を明確にして奨励し、そういう行動が実際

にとられ、会社の成長チャンスにつなげられれば高評価を与え、賞与額を上げていくことが考えられます。そういう手段を通じて、会社が何らかの成長チャンスをつかめたかどうかが、人事制度改革における経営上の効果の判断基準になります。

　こういう人事制度改革の効果のイメージを、新人事制度の検討のスタート時から、明確に把握していくべきだと思います。**人事制度改革の効果イメージが具体的になればなるほど、新人事制度が個性的に組み立てられてくる**と思います。もし、人事制度改革が抽象的なイメージからスタートし、具体的な経営上の効果のイメージを形成できないままであるならば、その人事制度改革は、「世の中が成果主義になっているので、わが社もそのようにしていこう」などと、他社の事例を見ながらまねをしていくだけのものになりかねません。そうした改革では、競争優位は生まれません。まねをした会社と同じレベルですから、せいぜい「負けない」程度の効果しか生み出しません。競争に「勝つ」ために、自分の会社の目指したい方向をできるだけ具体的に確認していくべきでしょう。

　さらに、人事制度改革といえども、**できるだけ個性的な内容に仕立て上げるべき**です。特に中小企業の場合、大企業に比べて事業が複雑ではありませんから、個性的に設計しても、大企業のように運用が難しくなることは少ないと思います。

　筆者は、個性的なものが競争力を生み出すと確信しています。当たり前のことをしていては、誰でも想定できる「当たり前のこと」しか起こりません。それでいいのでしょうか。中小企業の場合、優秀な人事スタッフをなかなか確保しにくい状況にありますが、せめて人事制度改革のときは、社内でコアとなる優秀な人材を配置してほしいと思います。知識が足りないならば、社外からコンサルタントを導入し、サポートしてもらってもいいと思います。可能な限り個性的な改革をするようお勧めします。

2 人事制度改革に着手するに当たって配慮すべきこと

　人事制度改革の進め方について配慮すべき点は、人事制度が人材マネジメントを促進するコアシステムであり、業績を向上させるために活用するものであることから説明できます。**人事制度を活用する人**は、経営者にとどまらず、通常のマネジメントの中心となる管理者（管理職）を含めます。そして、管理者のマネジメントの対象となる部下（部署のメンバー）についても、自分たちの「頑張る方向性」に影響を与えることから、そのメッセージを十分に理解する必要があります。理解して、それにふさわしい行動をとり、その結果インセンティブにありつける、ということですから、部署のメンバーも、やはり人事制度の活用者であるといえます。したがって、人事制度は、多くの人に理解されて初めて意味があることになります。経営者、管理者、部署のメンバーすべてを巻き込み、**多くの人の意見を吸収しながら人事制度改革を推進**することも有益な方法といえます。そのためには、推進体制をしっかりさせなければなりません。改革の推進事務局を立ち上げたり、必要な知識を得るために、コンサルタントの活用も検討したりする必要があると思います。図表3-4は推進体制の一例です。

　以下、①経営層のコミットメントの大切さ、②現場とのコミュニケーション、③推進体制（事務局等）の整備、④コンサルタントの選定・活用法について検討していきましょう。

図表 3-4 推進体制の例

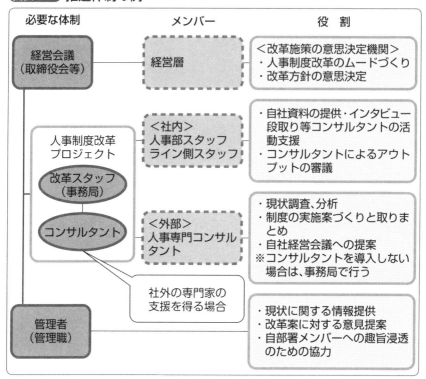

1 経営層のコミットメントの大切さ

　コミットメント（commitment）には「強い約束（誓約）」といった意味があります。人事制度改革は、会社の業績を向上させるために実施するものですから、**経営層が社内の誰よりも中心になって進める必要が**あります。ある意味では当然なのですが、この人事制度改革は、どこかボタンを掛け違うと、社員から総反発を受けることがあります。人事制度改革を契機に労働争議が起こることも珍しくありません。「面倒なことは避けたい」経営層が、少しもめ始めたら、もう知らん顔をして「だんまり」を決め込み、改革が中断してしまうことも起こります。

しかし、経営層は、あくまでも会社の業績に責任を持つ必要があります。業績向上のための重要な人材マネジメントの在り方を改革しようとしているのですから、逃げてはいけません。推進プロセスのどこかでミスが出てもめているとしても、改革の動機は純粋なものです。人事制度改革の本筋に立ち返って改革が進んでいくよう、率先垂範（人の先頭に立って物事を実行し、模範を示すこと）で臨むべきです。人事部に事務局をつくって推進していくとしても、すべて事務局任せにせず、経営層の責任の下に進めている姿勢を示し、全社に対して旗振り役を買って出るべきです。

　筆者のコンサルティングの経験の中でも、会社の役員会でいろいろなリスクを説明した上で決定した方針について、社員から疑問が出されたときに、「実は私もおかしいと思う。間違っているのではないか」などと、その場を取り繕うような発言をする経営層がいましたが、そういうことは決してあってはなりません。役員会で決めたことには必ず相応の理由がありますから、粘り強く説明し、社員の理解を得る努力をしなければなりません。この点は経営層できっちり認識を一致させておく必要があります。これまで述べてきた人事制度改革の目的を心に深くとどめ、**経営層が一丸となってやりきる**構えがないと、どうにもなりません。役員会で決めたことは、個々の役員の勝手な判断でないがしろにしてはいけません。当然のことのようですが、非常に大切な点です。

　図表3-4では、人事制度改革の意思決定機関として、経営層で形成する経営会議（取締役会等）を挙げています。そこではぜひ、「人事制度改革のムードづくり」「改革方針の意思決定」という役割を果たしていただきたいと思います。

2　現場とのコミュニケーション

❶ 管理者の巻き込み

　中小企業といえども、経営層だけですべてが進むわけではありません。特に、現場の管理者をどう巻き込むかをよく検討する必要があります。

業績向上のための人材マネジメントのコアシステムである人事制度は、管理者のマネジメントレベルを直接向上させるのに貢献していく必要があります。したがって、それぞれの管理者がマネジメント上どのような苦労をしているか、現状をきちんと把握しなければなりません。管理者が人事制度改革に対して、どのような問題意識を持っているかも非常に大切な情報になります。また、人事制度改革案が出来上がり、実行する段階になっても、やはり管理者に趣旨浸透のために活躍してもらわないといけません。

そういう意味で、管理者としては「現状に関する情報提供」「改革案に対する意見提案」「自部署メンバーへの趣旨浸透のための協力」という三つの役割が考えられます（図表3-4）。

人事制度改革のプロセスにおいては、**必ず管理者に対するインタビューを行い、改革の方向が整理できたら、管理者に説明して意見をもらうこと**が必要だと思います。もちろん、部署メンバーに直接インタビューするなどして、問題意識を確認できればベストです。しかし、中小企業といえども、全員にインタビューするのは時間的になかなか厳しいものです。アンケートを取ったり、グループでの意見交換のような形で意見を集約したりして、ある程度時間を節約しながら、現場とのコミュニケーションをとり、現場の声を吸い上げていく方法もあります。

❷ 現場の声の聴取

人事制度改革の目的は、事業を変えて、人材の行動を変えて、業績をよくしていくための人材マネジメントの在り方を改革することです。業績を向上させるための業務プロセスをどう変えるのか、そのために管理者のマネジメント行動の何をどう変えるのかが直接見えてこなければ、手触り感のある人事制度改革にはなりません。

例えば、顧客からの問い合わせに対して、少なくとも1時間以内には何らかの返答が必要だが、実際には3〜4時間かかっているとします。これを1時間以内に改善するマネジメントをするには、顧客からの問い

合わせ時刻と内容、返答時刻と内容を対応者に記録させておき、半期分の実績（平均レスポンス時間）を評価の対象にする――といった取り組みが求められます。そのためには、何が理由で返答に時間がかかっているのか、現場の声によく耳を傾ける必要があります。

　また、管理者が行動変革の内容を部署メンバーによく伝えるには評価結果のフィードバックが必要ですが、部署メンバーからは「フィードバックが行われていない」という声を聞いたとします。その場合、現行の評価制度上、評価のフィードバックが義務づけられているかの確認が必要です。制度上義務づけられていないなら、義務づけることになりますし、義務づけられているのなら、実施義務に反して怠っているのかの確認が必要です。管理者に直接聞くなどの確認の結果、管理者・部下の間で言い分が異なるケースも決して珍しくありません。このような場合は、どちらが正しいにしても濃密なフィードバックがなされていないことは容易に想像できます。

❸ 現場とのコミュニケーションの意義

　フィードバックをしたかどうかの客観的事実と、フィードバックをしたと思っているかどうかの心理的事実は分けて把握しないといけません。こういう事実をつかみながら、現在行われているマネジメントのレベルを把握する必要があります。評価のフィードバックはなかなか難しいもので、上司（管理者）が尻込みして、あいまいにしてしまうことも珍しくありません。その場合、上司を責めるだけでは人事制度改革は意味を成しません。「少しでもフィードバックをしやすくなるように改革していきましょう」と訴えれば、上司としても改革に対する期待が高まり、新しい制度を利用しようという気持ちになりやすいと思います。

　評価制度の改革としては、業績を向上させるための業務上の課題を明確にし、それを実行するための個人別目標に落とし込み、その実行レベルを評価する――といった一連の作業を整理しやすい目標管理表・評価表ができれば、フィードバックも随分容易になります。評価基準を記載

し、本人の職務実績の自己記入欄を入れると、実行レベルの把握と評価基準との対比を行いやすくなります。また、職務実績を本人に記入させるようにするだけで、上司が部下の行動事実を思い出すのが相当に楽になります。

　このような改善すべき事実をできるだけ多く把握して、きちんと文章にまとめておけば、人事制度改革を行う際のさまざまな論点が明確になります。また、多くの社員の意見を聞きながらまとめますから、個々人が改革後の人事制度の内容を見た際に、**なぜこのような形になっているのか**（前記の例では、なぜ評価表に職務実績の自己記入欄があるのか）**の共通認識ができるようになると思います。人事制度改定のプロセスを通じて、すでに新制度定着のプロセスが進んでいる**ことになります。

　人事制度改革は、制度を変えることに目的があるわけではありません。社員の行動変容を促進し、業績を向上させるためのものですから、**どういう行動変容を促進すべきかについて、関係者の声をよく把握していくプロセスは非常に大事**だと思います。

3　推進体制（事務局等）の整備

❶ メンバー構成

　推進体制（**図表3-4**）の中核となる人事制度改革プロジェクトをどのように編成するかが肝となります。同プロジェクトの中には、社内の改革スタッフと、必要に応じて社外から人事専門コンサルタント（以下、コンサルタント）が入ります（コンサルタントの活用法については、**4**で述べます）。

　ここでは、改革スタッフ（以下、事務局）の編成について説明します。事務局とは、人事制度改革を推進するコアメンバーとして、すべての改革の諸実務を完了させるまで責任を負う人をいいます。主に人事部スタッフが担うことが多いと思います。それに加えて人事部以外から、すなわちライン側からスタッフを選ぶこともよく行われます。新人事制度

は、ライン側がうまく利用して初めて意味を持つことから、**ライン側の人事制度改革の知見を少しでも高める必要**があります。ライン側は普通、出来上がった新人事制度の説明を聞き、理解して利用することが多いのですが、それよりも人事制度改革に直接関わるほうが理解のレベルは大いに上がると思います。個々の人事制度の工夫が何を目指して行われるのかについて、ライン側のスタッフもさまざまな議論に参加し、理解を深めることができます。ライン側が持つ人材マネジメントの課題意識の吸収に加えて、ライン側の理解を促進する趣旨でライン側スタッフを参加させることもあります。

❷ コンサルタントとの役割分担

　図表3-4で示したコンサルタントの役割は、改革に全面的に関与する「全面支援型」(後掲**図表3-5**。以下では、この全面支援型を前提に説明します)を想定したもので、事務局の役割が、「自社資料の提供・インタビュー段取り等コンサルタントの活動支援」「コンサルタントによるアウトプットの審議」となっています。コンサルタントの役割は、「現状調査、分析」「制度の実施案づくりと取りまとめ」「自社経営会議への提案」です。もし、コンサルタントを活用しないのであれば、こうした役割はすべて事務局が担います。また、コンサルタントの役割を限定する場合は、限定したもの以外は当然、事務局がカバーすることになります。

　事務局は、新しい人事制度が何を課題にして、どういう仕組みを持つのかについて、コンサルタントの分析結果と制度企画案を十分に議論し、結論を引き出していきます。コンサルタントが企画する内容が本当に腑に落ちるのか、本当に正しいと思えるのかをよく検討して、経営会議に提案する実施案を決めていきます。これは半年から1年の期間を要する仕事です。事務局スタッフは、他の仕事をしないで専任で従事する必要は必ずしもありません。通常の業務を遂行しながら、月3～4回の検討会に参加する程度の負荷量とみていいと思います。もちろん「宿題」が出て、次回の集まりにみんなで案を持ち寄ろう、となることが時折ある

とは思いますが、コンサルタントが中心になって動いていると、負荷感はそれほど強くないでしょう。

　制度の企画・検討が進み、コンサルタントの役割が変わってくる（＝社内で調整・対応すべき事項が増えてくる）と、事務局の負荷が次第に大きくなると思いますので、事務局専任のスタッフが２人ほどいたほうがよい場合もあるかもしれません。

　コンサルタントは、たくさんの会社で人事制度改革の支援を経験していますので、作業には慣れています。必要な資料を見て分析したり、制度企画を行ったりするために、コンサルタントが１年間専任で対応することはあまりないと思います。

4　コンサルタントの選定・活用法

　コンサルタントを活用するほうが、効率的かつ短期に人事制度改革を進められることは間違いありませんが、人事を専門とするコンサルタントとはどのような人で、どのような支援をしてくれるのか、分からないことが多いと思います。

❶ 選定ポイント

　人事を専門とするコンサルタントの多くは、基本的にコンサルティング会社に所属し、比較的若い年代から、クライアント会社の人事制度改革プロジェクトに参加し、その改革活動を支援してきていると思います（以下、Ａタイプ）。また、会社の人事部長などを歴任し、定年退職してから、人事コンサルタントとして転進・独立する人もいますが、この場合は比較的、大企業の人事部の高い役職を経験した人が多いようです（以下、Ｂタイプ）。

　Ａ・Ｂの両タイプとも、高度な知識と制度設計技術を修得していますが、Ａタイプのコンサルティング会社所属のコンサルタントのほうが、（本来社内でも対応可能な）分析作業や制度設計作業まで任せたい場合

は、融通が利くサービスを提供するだろうと思います。一方、しっかりした改革スタッフがいるので知識や見識があれば十分、という場合は、Bタイプのコンサルタントを活用すればよいと思います（もちろん、Bタイプでも調査・分析等の事務的作業まで十分に請け負うコンサルタントは多くいます）。しかし、そういう知識や見識について理解できても、実際の実施案がまとまらないことがよくあります。特に中小企業の場合、会社側改革スタッフが充実していない場合も多く、実際に手を動かして実施案をつくってくれるコンサルタントのほうが助かるでしょう。その辺りを勘案しながら、どういうコンサルタントを利用すればよいかを検討してください。

❷ 活用法

　図表3-5には、コンサルタントの活用法として、①全面支援型、②共同展開型、③指導会型の三つの活用方式をまとめています。以降、**図表3-5**を補足する形で、各方式を選択する上でのポイントや留意事項について説明します。

①**全面支援型**：コンサルタントがすべてのアウトプットについて全面的に支援

　人事スタッフがあまり育っておらず、「とにかくできるだけ早く人事制度改革を進めたい」会社に適しています。中小企業の実情に合致した支援のタイプだと思います。すべての分析作業や設計作業、経営的な意思決定支援まで、コンサルタントの音頭で進めていけばよいので、必要な検討をすべて行った上で、短期に効率的に進めることが可能です。ただ、コンサルタントの支援工数は増えますので、コンサルタント料は高くなります。

②**共同展開型**：会社側改革スタッフとコンサルタントが作業分担しつつ、共同で実施案を策定

　人事スタッフがある程度しっかりしているが、実際の分析作業や設計作業を全面的に請け負えるだけの時間的余裕がない場合に適していま

図表 3-5　コンサルタントの活用方式

活用方式	概　　要	メリット
全面支援型	・コンサルタントが現状調査、分析、詳細制度設計まで、すべての新人事制度の実施案を作成し、会社の経営的な判断ができるよう全面的に支援 ・会社側は、コンサルタントの提案に対し十分な検討を加え、コンサルタントがまとめる最終実施案の最終決定を行う	専門家の音頭ですべての検討材料が出来上がり、趣旨の説明もなされるので、スピーディにレベルの高い実施案を導入できる
共同展開型	「全面支援型」のように、すべてをコンサルタントに頼るのではなく、新制度実施案の全般について、会社側スタッフとコンサルタントが作業分担し、一緒に制度実施案を立案し、経営としての最終決定を得るまで共同で取り組む	会社側スタッフがコンサルタントと一緒に作業することで、新制度についての見識が高まると同時に、人事スタッフとしての成長も促進される
指導会型	・社内の検討プロジェクトメンバーをしっかりと組織し、同メンバー主体で新人事制度の実施案を企画立案する ・コンサルタントは定期的に打ち合わせに参加し、適切な検討が加えられるよう指導する。必要な知識、分析技術、制度設計技術を指導し、プロジェクトメンバーの検討が進むよう、さまざまな角度から支援する	基本的には会社側スタッフですべての作業を行うが、自社で足りない知識やスキルを外部から獲得できる

す。現状分析や新人事制度の構想については、社内だけで対応するよりは、コンサルタントの知見を取り入れて進めたほうがよりしっかりした実施案ができると思います。また、改革の構想を詳細な制度案として具体化する作業も、それなりに高度な専門能力が必要となりますので、コンサルタントと共同作業することには大きな意味があります。さらにいえば、社内スタッフは一緒に作業するコンサルタントから、制度企画の検討・推進に際して行う議論を通じてたくさんの刺激を得ることができます。人事スタッフとしての人材育成という視点からも、非常に有益な経験が提供されると思います。

③**指導会型**：コンサルタントから定期的な指導を受けつつ、基本的には会社側スタッフで実施案をつくっていく

基本的には社内メンバーでプロジェクトチームをつくって進めていくのですが、社内だけでの対応では、必要な検討が漏れたり、いつの間にか方向性を誤ったりします。そこで、定期的な指導をコンサルタントから受けて、必要な軌道修正をしつつ進めていくものです。コンサルタントによる「指導会」は、月に1～2回、それぞれ半日で行うケースが多いのですが、各回では、会社のプロジェクトチームが検討してきた内容を冒頭で説明し、それに対してコンサルタントがコメントを返す形で検討が進められます。この場合、指導役のコンサルタントは、プロジェクトチームの作成した検討資料をその場で初めて見て指導することになりますので、瞬間的に理解・判断して適切に指導できるベテランのコンサルタントに担当してもらうほうが安心です。

　以上の活用方式は基本的なパターンを挙げているだけですので、各方式の中間的な在り方を選択することも可能です。この点はコンサルタントとよく相談の上、進め方を具体化していけばよいと思います。

3 どのようなスケジュールで進めるか（全体計画の策定）

1 検討開始から制度導入までの期間

　人事制度改革を進めるに当たって、検討の開始から実際の制度導入（運用開始）まで、どの程度の期間を想定すればよいのでしょうか。

　中小企業の場合でも、少なくとも半年はみておくべきだと思います。大企業の場合は、1年から1年半くらいは必要です。もちろん、より短期間で行うことも不可能ではありませんが、人事制度改革は、**社員の気持ちに関わるものですので、それなりに期間をかけるほうがよい効果を及ぼす**と思います。

　例えば、社員に対する人事制度改革の説明に8時間かかるとします。8時間の説明を1日にまとめて行うことも可能です。しかし、日を分けて2時間ずつ4日にわたって説明をするほうが、社員の納得感を得られる場合があります。社員は新制度の説明を聞きながら、また、さまざまな人の感想・意見に耳を傾け、自分でもいろいろと考えた上で質問するほうが、納得感が高まるのは確かな事実です。1日に詰め込んで説明されても消化不良となり、何となく腹落ちしない――ということにもなりかねません。それは会社が人の集団である以上、仕方がないことでもあります。

　筆者の経験でも、1月に人事制度改革の検討を始め、「（残り3カ月もない）来期4月1日から新人事制度を導入したいので、支援してほしい」との依頼を受けることがあります。コンサルタントですから、その場合の支援内容について十分具体化して話しますが、同時に、できないこともあることは伝えなければなりません。現行制度の内容があまり複雑で

なく、新制度のビジョンが比較的はっきりしている場合は、2～3カ月の推進期間でも制度構築の可能性は確かにあります。ただ、中小企業であっても200～300人の社員を抱えているとすると、2～3カ月の期間では「なぜ今、人事制度改革をするのか」「新制度がこれからの会社にとって、あるいは社員にとって、どういう前向きな意味を持つのか」について、社員の十分な理解や気持ちの整理が必ずしも図られていないと思います。人事制度改革では、**社員の前向きな受け止め方を醸成していかないと、期待する効果がなかなか生まれない**ものです。表面的な摩擦や軋轢は起こらないかもしれませんが、前向きな行動変化も起きにくいことは忘れてはいけません。そういう意味で検討開始から制度導入まで2～3カ月という期間は、十分でないと思います。

2 スケジュールイメージ

図表3-6に、人事制度改革のプロセスとスケジュールの例をまとめました。ここでは、新人事制度の実施案をつくり上げるまで7カ月、社員への正式な説明などを含めた新人事制度の導入準備に3カ月、合計で10カ月としています。中小企業でも、これくらいの期間を取ることが必要な場合が多いと思います。

もう少し細かく見ると、現行の人事制度の課題分析（現状調査）に1カ月、幹部や社員へのインタビューを踏まえた基本構想の立案に2カ月、新制度の詳細設計の完了までに4カ月、社員への説明に2～3カ月を想定しています。また、労働組合や事業場の過半数代表者等（以下、労働組合等）にも説明して合意を得なければなりませんので、労働組合等に対する基本構想の説明や実施案の説明についても、まとめて実施する必要があります。できるだけ早めに情報をリリースしておくべきです。**図表3-6**では、①7～8月と②12～1月の2回のタイミングとしていますが、労働組合等には実施案の大体の方向性が見えてきた段階で情報を出して、検討を依頼しておくといいでしょう。今の日本では、そういうや

図表3-6 人事制度改革のプロセスとスケジュール（例）

	2017年							2018年		
	6月	7月	8月	9月	10月	11月	12月	1月	2月	3月
推進ステージ	現状調査	基本構想の設定		新人事制度の詳細実施案の設計				導入準備		
経営会議（取締役会等）	スタートプロジェクト承認 →	新人事制度の基本構想の議論 →	新人事制度の基本構想の承認 ←		中間検討会	中間検討会	新人事制度承認 ←			
事務局／人事制度改革プロジェクト／コンサルタント	推進計画立案／現状分析／経営概況の確認	幹部インタビュー／社員インタビュー／新人事制度についての意見収集	基本構想のまとめ	実施案設計① 昇進昇格制度／人事評価制度／賃金制度	詳細設計内容の検討会 実施案設計② 昇進昇格制度／人事評価制度／賃金制度	詳細設計内容の検討会 実施案設計③ 昇進昇格制度／人事評価制度／賃金制度	全体最終調整			
社員への対応			①労働組合等への基本構想の説明	新人事制度についての社員への説明と同意・問題意識の共有	新人事制度の検討状況の説明と要望の把握		②労働組合等への実施案の説明と合意	新人事制度社員説明会の実施		

運用 → 新人事制度の導入

り方のほうがうまくいくと思います。

　幹部や社員へのインタビューについては、できるだけ多くできればそれに越したことはないものの期間的な制約もありますので、**図表3-6**では触れていませんが、アンケートなどを利用することも効果的です。

　いずれにしても、人事制度改革は、経営側の意思の表れではありますが、**社員側から見ても、より合理的な期待感が出てくるよう要望を組み入れていくやり方が大切**です。「人事制度改革は、経営側の意思で進めるべきものだから、社員の要望を聞く必要はない」という考えも一つの筋ではありますが、現実問題としては、経営側の意思の展開という意味からしても、人事制度改革の意義を社員に訴え、支持者を獲得していくことは極めて重要です。制度設計だけでなく、社員の意識向上、意識改革にも意を払いながら、全体の推進プロセスとスケジュールを組み立ててください。

4 現状分析と課題整理の進め方

1 どのような手法で行い、その結果から、何をどのように判断するか

❶ 現状調査の進め方

　図表3-6で示したとおり、「推進ステージ」の最初のプロセスである「現状調査」の進め方を説明します。

　ここで、本章の「❶検討スタート時に確認すべきポイント」（47ページ）で取り上げた内容をもう一度思い出してください。次の3点を明確にしてから人事制度改革を進めるべきだと指摘しました。

①今後の事業的な見通しをどう考えるか
②どのような事業的な変化を引き起こすのか
③改定により得られる経営上の効果とは何か

　つまり、将来どのような変化を引き起こすかを明確にしていくために、**まずは、現状がどのようになっているかを把握する**ことが、現状調査の役割となります。以下、二つの「事業的な見通しに基づく人事施策の方向性」を例に、現状調査の進め方、およびその結果に基づく新人事制度の基本構想プランの立て方について説明します。

●例1：今後の業績見通しが暗く、総額人件費の抑制が必要な場合

　現状調査により、現行の給与・賞与制度ではどの程度の歯止めがかかるのか、その内容を把握します。一昔前は、昇格しなくても昇給し続ける「青天井型」と呼ばれる基本給テーブルがありました。一切昇格しなくても基本給が上がり続けるため、総額人件費を抑制しにくい仕組みといえます。また、この「青天井型」基本給に支給月数を乗じて算出する

賞与制度であれば、なおさら総額人件費の抑制は難しくなります。この現状を明確に把握するのが現状調査の目的です。

ここから引き出される新人事制度の基本構想の例としては、
- 等級別基本給テーブルの上限額と下限額の範囲が狭い基本給テーブル（範囲給テーブル）に変える
- 賞与制度は基本給と連動しない（等級と評価により一律に賞与額が決まる）仕組みにする

——ことが考えられます。また、昇格審査をしっかりできる昇格制度を整備することも必要になりますが、上記の基本給・賞与制度に関する修正だけでも、総額人件費はかなり抑制できるはずです。さらに、今後目標とする営業利益を出し続けるために、どのような総額人件費の水準目安を持つかについても、併せて検討しなければなりません。それは、売り上げの成り行き水準の予測と目標としたい総額人件費の水準を、過去の売り上げ推移と営業利益推移との比較で明確にしていく作業になります。

●例2：今後、業績の好転が見込まれ、さらなる成長のために優秀な人材を積極的に採用したい場合

現在の社員の月例給与と年収の水準を把握し、世間水準と比較する必要があります。世間水準（統計データ）は、年齢別にまとめられているものが活用できるので、社員のデータも年齢別の比較ができる「月例給与額と年齢」「年収額と年齢」などのプロット図を作成するとよいでしょう。

現状の人材の質と量を維持するだけなら、特に年収水準に大きな変更は必要ないかもしれませんが、より優秀な人材を多く確保しようとすると、もう少し年収水準を上げていく必要が出てきます。何を目安に年収水準を上げるかについては、採用したい人材のスペックを基にその年収の世間水準を把握し、比較することが求められます。高校卒業者の多い会社で、優秀な大学卒業者を採用したいのであれば、1000人以上の会社の大学卒業者の年収水準と比較してみるのも一つの方法です。業種別にも年収水準は違いますので、自社の業種と採用したい人材がいそうな業種との比較にも意味があると思います。

❷ 基本となる現状調査の項目

●月例給与の分布を確認する

　しっかりした現状調査を行うとなると、**図表3-7**にまとめた現状調査項目の内容を整理する必要があります。かなり丹念な現状調査を想定した作業項目ですが、貴社の問題意識の度合いに応じて取捨選択してください。

　一方、「人事制度改革を行うべきだと感覚的には確信しているが、具体的な焦点がまだよく見えていない」場合は、**図表3-7**のすべての項目について分析してみるとよいと思います。この作業によって、次第に人事制度改革の課題が見えてくることもあります。**人事制度改革は、実際の給与や賞与の分布を変化させることが結論です。**ですから、**今現在の給与や賞与の分布を確認していく必要があります。**まずは、**図表3-8**のデータを作成することから始めてみてください。**このデータがすべての基になります。**

●プロット図を作成する

　データを基に、Y軸に金額を、X軸に年齢・等級・役職・評価等のデータを置いてプロット図を作成します。プロット図は、**図表3-9**のパターンの数だけ作成できます。分析は網羅的にしたほうがよいので、**図表3-9**のすべてのパターンについて行ってください。ここでは、代表的なプロット図を例に挙げて解説します。

●プロット図から基本構想プランを導く

　図表3-10は、等級別に見た月例給与のプロット図の一例です。

　A図で分かることは、等級ごとの月例給与の分布に重なりがあることです。これは、昇格しなくても月例給与の昇給がかなり高い額まで行われていることを示しています。3等級の上限額は、4等級の月例給与の範囲の半分より上にまで達していますし、5等級の下限額に匹敵しています。また、5・6等級は、ほぼ重なっており、あまり金額に差がない形になっています。これは、昇格しなくても月例給与が上がり、昇格者のメリットがあまりない、つまり、頑張って業績を上げて昇格していこ

図表3-7 現状調査項目（1）

区分		調査項目
経営の現状	売り上げの構造	・売上高の推移 ・売上高の主要事業（商品）別構成推移
	利益	・利益率・額の推移 ・製造原価・一般管理費・研究開発費の推移
	生産性	・1人当たり売上高 ・1人当たり経常利益高 ・1人当たり付加価値額
	人件費	・1人当たり人件費および年収 ・労働生産性・労働分配率の推移 ・競合企業との上記2点のデータ比較（最低過去数年）
要員管理	管理部門の比率	・管理部門、研究部門、技術部門、製造部門の要員数および要員構成率（最低過去数年）
	管理職の人員	・管理職人員数の推移（最低過去数年） ・管理職構成比の推移（最低過去数年）
	年齢構成	・年齢別人員数と構成比の推移（最低過去数年）
	採用・退職の動向	・採用者数の推移（最低過去数年） ・採用者の質の変化動向 ・退職者数の推移（最低過去数年） ・退職者の退職理由
昇進・昇格管理	昇進・昇格状況	・年齢別役職者数および役職者構成比の推移（最低過去数年）
	昇進年齢	・年度別昇進・昇格（最低過去数年） ・管理職構成比の推移年齢の推移（最低過去数年）
	等級と役職の昇進状況	・等級別役職者数 ・ポイント年齢別役職・資格別人数・構成比
賃金管理	賃金体系の現状	・現行給与制度・賞与制度、退職金制度を説明する資料 ・ベースアップ率、定期昇給率、賞与平均支給の推移（最低過去数年）
	賃金体系のゆがみ	・基本給／年齢分布、月例固定給／年齢分布 ・年収／年齢分布 ・上記世間水準比較 ・モデル評価別月例固定給曲線、モデル評価別年収曲線 ・モデル退職年齢別退職金曲線
	評価と年収との関連	・年収・過去3年評価総得点分布（役職別・資格別：特に管理職）

（次のページにつづく）

区分		調査項目
必要人材の充足度	事業のコアプロセス	・事業における強み・弱み ・事業成功にとっていちばん大事な仕事プロセスは（コアプロセス）
	コア人材	・事業成功に最も大切なコア人材はどのような能力を持って、どのような仕事ができる人か
	必要人材の能力要件	・現行の能力要件書 ・必要となる人材の能力要件 ・企業の人材ビジョン
経営ビジョン	長期経営計画	・企業ビジョン ・経営者の経営観 ・新入社員入社式でのトップ挨拶
	中期経営計画	・新規事業計画 ・要員計画 ・事業改革課題

図表 3-8 現状調査項目（2）

＜月例給与・賞与の実在者支給実績表＞

職種	社員No	氏名	年齢	勤続	資格	役職	月次支給項目別給与額				賞与		2015年度年収	過去3年間の評価
							基本給	家族手当	...	月例合計	夏	冬		

うという意欲の形成がしにくい給与制度であることを示しています。

　一方、B図を見てください。等級ごとの給与額の分布が重なっていません。たまたま実在者の分布がそうなっているだけで、給与制度がこのような分布を必然としているかどうかは給与規程を見ないと分かりませんが、制度として等級別の給与額が重なり合わないようにしているならば、昇格しなければ事実上、給与が頭打ちになっていることを示しています。こういう分布を意図した給与制度のほうが、業績を向上させるためのインセンティブが効きやすくなります。ですから、新給与制度の基

図表 3-9 賃金プロット図分析

以下の軸での実在者およびモデル別昇格者のプロットを行う

区　分		X軸			
		年齢	等級	役職	評価
Y軸	月例給与	○ (月例給与×年齢)			
	基本給				
	賞与				
	年収				

区　分		X軸
		評価
Y軸	等級別月例給与	○ (等級別給与×評価)
	基本給	
	等級別賞与	
	等級別年収	

区　分		X軸
		評価
Y軸	役職別月例給与	○ (役職別給与×評価)
	基本給	
	役職別賞与	
	役職別年収	

図表 3-10 等級別月例給与プロット分析

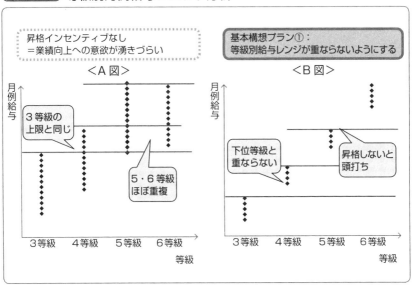

4. 現状分析と課題整理の進め方

本方針を考える場合、**等級別給与のレンジが、等級の一つ上と一つ下で重なり合わないようにする構想**（図表3-10　基本構想プラン①）が生まれてきます。

　図表3-11は、年齢別に見た月例給与のプロット図です。このプロット図では、おおむね年齢が上がると等級も上がり、給与額が上昇している傾向があると読めます。つまり、等級と給与が年功的に上がっていると評価できるとともに、根拠なく甘い評価がなされ、年功的な分布になっている可能性を指摘できます。これでは、業績向上のための行動を起こすインセンティブとして給与制度は機能しません。そのため、新しい給与制度としては、**もう少し評価をしっかりと行い、評価による格差がつくようにする構想**（図表3-11　基本構想プラン②）が生まれるはずです。

　図表3-12は、課長職者の年収と評価点をプロットした図です。評価点に３年累計のものを用いているのは、給与や賞与の合計額としての年収は、長年の評価の蓄積が影響している場合が多いので、単年度の評価点だけでなく、３年程度の影響を加味する意図です。X軸の左側は比較的低い評価点を取っている人であり、右側は比較的高い評価点を取っている人となります。この分布を見て、不思議に感じるでしょうが、高い評価点を取っている人よりも、低い評価点を取っている人のほうが、年収が高いことが分かります。しかも、全体として右肩下がりの分布ですので、全体としても年収が高い人のほうが、評価が低い傾向があるといってもよいと思います。こういう分布が実際にあるのか疑問に思うかもしれませんが、現実にはよく発生しています。この場合、評価の高い人は「若くして課長になった、月例給与がまだ低い人」です。評価の低い人は「課長になって長く滞留し続け、月例給与が長年の評価で高くなっている人」です。

　つまり、前述した昇格しなくても昇給し続ける「青天井型」基本給テーブルに加え、月例給与（基本給）に連動した評価別支給率で賞与額を計算する賞与制度を持っていると、このような分布が生じやすいのです。

図表 3-11 年齢・月例給与プロット分析

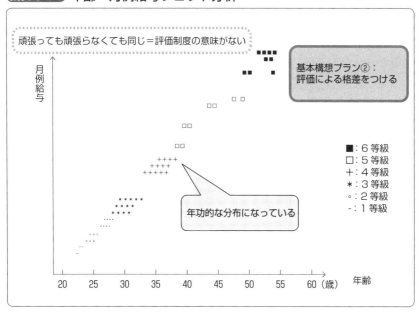

図表 3-12 役職者別年収評価点プロット分析（課長層の例）

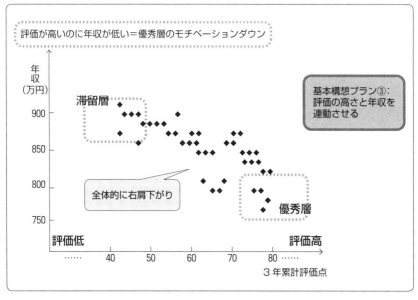

もちろん、「Ｓ・Ａ・Ｂ・Ｃ・Ｄ」などの評価結果による水準格差があまりつかない賞与制度である場合も、このような分布になりがちです。

　このような分布を示す給与制度・賞与制度では、「業績を向上させる活動を熱心にするよりも、評価が少々悪くても無難に過ごしたほうがいい」という働き方に陥る懸念があります。これでは頑張ろうというインセンティブにはなりません。新しい給与制度・賞与制度は、**もっと評価による格差をつけ、評価が高い人の年収が高く、評価が低い人の年収が低くなるような構想**（図表3-12　基本構想プラン③）になっていきます。

　なお、年功的な職能等級制度を基本とした賞与制度では、下位等級で評価がよい人（Ａ評価）が、一つ上の等級のＢ評価の人よりも賞与額が大きくなるケースがあります。しかし、「下位等級でいい評価を取っても、上位等級の評価基準からするとＢ評価未満とすべきで、賞与額は上位等級のＢ評価のほうが下位等級のＡ評価よりも高くなるべきだ」という考え方にも一理あると思います。結論としては、等級別Ｂ評価の賞与額の格差よりも、等級内の評価標語（評価ランク）別評価格差を少なくするほうが、制度上のバランスがよいのではないかと考えます。

●**賃金統計データとの比較から構想プランを導く**

　賃金統計データと自社の賃金水準を比較することも重要です。**図表3-13**は、厚生労働省「2015年賃金構造基本統計調査」の賃金データです（企業従業員数「10～99人」規模のもの）。このデータをグラフにすると、**図表3-14**（年収水準のプロット）、**図表3-15**（月例給与水準のプロット）のようになります。**図表3-11**の自社の月例給与のプロット図をそこに組み合わせると、**図表3-16**のようになります。このプロット図では、40代後半までおおむね世間水準と同等ということを示しています。

　なお、**月例給与や年収の世間水準を比較する際には、残業手当などを含めるかどうかの点に**（一方では含んで、他方では含まない、といったことがないように）注意してください。また、図表3-13の賃金構造基本統計調査の項目では、「所定内給与額」は固定給与の総額なので、残業手当を含んでいません。一方、「きまって支給する現金給与額」は残

図表3-13 賃金統計データ（10〜99人規模、男女計）

区分	年齢	勤続年数	所定内実労働時間数	超過実労働時間数	きまって支給する現金給与額	所定内給与額	年間賞与その他特別給与額	労働者数	年収推計
	歳	年	時間	時間	千円	千円	千円	十人	千円
学歴計	43.7	10.6	172	11	284.7	264.4	480.4	656,245	3,897
19歳以下	19.0	0.9	174	10	181.3	169.2	66.9	6,290	2,243
20〜24歳	22.8	2.2	173	12	203.5	187.6	251.6	43,848	2,694
25〜29〃	27.6	4.1	172	13	235.5	215.8	387.3	62,012	3,213
30〜34〃	32.5	6.3	172	14	267.5	244.0	461.5	71,328	3,672
35〜39〃	37.6	8.6	172	13	292.1	268.3	522.2	82,955	4,027
40〜44〃	42.5	10.7	172	13	311.3	287.2	566.4	95,127	4,302
45〜49〃	47.4	12.2	172	12	317.0	294.5	561.4	82,072	4,365
50〜54〃	52.4	14.3	172	11	318.6	297.2	592.0	67,605	4,415
55〜59〃	57.4	16.4	172	9	316.3	299.0	572.9	63,439	4,372
60〜64〃	62.4	16.4	170	8	270.6	257.9	367.8	50,005	3,615
65〜69〃	67.0	17.2	170	6	257.6	247.7	289.9	23,133	3,381
70歳以上	73.6	21.2	171	5	247.7	240.6	248.3	8,430	3,221

資料出所：厚生労働省「2015年賃金構造基本統計調査」
［注］ 上記は産業計のデータ。「年収推計」部分は、「『きまって支給する現金給与額』×12＋『年間賞与その他特別給与額』」により筆者が算出（図表3-17も同じ）。

業手当を含んでいます。比較データは合わせておく必要があります。また、同調査には通勤手当が含まれています。金額は公表されていませんが、大体1万円とみられています。これも比較するときには注意が必要ですが、この点はあらためて第4章（120ページ）で解説します。

　結論として、**図表3-16**からは、「年功的な実在者の分布ではあるが、世間水準と比べてごく平均的なものである」ことが分かります。

　自社の方針として、例えば新しい事業開発を進める際のコアとなる優秀な人材を補強しようとすると、この水準よりももっと高い給与水準でなければ難しいことは結論として引き出せると思います。**図表3-17**は、賃金構造基本統計調査の1000人以上規模の「学歴計」と「大学・大学院卒」のデータです。この大学・大学院卒の給与水準にまで、全社員の金

図表 3-14 年収水準(10〜99人規模、厚生労働省「2015年賃金基本構造統計調査」より)

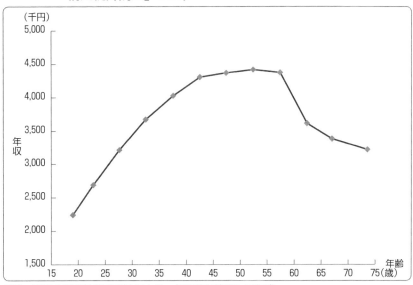

[注] 図表3-13の注釈の方法により、年収額を算出して作成。

図表 3-15 月例給与水準(10〜99人規模、厚生労働省「2015年賃金基本構造統計調査」より)

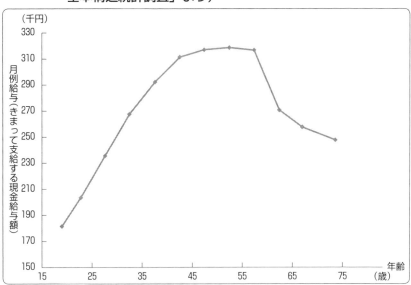

図表3-16 月例給与の世間水準比較

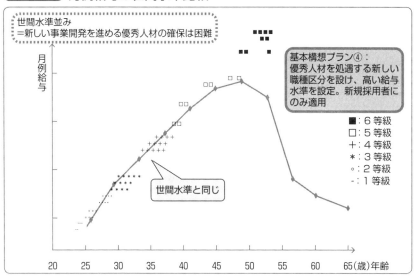

額を引き上げようとするのは、現実的に厳しいかもしれません。そこで、例えば「事業開発職」などの職種を設けて、新たに採用する人にのみ、大学・大学院卒の給与水準を適用する方策が考えられます（**図表3-16 基本構想プラン④**）。**図表3-17**を見ると、「大学・大学院卒」と「学歴計」とでは水準に相当な開きがあることが分かります。優秀な事業開発者を採用して事業開発にチャレンジするならば、これくらいの給与水準を採用時に提示することも検討すべきでしょう。

● **昇給モデル別に給与水準カーブを描いてみる**

現状の**昇格モデル別の給与水準についての整理**も基本構想を考えるときに有益です（**図表3-18**）。すなわち、①最も早く昇格する人（最短昇格者モデル）、②標準的に昇格する人（標準昇格者モデル）、③最も昇格が遅い人（最遅昇格者モデル）のそれぞれがどのような給与水準を描いているかを把握することです。中小企業の場合、「当社ではこういうモデルはなく運用してきたので分かりません」という声をよく聞きます。それが実態だとしても、筆者としては無理にでも描いてみることが大事

図表 3-17　賃金統計データ（1000人以上規模、男女計）

区　分	年齢	勤続年数	所定内実労働時間数	超過実労働時間数	きまって支給する現金給与額	所定内給与額	年間賞与その他特別給与額	労働者数	年収推計
	歳	年	時間	時間	千円	千円	千円	十人	千円
学歴計	41.5	14.2	158	16	390.8	351.5	1325.8	765,390	6,015
19歳以下	19.1	0.9	164	14	197.9	175.6	168.6	5,724	2,543
20〜24歳	23.2	2.2	160	17	244.6	212.0	441.1	57,002	3,376
25〜29〃	27.5	4.7	158	21	295.6	250.9	827.0	94,547	4,374
30〜34〃	32.5	7.6	158	20	343.0	294.7	1046.5	94,069	5,163
35〜39〃	37.5	11.1	158	19	385.8	336.9	1262.5	96,626	5,892
40〜44〃	42.5	15.3	159	17	422.2	377.2	1484.0	111,119	6,550
45〜49〃	47.4	19.5	158	14	473.8	434.9	1796.8	106,102	7,482
50〜54〃	52.4	23.2	158	11	494.4	462.3	1949.6	88,248	7,882
55〜59〃	57.4	25.9	158	10	469.8	441.0	1796.1	68,015	7,434
60〜64〃	62.2	22.3	157	8	316.8	300.8	978.8	36,102	4,780
65〜69〃	66.9	16.3	157	6	299.4	289.0	649.3	6,808	4,242
70歳以上	73.4	19.6	155	3	301.8	296.3	511.3	1,031	4,133
大学・大学院卒	40.0	13.1	157	14	447.5	410.5	1668.8	359,346	7,039
20〜24歳以下	23.7	1.3	160	14	250.3	222.8	354.0	27,131	3,358
25〜29〃	27.5	3.9	157	21	309.7	263.8	926.8	57,887	4,643
30〜34〃	32.4	7.3	157	21	375.2	322.9	1247.8	54,241	5,750
35〜39〃	37.5	10.7	156	18	440.8	390.5	1588.8	47,923	6,878
40〜44〃	42.5	14.6	159	13	499.2	461.2	1964.2	45,062	7,955
45〜49〃	47.5	20.1	156	10	565.6	535.4	2405.1	49,809	9,192
50〜54〃	52.4	23.8	157	7	604.7	583.5	2661.3	38,203	9,918
55〜59〃	57.3	26.1	157	6	583.4	565.5	2435.3	25,940	9,436
60〜64〃	62.2	21.8	156	6	431.2	418.1	1491.8	11,099	6,666
65〜69〃	66.8	16.6	157	4	455.7	447.4	1498.6	1,790	6,967
70歳以上	75.0	23.6	158	2	452.2	445.6	736.1	262	6,163

だと思っています。運用上意識していなくても、制度を見ると描けたり、また、後づけであっても、そのような運用が行われていたと分かることがよくあります。現行の給与制度の特徴を確認するように、割り切ってトライしてほしいと思います。

図表 3-18 昇格モデル別の月例給与分析

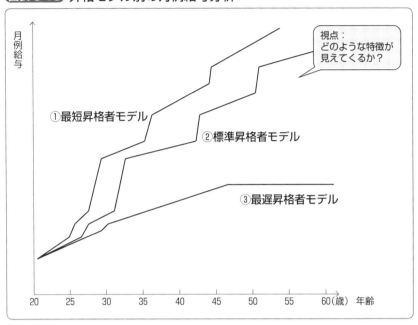

❸ 社員インタビュー・アンケート調査

次に、社員インタビュー、社員意識調査（アンケート調査）について説明します。

●インタビュー・アンケート調査の意義

人事制度改革の目的は、業績を向上させるための「人材マネジメント改革」です。ですから、特に社員に対しては、どのような行動変化を引き起こすための人材マネジメントに変化させるのかを明確にする必要があります。社員へのインタビューの目的は、**現行の人事制度への問題意識、これから奨励する業績向上のための職務行動の在り方、どんな人事制度を構築していくべきかの問題意識**――を把握することです。

例えば、業績向上を目指すには、顧客に意識を集中し、全力を挙げて顧客満足のための行動をとらなければなりません。果たして全社員がそ

のような気持ちになっているでしょうか。人事制度は、「動機づけ要因」というよりも「衛生要因」であるといわれます。動機づけ要因として捉えられないのは、人事制度のインセンティブ効果は一時的なもので、多額な賞与を与えても、すぐに慣れてしまい、次はもっとたくさんもらわないと機能しなくなる——という考え方に基づくものです。一方、衛生要因とみた場合、不具合のある仕組みをそのままにしておくと、社員の不平不満が募りやる気がなくなってしまう（だから合理性・納得性のある仕組みを追求する必要がある）——と考えることになります。

そういう意味では、現行の人事制度の何に不満で、どのようなものであってほしいのかについて、ある程度定期的に社員意識調査を行うことが望ましいと思います。中小企業の場合は、人数がそれほど多くないので、意識すれば全体を把握することは十分可能です。

社員が現行人事制度にどのような印象を持っているかを直接聞いてみるよい機会だと思います。幹部や社員に対し直接、インタビューということで時間を取ってもらい、十分話し合うのも有益です。

● 時間と日数の掛け方

筆者のようなコンサルタントがインタビューを行うときは、大体次のように進めることになります。

- 1人当たりに掛ける時間：幹部＝2時間程度、社員＝1時間程度
- 1日当たりのインタビュー人数：幹部＝4人程度、社員＝7人程度
- 1社当たりの所要日数（300人の中小企業の場合）：幹部＝仮に全体の1割、30人が対象として8日程度、社員＝全員（残り270人）を対象として約40日

この日数では、中小企業で人数が少ないとはいえ、少し時間が掛かり過ぎです。**図表3-6**では現状調査を行い、基本構想の設定を完了するまでの期間は3カ月を想定していますので、それだけの工数をインタビューに掛けることには無理があります。インタビューを行う場合は、もう少し重点化しなければならないでしょう。具体的には、幹部インタビューについては、部長層と課長層に分けて時間の掛け方を変えます（課

長層は1人1時間に圧縮するなど)。さらに、社歴や社内での役割等を踏まえ、影響力を持つと思われる一般社員を30人程度選び、1人1時間で5日程度掛けるのが現実的でしょう。課長以下については、改革スタッフも加えた5人のインタビュアーで臨めば、8日間で280人に対応することが可能です(1日7人×8日×インタビュアー5人)。

●インタビューの進め方

　インタビュアーが最初から何も発信しないで質問しても、あまり盛り上がらないのが普通です。社員側は、それほど問題意識が高くない場合が多いからです。事前に社内の改革スタッフから、現状分析で分かった情報を社員に提供するとともに、改革の必要性を理解してもらうよう説明した上で、インタビューを実施するとよいでしょう。

　複数のインタビュアーがいる場合は、あらかじめインタビュー項目をすり合わせておきます。なぜ話を聞くのかといった背景認識の説明も含めて、インタビュアーの間で意思統一をしてから進めるべきだと思います。

●アンケートの方法

　このような大人数を対象としたインタビューが時間の制約上難しい場合は、社員アンケートを活用することも可能です。アンケート方式でも、インタビューと同じ内容を聞くことになりますが、実施の背景認識をあまり説明できませんし、答え方も択一式(補助的に自由記述欄を設けるのも一法)ですので、インタビューよりは制約があります。

　また、たくさんの設問を盛り込むと、回収率や回答の質に影響する恐れがありますので、せいぜい10～15問くらいに絞ったほうがよいと思います。

　図表3-19はアンケートの設問例です。各設問項目に対する回答は、4段階の選択肢(4：大いにそう思う、3：そう思う、2：そう思わない、1：まったくそう思わない)を設けるのが普通です。

　図表3-19の①～⑦からは会社の方向性や人事制度全般に関する現状を把握できますので、課題を抽出する参考になるでしょう。⑧～⑨は給

図表3-19　社員アンケート調査の設問例

①会社がこれからチャレンジしようとしている方向が何か理解していますか
②これからの会社のチャレンジを受けて、自分の役割の変化がどういうものか理解していますか
③あなたは、自分の業務目標に納得していますか
④あなたは、上司からの日常のマネジメントに満足していますか
⑤あなたの職場では、人事評価が公正に行われていると思いますか
⑥あなたは、自分の評価結果についてフィードバックを受けていますか
⑦あなたは、自分の評価結果について納得していますか
⑧あなたの今の給与水準は満足のいくものですか
⑨あなたの今の賞与水準は満足のいくものですか
⑩あなたにとって給与や賞与は、これからも頑張っていこうという気持ちを刺激するものですか
⑪あなたは、今の職務に満足していますか
⑫あなたは、自分が成長できる機会がこの会社にあると思いますか
⑬あなたの職場では、建設的な議論がしっかりされていますか
⑭今の仕事は楽しいですか
⑮職場の仲間は、信頼できる素晴らしい仲間だと思いますか

与・賞与の水準に対する社員の評価を聞いています。評価が良くないからといって、無条件に給与・賞与を上げるわけにはいきませんが、その場合、なぜ上げられないか、どうすれば上げられるかなどの理由は説明できると思いますので、その説明論法を見つけ出していくきっかけにもなるでしょう。

⑩〜⑫は社員の意識について問う内容になっています。社員満足度を高めるエッセンスを人事制度に加えていく必要があります。⑬〜⑮は会社の風土を聞いていますので、この内容が良くても悪くても、新しい人事制度でより改善していくための仕掛けを企画していくことになります。この社員側の意識の程度は、これまでの人材マネジメントの在り方

を示していると思います。その改善を目指し、人事制度改革後、しばらく運用してから、その変化を調べて比較してみることも意義があります。

2 新人事制度をどのような形で構想していくか

　人事制度改革を経営陣が考え始めたときには、「事業改革に臨みたい」「業績向上のための行動を促進するため、頑張った人に報いたい」などの思いがあるはずです。その思いを持ちながら、現状の人事制度を総括し、把握した社員の意識状況と比べてみたとき、経営陣が思う人事制度改革が、制度としてはどのようなものになるべきか――という構想が見えてきます。

　構想といっても、人事制度という形となって具体化されないと効果は現れません。しかし、焦ってはいけません。制度だけを変えても意味がありませんし、結局機能しなくなってしまいます。人事制度改革は、全社員を巻き込む大きな改革プロジェクトとなります。それは会社の事業改革を目指して、社員の行動改革をも要求し、人事評価のやり方を変え、給与や賞与の決まり方や金額を変えることでインセンティブの構造を変えてしまうからです。

　経営者は言うに及ばず、**社員全員を巻き込んだ改革プロジェクトには、"物語"（ストーリー）が必要**になります。この物語は社員全員が理解できるような、できるだけしっかりとした筋を持つ話にする必要があります。**図表3-20**と**図表3-21**は、ともに新人事制度の構想を説明するものですが、これから取り組む事業改革のいわば「地図」として、多くの社員が何度も目にすることになります。その上で、**図表3-22**のような人事制度の形を決める方針を導き出します。制度の土台をいかにつくるかが、人事制度改革の成否を分かつといっても過言ではありません。丁寧に考えていきましょう。

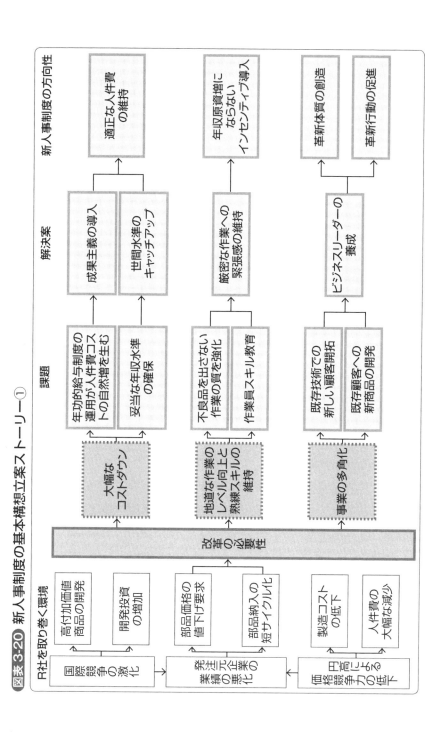

図表3-20 新人事制度の基本構想立案ストーリー①

図表 3-21　新人事制度の基本構想立案ストーリー②

適正な総額人件費の実現	複雑な制度からシンプルな制度へ（部門管理者が理解できる制度へ）	職務価値にふさわしい処遇を実現することで、より付加価値を上げることにこだわらせる制度へ	成果主義人事制度へ
地道な作業者のインセンティブの確立	実務者向けの人事制度とする	高度実務の推進により処遇が向上する制度とし、地道な作業者の存在価値を明確にする	バリューマネジメントができる制度へ
ビジネスリーダーのインセンティブの確立	複雑な制度からシンプルな制度へ（部門管理者が理解できる制度へ）	職務価値にふさわしい処遇を実現することで、より付加価値を上げることにこだわらせる制度へ	高度付加価値を実現する人材群に合った目標管理とインセンティブの導入へ

　"人事制度改革のストーリー"は会社によってすべて違います。そこで、次の❶❷において、事業環境変化を踏まえた人事課題の抽出から新制度の基本方針策定までの流れを、具体例（「製造業R社の人事制度改革」ストーリー）に沿って見ていきたいと思います（**図表3-20～3-22**も併せて参照してください）。

図表 3-22　新人事制度の基本構想立案ストーリー③

適正な総額人件費の実現	成果主義人事制度へ	◆適正な総額人件費を目指すという概念がなく、何となく抑制的に支払うことが必要だという印象しか経営者も持っていなかった ■大幅なコストダウンと事業の多角化を実現する事業改革方針を受けて、その二つの方針が実現し、業績が良くなれば総額人件費を増加させ、そうでないならば減少させるようにしていく ■個人別にもこの方針を受けて、成果を上げる人には賞与額を増加させ、そうでない人には賞与額を減少させるよう、信賞必罰を実現する
地道な作業者のインセンティブの確立	バリューマネジメントができる制度へ	◆今までは支払う給与額や賞与額を決定し、間違いなく支払うことにしか人事制度の問題意識はなかった ■熟練スキルと厳密な作業維持への意欲を維持することを主眼に、昇格管理を中心にした給与・賞与制度とし、処遇の安定と長期的な貢献に報いる体制とする ■マイスター制度のほか、熟練労働者を表彰する制度をつくる ■地道な作業へのバリューを促進し、ビジネスリーダーは体を張って改革を目指すバリューマネジメントに活用できるようにする
ビジネスリーダーのインセンティブの確立	高度付加価値を実現する人材群に合った目標管理とインセンティブの導入へ	◆従来の人事制度では、社員の職務や役割と給与・賞与には特段の関連性を持たせておらず、比較的勤続年数が長くなれば、給与も賞与も上がっていた ■事業の多角化を目指して、大きな事業成果を出すことを目指す人材を確保・育成するため、ビジネスリーダーに合った二つ目の人事制度を構築する。この仕事は、個人成果の出方が人によって大きく異なるので、その格差を処遇にできるだけ短期に反映していける給与・賞与制度とする ■事業改革に向けて、社員個々人に必要な職務目標・役割を明確にし、達成度を評価し、必要な職務目標・役割を促進するマネジメントを支える人事制度とする ■ビジネスリーダーを採用できる給与・賞与水準を見極めて設定していく

製造業R社の人事制度改革ストーリー

【R社の概要】
・**従業員規模**：約300人
・**業種**：製造業（顧客企業の製品に組み込まれる部品の製造）
・**R社を取り巻く環境**：顧客企業（製品納入先）は国際競争が激しさを増し、かつ円高により価格競争力が低下する中、業績の悪化に苦しんでいる。高付加価値商品で勝負しようとしており、これに伴う開発投資の増加に対応するため、R社に対しては、通常製品について特にコストダウン＝納入部品価格の値下げと納入の短サイクル化（リードタイム短縮）を求めている

❶ 事業環境変化から人事課題を把握する

●課題解決策を設定する

R社では、大幅なコストダウンに加えて、次の二つの課題解決策を設定することとしました。

①自社製品（部品）の品質の維持・向上

R社の部品は、その品質の良さで売れています。しかも熟練労働者のスキルに依拠していますので、目先の安易なコストダウンよりも、部品を作る地道な作業のレベルを高め、熟練労働者の高度なスキルを維持しなければなりません。その品質の維持向上の必要性を認めてもらえれば、顧客の理解を得られるかもしれません。顧客による品質への理解が進めば、生き抜く方向性も見えてくるでしょう。

②事業の多角化

コストダウンと品質の維持向上によって、本業を維持しているうちに、多角化で付加価値の高い次期主力事業をなんとかつくり上げることを目指すものです。

●人事制度改革ストーリー：三つのコンセプトで考える

　さらに、以上の課題解決策の設定を踏まえて、「コストダウン」「品質・スキルの維持・向上」「多角化」に関する取り組み方針を、次のとおり確認しました。

　「**大幅なコストダウン**」を図るには、自社の総額人件費管理の甘さを反省し、年功的給与制度による人件費の自然増を抑止しなければなりません。そのためにも世間水準をよく調べて適正な年収水準とし、処遇を業績に連動する成果主義的な人事制度をつくり、適正な総額人件費管理ができるようにしなければなりません。

　「**地道な作業のレベル向上と熟練スキルの維持**」においては、不良品を出さない熟練労働者の作業スキルを維持すると同時に、若手作業員にスキル教育を実施し、厳密な作業を、緊張感をもって行えるようなマネジメントを実施しなければなりません。年収全体の原資の極端な増額はさせにくいものの、「厳密な作業を、緊張感をもって」行っていくことにインセンティブを与える仕掛けをつくっていくことが求められます。

　「**事業の多角化**」の点では、まずは既存技術で新しい顧客開拓ができないか、既存顧客に新商品を開発して提供できないか――が課題となります。しかし、R社としては、現在の部品提供で長い間勝負してきたこともあり、そういう発想で仕事ができる人材がいません。したがって、高付加価値を実現する人材としての「ビジネスリーダー」を外部から採用したり、内部人材を育成したりする必要があります。また、ビジネスリーダーの革新活動を促す企業組織風土とインセンティブを導入しないといけません。

　つまり、人事制度について、中小企業にありがちな「給与・賞与の支払い実務のために確立し、運用する」レベルの認識にとどめることなく、改革のマネジメントツールとして位置づけることが大前提となります。この点を確認した上で、R社では「人事制度改革ストーリー」を次の三つのコンセプトに基づき進めることにしました。

①適正な総額人件費の実現

②「地道な作業者（熟練労働者）」のインセンティブの確立
③ビジネスリーダーのインセンティブの確立

❷ 人事課題から人事制度改革の基本方針を策定する

　この三つのコンセプトだけでは、まだ新しい人事制度の形はイメージできません。そこで、**図表3-21**に基づき、さらにイメージを膨らませていきます。

①適正な総額人件費の実現

　そもそも今の人事制度は、給与や賞与を支障なく決定して支給するという給与・賞与実務に意識を置く制度でした。これを事業改革のマネジメントツールにしなければなりません。そのためには「年功的な給与・賞与決定により、総額人件費の自然増が発生する」現行の体制を改めて、**全社の業績に連動して総額人件費を意図的にコントロールできるように**する必要があります。熟練労働者もビジネスリーダーも、その職務価値にふさわしい処遇（世間水準との連動）にし、それぞれの職務が生み出す付加価値を想定した人事制度にしていくことになります。

②「地道な作業者（熟練労働者）」のインセンティブの確立

　まずは、**熟練労働者にマッチした人事制度を確立**することです。現行の制度は社員を役割に分けて管理・処遇しようとは考えていません。熟練労働者には、常に品質の良い作業を提供し続けることが求められますが、その付加価値はビジネスリーダーや課題解決者が成功したときほど大きくはありません。そういう視点から、熟練労働者については給与水準、賞与の評価格差を比較的穏当につくり上げていくのが普通です。彼らの行う地道な品質の良い熟練労働に敬意を表し、奨励するバリューマネジメントを目指していく人事制度にすべきです。

③ビジネスリーダーのインセンティブの確立

　このような人材が社内では少ない現実を受けて、「社外の人材にとって魅力のある給与・賞与水準を意識して設計する」ことが求められます。そうして「決められた仕事を決められたようにする」のではなく、常に

新たな付加価値を生み出す業務を探り当てて実行していくことにこだわりが持てる人事制度としなければなりません。そのためにも、ビジネスリーダーに合った**目標管理や評価格差の大きなインセンティブの仕組み**を目指すことになります。

このようにストーリーを組み立てていくと、人事制度改革の具体的な構想が膨らんでくると思います。

❸ 基本方針を新人事制度の具体化イメージに落とし込む

ここまで、具体例を基に、改定の基本方針を決定するまでの流れをストーリー仕立てで説明してきましたが、これから具体的な人事制度改革を進めていくに当たって、もう少し制度のイメージを膨らませたいと思います。それを図表3-22の形でまとめています。

この段階で、社内インタビューの内容や現状調査結果と突き合わせて、さらなる検証を進めることお勧めします。

①適正な総額人件費の実現

例えば、インタビューや調査結果から次の点が明らかになったとします。

- 幹部インタビュー：経営側にも適正な総額人件費を目指す考えはまったくなく、資金繰りで困らないように、給与や賞与はあまりたくさん出したくないと思っている
- 社員インタビュー：「業績が良いときに賞与額はあまり多くなかったが、業績が悪いときは賞与額がかなり下がった」「頑張っても頑張らなくてもあまり変わらない気がするので、頑張らなければいけないとは分かっているが、いまひとつ盛り上がらない」との意見が多い
- 現状調査結果：給与・賞与のデータを数年にわたって調べた結果、データでもインタビューの内容が裏付けられた

この場合、現行の人事制度は、業績を良くするための行動に対するインセンティブが機能していないと判断できます。「業績が良く、利益が出たときに、思い切って賞与額を多くする」価値観が生まれにくいということです。経営者はとかく、業績が悪いときには賞与額を少なくしよ

うとする一方で、業績が良くても「多く出すための考え方がよく分からない」ことが多いのです。これではインセンティブの仕組みはできません。もう少し成果に報いる視点が必要です。

　会社の業績が良ければたくさんの賞与原資を確保し、悪ければ適切に賞与原資を減少させることが必要ですし、個人別に見ても、人事評価結果が良ければたくさん賞与がもらえ、悪ければ賞与額が減少するのが正しい姿だと思います。会社業績と個人の人事評価結果に常に関連を持たせ、適切な賞与額決定をしていくべきです。

②「地道な作業者（熟練労働者）」のインセンティブの確立

　前掲のR社の例では、商材（部品）の品質を維持・向上させる熟練労働者の地道な取り組みを奨励する必要がありました。ここでも社員インタビューの結果と突き合わせてみることが有用です。把握すべきは「今までこの熟練労働者がどういうプライドをもって仕事をしてきたか」です。筆者の経験では、中小企業の熟練労働者は、真面目に仕事はしていますが、「自分の技術がこの会社の業績を支えている」という強い考えを示すことは、それほどありません。「自分はこれしかできないし、仕事には真面目に取り組んでいると思う」という程度の意見が多いと思います。実際にインタビューを行ってみて、もしそのような結果であったならば、何か仕組みをつくって**プライドを形成する**努力をすべきだと思います。

　例えば、**マイスター制度**をつくり、高度な熟練労働者にマイスターの称号を与え、手当を出すなどの特典を与えることが考えられます。また、認定書を与え、表彰式を実施し、記念品を贈呈し、食事会を開くなどの方法もよいと思います。

③ビジネスリーダーのインセンティブの確立

　ビジネスリーダーにふさわしい人事制度を構想して、事業開発に対するインセンティブの仕組みをつくります。それには、ビジネスリーダーのイメージが社員側にどれくらいあるかを、インタビューなどでよく確認していく必要があります。

まずインタビューで確認したいのが、多角化という経営者の方針を社員がどのように受け止めているかです。「そういう話は聞いたが、何をするのかまったく分からない」「今の社長はそうした思いつきを口にするので、あまり本気にできない」という声が多いとすると、ビジネスリーダー用の**人事制度をつくる前に、多角化方針の説明と成功可能性について、経営者が社員に何度も語り掛けるべき**、ということになります。実際、人事制度改革を行おうとすると、改革自体の必要性が社員にまったく伝わっていないことに気づくことがあります。このまま放置しておけば、「制度をつくっても魂が入らない」ことになります。**人事制度改革は、こういう意識の改革も含むものです。**

また、社内にどれくらいのビジネスリーダーがいるのかも、見極める必要があります。たくさんいれば、社外からの人材の採用はそれほど多くなくてもよいことになりますが、ほとんどの場合は、多角化を推進する人材をあまり確保できていないのではないでしょうか。社外からの採用を進めるには、せめて大企業の大学・大学院卒程度の給与水準を検討しなければならないと思います。

厚生労働省の調査結果で、前掲**図表3-13**（10〜99人規模）と**図表3-17**（1000人以上規模）下段（大学・大学院卒）の各データを比較すると、給与水準は相当に違うことが分かると思います。このようなデータを見て、どこまで改革を進めるのか検討してみてください。

以上、新人事制度改革のストーリーを描き、新制度の基本構想の立案も終えましたので、いよいよその先の詳細な人事制度設計に移ります。**基本構想を練ることは、経営者として改革の決意を固めるプロセスでもあります。**その点を確認しつつ、第4章から新人事制度の詳細な設計について説明していきます。

第**4**章

人事制度の設計実務
―主要項目別に
　実践ポイントを徹底指南

　制度設計を進めるに当たって、特にどのような項目を、どの程度具体化すればよいでしょうか。業種や事業戦略、社員の処遇方針は各社各様ですが、こうした違いを越えて応用可能な、シンプルな仕組みと運用のコツを教えてください。

第3章の「改革に向けた準備」を受けて、いよいよ新しい人事制度設計に入っていきます。
　さて、第2章では、中小企業の人事上の課題解決策として、次の三つを挙げました。
①運用の易しさを確保する
②働く人が将来の見通し感を持てるようにしていく
③資金繰りに苦しまないようにする
　①の「運用の易しさを確保する」については、「中小企業は、制度をうまく運用する優秀な人事スタッフをなかなか確保しにくい」という事情から、注目すべきであると述べました。
　②の「働く人が将来の見通し感を持てるようにしていく」については、「優秀な人材の採用」「人材の育成」「仕事ができる人材とそうでない人材と処遇の差がつくメリハリのある人事制度」を目指していくことで実現できるはず、と説明しました。
　また、③の「資金繰りに苦しまないようにする」については、「総額人件費を業績と連動」させることを通じて実現すべきであると説明しました。
　ここからは、①～③について、人事制度の設計の仕方も含めて、どのような制度を具体的につくっていくかについて解説していきます。

1 運用の易しさを確保する

　中小企業の人事制度は、多くの場合、"どこかからの借り物"という印象を持つケースが非常に多いと思います。等級制度や役職制度が一応はありますが、等級区分ごとに、2～3行ほどの「どの会社にもありそうな」基準定義があり、役職については、部長は「部の統括者」、課長は「課の統括者」、部長代理は「部長補佐」、課長代理は「課長補佐」という程度の定義になっているだけです。月例の給与制度は、給与の支給項目と支給項目別の金額（基本給テーブルや手当額など）が示されている程度だったりします。賞与制度なら「基本給×評価別支給係数」、退職金制度なら「基本給×勤続年数別支給係数×退職事由係数」とだけ示されている、といった具合です。人事評価にしても、市販の「人事評価表の事例集」から適当なものを選んで利用しているだけ、というケースを多く目にします。

　極めてシンプルと言えばシンプルと言えますが、ここで筆者が伝えたい「運用の易しさを確保する」とは、そういうことではありません。

　前述した、中小企業の現行の人事制度に多く見られる内容は、給与や賞与などの支給実務のガイドをしているに過ぎません。そのことによって、必要とされる人材マネジメントを促進させる要素はまったく入っていないのです。会社の人材マネジメントと関係なく、給与や賞与を支給する実務を進めるだけであれば、人事部門の仕事は単なる事務処理だけ、ということになります。

　まずは、中小企業の場合、「人事部門は事務処理部門ではない」ことを理解してください。人事部門が人事の事務処理だけを担うのであれば、人事独特の専門知識は必要ですが、先輩より引き継ぎながら対応すれば、

それほど難しくはないと思います。しかし、人材マネジメントの向上に関わるとなると、途端に難しくなります。人材マネジメントを主に担っているのは、各組織の長たる部長や課長です。その方たちの人材マネジメントの質を向上させるわけですから、人事スタッフが部長や課長にマネジメントの在り方について指導を行うことになります。

例えば、人事スタッフとして、部課長に対し、次のような内容を説明・依頼する状況を想像してみてください。

「部長、あなたの評価は寛大化傾向（評価を高めにつけてしまう傾向）が強いので、評価の際に目標達成度を評価基準として活用することを意識して、期首に目標設定させてください」

「部下のAさんを4等級に昇格させるには、職場である程度繰り返し発生する例外事項について適切に判断して、後輩を指導できなければなりません。しかし、彼はまだそれができていないと思います。昇格候補者として推薦しないでください」

大企業の人事部門のスタッフは、ライン長へこのような話をしています。一方、中小企業では、そのようなスタッフがなかなかおらず、また「給与・賞与の支払い実務だけすればいい」という役割認識もあり、こうした助言や指導がなかなかできていません。しかし、「人事制度は人材マネジメントのコアシステムだ」という定義を受け入れるとすると、これでは駄目、ということになります。中小企業は、事業範囲が小さいという特性があるため、このような指導は比較的手触り感のあるものにしやすいはずです。つまり、大企業より中小企業のほうが、人事制度改革の効果が出やすいとも言えるのです。こうした、ある意味では小回りが利き、有利な中小企業のポジションを生かすためにも、いろいろな工夫を凝らしたいものです。

「運用の易しさを確保する」とは、この人材マネジメントの向上に資する人事制度をできるだけシンプルに提供しようとすることであり、人事評価基準にしても、人材マネジメントの質を向上させるポイントをできるだけシンプルな形で示そうということです。その結果として、昇給

額にせよ賞与額にせよ、どのように決定されるか、その決定内容について、評価結果も行動課題も含めて管理者が本人にフィードバックしやすいということです。

本書のメインとなる本章では、人事制度の設計実務について、課題別（報酬制度や昇格基準、評価制度などの人事制度別）に次の流れで解説・指南します。

(1) まずは本項により「運用の易しさを確保する」ことの意味を理解いただきます。

(2) 直接的には「処遇の見通し感を持たせる」という課題と連動させて、「優秀な人材の採用」「人材の育成」「できる人材とそうでない人材と処遇の差がつくメリハリのある人事制度」に資する各人事制度の設計実務について解説します。また、「運用の易しさを確保する」観点から、新しい人事制度のパーツの設計に当たって、「こういう設計のほうが、人材マネジメントの質を易しく向上できる」点についても併せて解説します。

(3) 上記(2)により各人事制度設計の説明をした後で、「資金繰りに苦しまない」という視点から解説します。資金繰りについては、借金ができれば解決できるものではありますが、「借金できること」は念頭に置かず、業績と支払い能力との関係でより工夫できる点をまとめて説明することとします。

2 主要項目別の「制度改革」指南
——処遇の見通し感を持たせる

　中小企業の人事面における課題として大きいのは、なんと言っても優秀な人材の採用です。「この会社に入社して頑張って働いたとき、どのような人生を歩めるだろうか」の見通しが持てるか、ということです。もちろん、単なる見通しが持てればいいという話ではなく、よりよい生活が営めるかどうかです。

　つまり、採用され、育成された場合、「希望する職務で活躍できるか」「満足のいく報酬が得られるか」の見通し感が個々の社員において持てることが、まずは大事です。これらを示す上で、人事制度が果たす役割には相当大きいものがあります。人事制度が自分の会社の業績をよくするための人材マネジメントのコアシステムであることは、これまでも再三説明しました。それは同時に、これを優秀な人材に提示して入社承諾を獲得し、その人が希望を持って働き、辞めないように仕向けるためにも非常に重要なシステムであることを示しています。

1 月例給与・賞与の処遇モデルのつくり方

　この「処遇モデル」ですが、図表4-1～4-3に示したものが、その典型的なアウトプットです（詳細は後述）。この資料を「モデル給与・賞与試算表」と呼んでいます。このような、いわば"生涯にわたる処遇イメージ表"ができると、月例給与の基本給テーブルもできますし、賞与制度設計の基本枠組みもできます。これらの図表が、新しい人事制度の見取り図をつくることになります。

　貴社への応募者が晴れて採用試験に合格して、処遇条件を人事スタッ

チェックリスト1	月例給与・賞与の処遇モデルづくりですべきこと
☐	①新人事制度の基本構想の確認
☐	②必要とする人材像のイメージアップ
☐	③等級区分数の設定
☐	④役職階層の設定
☐	⑤目安年収(ポリシーライン)の設定
☐	⑥月例給与における支給項目の設定
☐	⑦モデル昇格年数の設定
☐	⑧期待処遇モデルの設定 (モデル給与・賞与試算表の設定)

フから示された際、「入社して一所懸命働こう」「ここで働いて自分の将来の肯定的な、理想的な姿を感じて頑張っていこう」という気持ちになってもらうためにも、これらの図表が必要となるのです。

　図表4-1〜4-3を作成するまでに、どのような作業が必要かを示したものが、**チェックリスト1**(「すべきこと」リスト)の①〜⑧です。以下、各項目について見ていきましょう。

❶ 新人事制度の基本構想の確認

　第3章で述べたように、新しい人事制度として「何のために、どのようなものをつくるのか」はすでにまとまっていますので、そこがスタートとなります。**図表3-20〜3-22**(92〜94ページ)のモデルケースで検討してみたいと思います。

図表 4-1 熟練労働者の期待処遇モデル（モデル給与・賞与試算表）

年齢(歳)	モデル処遇	目安年収（ポリシーライン）	モデル給与・賞与試算表（単位：万円）							賞与比率(％)
			基本給	役職手当	家族手当	残業手当	月例給合計	年間賞与	年収合計	
18	1等級	19.0歳 224万3,000円 ⇒260万円	16.0			1.8	17.8	48.0	261.2	18
19			16.2			1.8	18.0	48.6	264.4	18
20			16.4			1.8	18.2	49.2	267.7	18
21			16.6			1.8	18.4	49.8	271.0	18
22		22.8歳 269万4,000円 ⇒270万円	16.8			1.9	18.7	50.4	274.2	18
23			17.0			1.9	18.9	51.0	277.5	18
24			17.2			1.9	19.1	51.6	280.8	18
25			17.4			1.9	19.3	52.2	284.0	18
26			17.6			1.9	19.5	52.8	287.3	18
27	2等級	27.6歳 321万3,000円 ⇒320万円	19.5			2.2	21.7	58.5	318.3	18
28			19.8			2.2	22.0	59.4	323.2	18
29		結婚	20.1		1.0	2.2	23.3	60.3	340.1	18
30			20.4		1.0	2.3	23.7	61.2	345.0	18
31		第1子誕生	20.7		2.0	2.3	25.0	62.1	361.9	17
32		第2子誕生	21.0		2.0	2.3	25.3	63.0	366.8	17
33			21.3		3.0	2.3	26.6	63.9	383.7	17
34		32.5歳 367万2,000円 ⇒370万円	21.6		3.0	2.4	27.0	64.8	388.6	17
35			21.9		3.0	2.4	27.3	65.7	393.5	17
36			22.2		3.0	2.4	27.6	66.6	398.4	17
37	3等級	工長就任 37.6歳 402万7,000円 ⇒460万円	24.0	2.0	3.0	2.9	31.9	72.0	454.4	16
38			24.4	2.0	3.0	2.9	32.3	73.2	460.9	16
39			24.8	2.0	3.0	3.0	32.8	74.4	467.5	16
40			25.2	2.0	3.0	3.0	33.2	75.6	474.0	16
41			25.6	2.0	3.0	3.0	33.6	76.8	480.5	16
42		42.5歳 430万2,000円 ⇒480万円	26.0	2.0	3.0	3.1	34.1	78.0	487.1	16
43			26.4	2.0	3.0	3.1	34.5	79.2	493.6	16
44			26.8	2.0	3.0	3.2	35.0	80.4	500.1	16
45			27.2	2.0	3.0	3.2	35.4	81.6	506.6	16
46			27.6	2.0	3.0	3.3	35.9	82.8	513.2	16
47	4等級	47.4歳 436万5,000円 ⇒550万円	30.0	2.0	3.0	3.5	38.5	90.0	552.4	16
48			30.5	2.0	3.0	3.6	39.1	91.5	560.5	16
49			31.0	2.0	3.0	3.6	39.6	93.0	568.7	16
50			31.5	2.0	3.0	3.7	40.2	94.5	576.8	16
51			32.0	2.0	3.0	3.8	40.8	96.0	585.0	16
52		作業長就任 第1子就職 52.4歳 441万5,000円 第2子就職 57.4歳 437万2,000円 ⇒650万円	32.5	4.0	3.0	4.0	43.5	97.5	619.8	16
53			33.0	4.0	2.0	4.1	43.1	99.0	616.0	16
54			33.5	4.0	2.0	4.1	43.6	100.5	624.1	16
55			34.0	4.0	1.0	4.2	43.2	102.0	620.3	16
56			34.5	4.0	1.0	4.2	43.7	103.5	628.5	16
57			35.0	4.0	1.0	4.3	44.3	105.0	636.6	16
58			35.5	4.0	1.0	4.4	44.9	106.5	644.8	17
59			36.0	4.0	1.0	4.4	45.4	108.0	652.9	17
60			36.5	4.0	1.0	4.5	46.0	109.5	661.1	17

[注] 1. 賞与は、「基本給×支給月数」により試算（1～4等級は3カ月で試算）。
2. 残業手当の計算方法：月の所定労働時間を170時間とし、これを超える労働時間（残業時間）に割増率（25％）を乗じて算出（算定基礎額は「基本給＋役職手当」）。月当たりの残業時間は15時間としている。
3. 基本給のモデル年齢間の昇給には昇格昇給額を織り込んだ。
4. 各金額は、小数第2位を四捨五入し小数第1位までの表示としているが、手当や賞与等の計算上は端数を含めている。そのため、記載上の数値を基に計算しても、完全には一致しない（以下、同様の図表データについて同じ）。

図表 4-2 通常幹部社員の期待処遇モデル（モデル給与・賞与試算表）

年齢(歳)	モデル処遇		目安年収（ポリシーライン）	モデル給与・賞与試算表（単位：万円）							賞与比率(%)
				基本給	役職手当	家族手当	残業手当	月例給合計	年間賞与	年収合計	
18	1等級		19.0歳 224万3,000円 ⇒260万円 （熟練労働者 1等級260万円）	16.0			1.8	17.8	48.0	261.2	18
19				16.2			1.8	18.0	48.6	264.4	18
20				16.4			1.8	18.2	49.2	267.7	18
21				16.6			1.8	18.4	49.8	271.0	18
22	2等級		22.8歳 269万4,000円 ⇒320万円 （熟練労働者 1等級270万円）	19.5			2.2	21.7	58.5	318.3	18
23				19.8			2.2	22.0	59.4	323.2	18
24				20.1			2.2	22.3	60.3	328.1	18
25				20.4			2.3	22.7	61.2	333.0	18
26				20.7			2.3	23.0	62.1	337.9	18
27	3等級		27.6歳 321万3,000円 ⇒400万円 （熟練労働者 2等級320万円）	24.0			2.6	26.6	72.0	391.8	18
28				24.4			2.7	27.1	73.2	398.3	18
29		結婚		24.8		1.0	2.7	28.5	74.4	416.8	18
30		第1子誕生		25.2		1.0	2.8	29.0	75.6	423.4	18
31				25.6		2.0	2.8	30.4	76.8	441.9	17
32	4等級	係長就任 第2子誕生	32.5歳 367万2,000円 ⇒560万円 （熟練労働者 2等級370万円）	30.0	2.0	2.0	3.5	37.5	90.0	540.4	17
33				30.5	2.0	3.0	3.6	39.1	91.5	560.5	16
34				31.0	2.0	3.0	3.6	39.6	93.0	568.7	16
35				31.5	2.0	3.0	3.7	40.2	94.5	576.8	16
36				32.0	2.0	3.0	3.8	40.8	96.0	585.0	16
37	M	課長就任	37.6歳 402万7,000円 ⇒650万円 （熟練労働者 3等級460万円）	37.0	5.0	3.0		45.0	111.0	651.0	17
38				37.3	5.0	3.0		45.3	111.9	655.5	17
39				37.6	5.0	3.0		45.6	112.8	660.0	17
40				37.9	5.0	3.0		45.9	113.7	664.5	17
41				38.2	5.0	3.0		46.2	114.6	669.0	17
42			42.5歳 430万2,000円 ⇒670万円 （熟練労働者 3等級480万円）	38.5	5.0	3.0		46.5	115.5	673.5	17
43				38.8	5.0	3.0		46.8	116.4	678.0	17
44				39.1	5.0	3.0		47.1	117.3	682.5	17
45				39.4	5.0	3.0		47.4	118.2	687.0	17
46				39.7	5.0	3.0		47.7	119.1	691.5	17
47	D-1	次長就任	47.4歳 436万5,000円 ⇒720万円 （熟練労働者 4等級550万円）	40.0	7.0	3.0		50.0	120.0	720.0	17
48				40.4	7.0	3.0		50.4	121.2	726.0	17
49				40.8	7.0	3.0		50.8	122.4	732.0	17
50				41.2	7.0	3.0		51.2	123.6	738.0	17
51				41.6	7.0	3.0		51.6	124.8	744.0	17
52	D-2	部長就任 第1子就職 第2子就職	52.4歳 441万5,000円 57.4歳 437万2,000円 ⇒770万円 （熟練労働者 4等級650万円）	45.0	10.0	3.0		58.0	135.0	831.0	16
53				45.0	10.0	2.0		57.0	135.0	819.0	16
54				45.0	10.0	2.0		57.0	135.0	819.0	16
55				45.0	10.0	1.0		56.0	135.0	807.0	17
56				45.0	10.0	1.0		56.0	135.0	807.0	17
57				45.0	10.0	1.0		56.0	135.0	807.0	17
58				45.0	10.0	1.0		56.0	135.0	807.0	17
59				45.0	10.0	1.0		56.0	135.0	807.0	17
60				45.0	10.0	1.0		56.0	135.0	807.0	17

［注］ 1. 賞与は、「基本給×支給月数」により試算（すべて3カ月で試算）。
　　 2. 残業手当の計算方法：月の所定労働時間を170時間とし、これを超える労働時間（残業時間）に割増率（25%）を乗じて算出（算定基礎額は「基本給＋役職手当」）。月当たりの残業時間は15時間としている。
　　 3. 基本給のモデル年齢間の昇給には昇格昇給額を織り込んだ。
　　 4. 年齢別昇給額は、1～4等級は熟練労働者と、M等級以上は事業開発人材と同じとした。

図表 4-3 事業開発人材の期待処遇モデル（モデル給与・賞与試算表）

年齢(歳)	モデル処遇	目安年収（ポリシーライン）	基本給	役職手当	家族手当	残業手当	月例給合計	年間賞与	年収合計	賞与比率(%)
18	1等級		16.0			1.8	17.8	64.0	277.2	23
19		290万円	16.4			1.8	18.2	65.6	284.1	23
20			16.8			1.9	18.7	67.2	291.0	23
21			17.2			1.9	19.1	68.8	298.0	23
22	2等級		19.5			2.2	21.7	78.0	337.8	23
23		23.7歳	20.0			2.2	22.2	80.0	346.5	23
24		335万8,000円	20.5			2.3	22.8	82.0	355.1	23
25		⇒350万円	21.0			2.3	23.3	84.0	363.8	23
26			21.5			2.4	23.9	86.0	372.5	23
27	3等級		24.0			2.6	26.6	96.0	415.8	23
28		27.5歳	24.6			2.7	27.3	98.4	426.2	23
29		464万3,000円	25.2		1.0	2.8	29.0	100.8	448.6	22
30	結婚	⇒470万円	25.8		1.0	2.8	29.6	103.2	458.9	22
31	第1子誕生		26.4		2.0	2.9	31.3	105.6	481.3	22
32	4等級 係長就任		30.0	2.0	2.0	3.5	37.5	120.0	570.4	21
33	第2子誕生	32.4歳	30.7	2.0	3.0	3.6	39.3	122.8	594.5	21
34		575万円	31.4	2.0	3.0	3.7	40.1	125.6	606.6	21
35		⇒580万円	32.1	2.0	3.0	3.8	40.9	128.4	618.7	21
36			32.8	2.0	3.0	3.8	41.6	131.2	630.9	21
37	M 課長就任		40.0	5.0	3.0		48.0	200.0	776.0	26
38			40.3	5.0	3.0		48.3	201.5	781.1	26
39		37.5歳	40.6	5.0	3.0		48.6	203.0	786.2	26
40		687万8,000円	40.9	5.0	3.0		48.9	204.5	791.3	26
41		42.5歳	41.2	5.0	3.0		49.2	206.0	796.4	26
42		795万5,000円	41.5	5.0	3.0		49.5	207.5	801.5	26
43		⇒820万円	41.8	5.0	3.0		49.8	209.0	806.6	26
44			42.1	5.0	3.0		50.1	210.5	811.7	26
45			42.4	5.0	3.0		50.4	212.0	816.8	26
46			42.7	5.0	3.0		50.7	213.5	821.9	26
47	D-1 次長就任		52.0	7.0	3.0		62.0	260.0	1,004.0	26
48		47.5歳	52.4	7.0	3.0		62.4	262.0	1,010.8	26
49		919万2,000円	52.8	7.0	3.0		62.8	264.0	1,017.6	26
50		⇒1,000万円	53.2	7.0	3.0		63.2	266.0	1,024.4	26
51			53.6	7.0	3.0		63.6	268.0	1,031.2	26
52	D-2 部長就任		60.0	10.0	3.0		73.0	300.0	1,176.0	26
53	第1子就職	52.4歳	60.0	10.0	2.0		72.0	300.0	1,164.0	26
54		991万8,000円	60.0	10.0	2.0		72.0	300.0	1,164.0	26
55	第2子就職	57.3歳	60.0	10.0	1.0		71.0	300.0	1,152.0	26
56			60.0	10.0	1.0		71.0	300.0	1,152.0	26
57		943万6,000円	60.0	10.0	1.0		71.0	300.0	1,152.0	26
58		⇒1,150万円	60.0	10.0	1.0		71.0	300.0	1,152.0	26
59			60.0	10.0	1.0		71.0	300.0	1,152.0	26
60			60.0	10.0	1.0		71.0	300.0	1,152.0	26

［注］ 1. 賞与は、「基本給×支給月数」により試算（1〜4等級は4カ月、M〜D-2等級は5カ月で試算）。
2. 残業手当の計算方法：月の所定労働時間を170時間とし、これを超える労働時間（残業時間）に割増率（25%）を乗じて算出（算定基礎額は「基本給＋役職手当」）。月当たりの残業時間は15時間としている。
3. 基本給のモデル年齢間の昇給には昇格昇給額を織り込んだ。

図表3-20〜3-21を見てください。この会社（製造業R社：95ページ参照）は、人事の方向性として適正な総額人件費の維持を常に念頭に置くためにも、成果主義人事制度への転換を目指そうとしています。しかし、この点はモデル給与・賞与試算表をつくる際、直接には関わりません。

残る二つの方向性（図表3-21の左）、「地道な作業者のインセンティブの確立」と「ビジネスリーダーのインセンティブの確立」に着目してください。

R社では本業の競争力の源泉が、自社が生産する部品の「品質のよさ」と「低価格」、部品納入の「短サイクル化」にあると見ていました。そして、こうした強みを支えるためにも、「地道な作業のレベル向上と熟練スキルの維持」が大事だと考えました。そのためにも「厳密な作業への緊張感の維持」と「年収原資増にならないインセンティブ導入」が必要だと結論づけています。これが、給与・賞与試算表をつくるために確認すべき新人事制度の基本構想の第1です。

次に、図表3-20で「事業の多角化」を目指していることに着目します。事業の多角化は、最もコアな事業における将来の行き詰まりを打開するためにも必要との認識です。そのためにはビジネスリーダー、つまり事業開発者を確保・育成しなければなりません。このビジネスリーダーにより「革新行動の促進（多発化）」がなされ、「革新体質の創造」が実現したといえるまで、同人材を定着させられるインセンティブが必要となります。これが、確認すべき基本構想の第2です。

❷ 必要とする人材像のイメージアップ

●本書で想定する三つの人材タイプ

❶で見た「地道な作業者のインセンティブの確立」「ビジネスリーダーのインセンティブの確立」という人事管理上の課題を念頭にすると、会社として特に必要とされる人材群が、次のとおり3タイプあることが分かります。

①熟練労働者群
②管理者（幹部）・同候補者群
③事業開発者群（事業開発を促進する人材群）

　①熟練労働者群は、顧客からの部品価格の値下げ要求との関係で、年収水準をあまり上げられないグループです。一方、③事業開発者群は、労働市場的には高度人材のグループとなり、それなりに高い年収水準を提示しないと入社してくれず、他社への転職リスクも高い人材グループです。また、通常の②管理者・同候補者群の年収は、事業開発者群のように高水準ではなく、中小企業としての同業種・同規模程度であることが一般的です。

　前記R社の場合、熟練労働者群（熟練労働者になろうと努力をしている人材群も含めて）が現在社内に多数存在していることは、生産部品の品質のよさが現事業の強みとなっていることからも推察できます。また、熟練労働者群を管理する管理者・同候補者群も当然、必要量は確保できているはずです。一方、事業開発者群については、経営層・幹部層を中心にある程度はいると思われますが、これから事業の多角化を目指す事業方針を受けると、もう少し多数の人材の採用と育成が必要となるはずです。外部から積極的に採用することも視野に入ってくると思います。

●製造業の場合

　実は製造業では、R社と同じような状況で人事制度改革を行おうとする企業は珍しくありません。したがって、
①熟練労働者用人事制度：熟練労働者群（ものづくりの熟練労働者・これを目指す労働者群）用の人事制度
②通常幹部用人事制度：通常の管理的、あるいは営業的な仕事を行う、管理者（幹部）・同候補者群用の人事制度
③事業開発人材用人事制度：事業開発者群用の人事制度
――の三つの構造になっていく傾向があると思います。中小企業でこうした3タイプの人事制度を取り入れるのは行き過ぎではないか、という

考え方もありますが、人事制度の趣旨をよく理解していく観点から、この三つの枠組みをベースに説明していきます。お読みいただきながら、実際に自社で導入するときにどうするかを検討してみてください。

三つの人事制度が併存する形は、一見複雑なようですが、人材群ごとに必要とされる課題（対応策）が異なることを踏まえると、それぞれに即した対応をとることができるので、案外運営しやすいものです。一方で、人事制度の枠を越えた異動が難しくなる点には留意すべきです。「もう少し人材の社内流動性がないと、当社では運用が難しい」という場合は、熟練労働者や事業開発人材についても、通常幹部用人事制度を適用して対応することをお勧めします。中小企業には、思い切った対策が打ちやすい環境があるのですから、この利点を生かす上でも、経営戦略と人事制度改革の関連を理解してほしいと思います。

●非製造業の場合

熟練労働者群が競争力の源泉になっている業種の場合は、熟練労働者用人事制度を導入する傾向にあると思われます。一方、例えば商社では、いわゆる事業開発人材用人事制度だけで対応する場合も少なからずあります。ただ、事務作業を担当している人材群の人事制度は、熟練労働者用人事制度と似た構造を持ちつつも、徐々に管理的仕事をし、実際管理者にもなっていく人材にも対応できることが求められます。そういう意味では、熟練労働者用人事制度との連動を意識した通常幹部用人事制度にしていく必要があります（**図表4-2**）。

❸ 等級区分数の設定

●等級制度は、人事制度の柱である

ここでは、**図表3-20**で示した（製造業R社の）新人事制度の基本構想ストーリーに従ってモデル事例的に説明していますので、まずはその前提で、①熟練労働者用人事制度、②通常幹部用人事制度、③事業開発人材用人事制度を構築することにします。

なお、若干の調整を加えれば、①熟練労働者用人事制度と②通常幹部

用人事制度は連動させることが可能です（以下、その視点で設計していきます）。この場合、固有の政策は打ちにくくなりますが、「人材が豊富でなく、職務異動を柔軟に行いたい」場合にお勧めできます。

　人事制度の柱となるのは、等級制度です。等級制度は給与制度と密接に関わっています。ある仕事の役割基準を満たしたら昇格させ、給与水準を上げる＝昇給を一つの動機付けとして、自己の職務の役割レベルを飛躍させるチャレンジを行わせる――という形で、等級制度を給与制度と組み合わせてインセンティブの構造をつくるのが一般的です。

　等級制度の中には、等級の区分があります。この等級区分数は、会社の置かれている状況によって、多くなったり少なくなったりする傾向があります。

●区分数設定の視点①：「処遇上の微妙な人間関係バランス」から考える

　通常、大企業では区分数が多くなり、中小企業では少なくなる傾向にあります。大企業では10～12区分とするケースも少なくありません。これは、多数の社員に微妙な格差をつけ、階層関係を利用してマネジメントしたいという意図に基づくものです。逆に、中小企業の等級区分数が大企業に比べて少ないのは、区分数で階層化して処遇する方法よりも、実力がある人に難しい仕事をどんどん与えていくマネジメントスタイルをとる傾向が強いという事情があります。等級区分数が多ければ、飛び級制でないとつじつまが合わなくなりますので、区分数を少なくして、あまり細かい実力差と給与水準差を設けないようにすれば、担当している仕事と等級の関係を意識しなくて済みます。

　例えば、若い主任層（A主任とします）が優秀なので、係長層の仕事を難なくこなしているとします。主任層と係長層に対応する等級区分があり、それぞれに給与水準がオーバーラップしないで設定されているとすると、A主任は、本来は係長層の給与をもらってもよいのではないかと、矛盾を感じることになります。しかし、主任層と係長層が一つの等級であれば、「早く課長層への昇格候補者になれるか」「同一等級の範囲給※の中で、高い給与水準かどうか」などの問題は生じるかもしれ

ませんが、枠組みとしては一つの等級ですから、少々の職務遂行レベルの差はあまり意識されず、不平不満を引き起こしにくくなります。こうした状況では、等級区分数は少ないほうが都合がよいわけです。

※範囲給：同一等級において、賃金額の上限と下限を設定し、その中で昇給させるもの（上位等級に昇格しない限り、上限額を超えて昇給することはない〔135ページ**2❶**参照〕）

　大企業の場合、主任層と係長層は等級上も区分されているケースが多く、しかも主任層で実力のある人がいて、係長層の実力との間で処遇上の逆転が起こっているケースもあると思います。大企業では人材が豊富ですから、優秀者でも主任層には専ら主任層の仕事を、（この主任層より実力は劣るとしても）係長層には係長層の仕事をしてもらっても問題が生じることはありません。優秀な主任層は早めに昇格させ、より高度な仕事にチャレンジしてもらえばよいのです。大企業の場合は、あえて上下関係を変えなくても仕事上現実的な支障が発生しにくく、社内のそれなりの序列意識を維持するほうが、人心が安定するという事情もあると思います。

　また、中小企業の場合は、上司・部下間で人間関係が悪くなったとき、部門運営が非常にしにくくなることへの留意も必要になります。大企業に比べて異動先候補が少ないことが多く、上司・部下いずれかの異動による解決はなかなか難しいものです。こうした事情もあり、中小企業では人間関係に配慮して、人事評価に中心化傾向が見られることがよくあります。つまり、昇格評価においても、年功による昇格圧力が掛かりやすくなるということです。この場合、等級区分数が多ければ年功的な印象が一層強くなります。等級区分数を多くして、昇格時の能力や役割の点検機会を多く設けてもうまく機能しないので、むしろこれを少なくして、その区分では年功的にならないよう、できるだけ社内の多くの人の目を活用してしっかり昇格評価する方向で、人事制度を組み立てることになります。

●区分数設定の視点②:「昇格審査のし易さ」から考える

　等級区分数が多くなれば、昇格（上位等級への格付け）のための評価基準としての等級基準の表現が難しくなります。等級基準は、売り上げ目標のように数値で基準を示せない場合が多いので、どうしても言葉で表現をすることになります。「言葉」による場合、見る人によりどうしても定義に幅ができやすいので、等級区分数が多くなると、等級上下間の違いが分かりにくくなります。等級基準の記述においては、人事の専門家（コンサルタントやベテラン人事パーソンなど）間で共通化している言葉の使い方があり、それで等級の上下間の違いを表現しますが、それでも等級区分数が多いと、違いを表現するのが難しくなります。したがって、等級基準の上下の違いを明確にするには、等級区分数は少ないほうがよいのです。

　しかし、等級区分数は「処遇上のインセンティブとしての昇格を、どのタイミングで与えるか」という人事政策とも絡みます。学校を卒業して60歳まで働くとすれば、約40年あります。仮に、5年平均で昇格審査を行い昇格させるとすると、「40年÷5年＝8回」程度のチャンスがある（等級数としては8区分）ことになります。

　また、若年層では本人の仕事の反省機会を多く設ける観点から、もう少し増やす（区分を細かくする）傾向にありますし、中高年層については、個人業績による賞与格差のインセンティブを重視し、昇格によるインセンティブの機会は少なくする考え方もあります。例えば、若手のうち、最初の15年は4年に1回で4区分、その後の25年間は8年に1回で3〜4区分とすると、合計では7〜8区分になります。大体そのような考え方で等級区分数を決める企業が多いようです。本書では、中小企業は6〜8区分、大企業は7〜10区分くらいを目安に話を進めたいと思います。

　図表4-2〜4-3にあるとおり、通常幹部用と事業開発人材用の人事制度では7区分としています。熟練労働者用（図表4-1）では4区分ですが、もし管理者適性がある優秀な人材について、通常幹部用人事制度に乗り

換えていくことにすれば、7区分だと見てもよいと思います。ただし、通常の熟練労働者用の処遇は、基本的にこの4区分にしました。熟練労働者は競争力の源泉ですから、管理者を目指してもらう人事政策はとるべきでなく、自らの技能を磨き、後進を着実に育成し、尊敬を集めていくことに専心させるべきです。場合によって通常幹部用人事制度に乗り換える人も出ることもあり得る、ということです。

なお、等級区分の呼び方（「3等級」「4等級」などの名称）を、ここでは三つの人材群で同じにしていますが、それぞれ別にしても構いません。そのほうがよい場合もあるかもしれません。

❹ 役職階層の設定

●「処遇上」「業務管理」の両面で検討する

次に役職階層の設定を行います。通常幹部と事業開発人材では「係長」「課長」「次長」「部長」（**図表4-2～4-3**）、熟練労働者では「工長」「作業長」（**図表4-1**）と設定しています。熟練労働者が作業長を経験して、管理者適性を示す優れた実績を示すならば、通常幹部系列において課長になっていく可能性も持たせてよいと思います。

役職階層の設定については、意味付けにおいて、①処遇上と②業務管理の両面から検討していく必要があります。ただし、まずは②業務管理の視点（必要性）を先行させなければなりません。等級は、必要となる能力や役割を明確にし、長期の努力を引き出すと同時に、処遇を決定することがメインのものですので、①処遇上の視点の意味付けがより大きなウエートを占めます。しかし、役職階層（役職制度）の検討に当たっては、実際の業務管理がうまく進むかどうかの視点を優先しなければいけません。

●通常幹部系列・事業開発人材系列の場合

「課」という単位は、多くの企業で取り入れられており、その統括者は課長となります。同様に、「部」の統括者は部長です。一つの「課」当たりの人員は、会社により異なりますが、数人のメンバー（5～10人

程度)で構成されていることが多いと思います。対して「部」は、「課」を複数以上(3〜5程度)取りまとめて統括する必要がある場合に置くことが多いです。中小企業では、一つの「課」の上に「部」を置いている場合がありますが、それは、優秀な若手を課長に抜擢したいとき、その時点の課長を(モラール維持のために)外さないで部長に任命し、抜擢する新任課長と一緒にマネジメントを担わせることを意図したケースと見てよいでしょう。この場合の部長職は役割が不明確になりますので、できれば避けたい役職の設定ですが、処遇上の必要性も無視できないことは確かです。できるだけ早く解消すべき、例外的な措置と認識すべきでしょう。

　次長は、例えば部の下に課が五つも六つもあると、部長の手が回らないことがありますので、部長の補佐として設定するものです。どういう補佐が必要か、それは課長ではできないのかなど、よく検討して、その必要性を判断すべきでしょう。必要性や役割が不明確であるなら、「何らかの役職を付けたほうが、格好がつく」といった処遇上の配慮から役職を設定することは、極力避けなければなりません。役職の階層は、あくまで業務管理の必要性から決定するのがまっとうな筋だということです。

●熟練労働者系列の場合

　図表4-1で示した熟練労働者の工長と作業長は、ともに製造業に特徴的な工場(製造部門)の役職です。作業長の上に課長や部長(工場長)がいます。

　工長は、工場の製造ラインごとの責任者です。作業長は、一つの製品を作り出すために幾つかの製造ライン全体を統括する必要がある場合に置かれます。統括するメンバーの数は、工長・作業長とも、設備中心の工場か、人の力による作業が中心の工場かにより、かなり違ってきます。この点、中小企業であっても、一つの工場に4〜5の製造ラインがあり、そのラインを二つと三つと分けて統括する2人の作業長がいるケースはイメージできると思います。

工長も作業長も、熟練労働者から任命されると想定しています（工場の製造ラインの管理は、そこで働いた人が担うべき、という考えに基づきます）。なお、数人の工長を作業長ではなく、直接製造課長が統括したほうが効率がよい場合は、作業長を置かないことが基本です。とはいえ、作業長は熟練労働者のトップですから、熟練作業を重視している会社の場合、働く人の将来の目標を明確にするために、本来はそれほど必要がなくても、あえて作業長を任命するケースがあります。これも"処遇上の配慮"であり、本来の筋ではないことは、前述のとおりです。

❺ 目安年収（ポリシーライン）の設定

　年収のポリシーラインとは、「大体これくらいの等級や役職なら、これくらいの年収水準が妥当だろう」という目安です。政策（ポリシー）的に決定するということで、「ポリシーライン」と呼んでいます。

　ポリシーラインを考える場合、現実には「現状の水準は変更できない」前提で決定するケースがよくあると思いますが、本来は世間水準や社内序列などを検討して政策判断していくものです。

●熟練労働者モデルの検討

　世間水準としては、**図表3-13**（83ページ）と**図表3-17**（86ページ）のデータが手掛かりになります。厚生労働省「賃金構造基本統計調査」（以下、賃構調査）で、自社が所属する業種区分を探して、該当データと比較するところからスタートします。賃構調査は毎年行われており（本書では2015年調査を使用しています）、非常に多数の業種データを収録していますので、その中から自社に近いものを選ぶとよいと思います。**図表3-13**は、全産業計の「社員数10～99人規模」のデータです。以下、一例としてこのデータを基に、どのような考え方で年収のポリシーラインを設定していくか、説明していきます。

　図表3-13で、年齢階層ごとの平均年齢と年収を見ると、次のようになります。

- 20～24歳：平均年齢22.8歳、年収269万4000円

- 25〜29歳：平均年齢27.6歳、年収321万3000円
- 30〜34歳：平均年齢32.5歳、年収367万2000円

　また、「35〜39歳」（平均年齢37.6歳）以降で年収が400万円を超えますが、最高年収は「50〜54歳」（平均年齢52.4歳）の441万5000円です。こうしたデータを基に、「モデル給与・賞与試算表」（**図表4-1〜4-3**）の「目安年収（ポリシーライン）」を作成していきます。

　賃構調査を基に月例給与水準や年収水準を比較する場合、注意すべき点は、通勤手当です（一般に賃金データの比較は、実費弁済的意味合いの強い同手当は除外して行います）。同調査の「所定内給与額」は通勤手当込みの水準です。金額は公表されていませんが、1万円程度とみられています。したがって、少なくとも**図表3-13**の「年収推計」額よりも12万円（＝1カ月1万円×12カ月分）少ないとみておくべきです。しかし、正確な水準は不明ですので、ここではひとまず通勤手当を組み入れたまま年収を計算して自社の年収データと比較し、通勤手当の誤差については分析のプロセスで考慮することにします。

　月例給与や年収の世間水準比較とはいっても、まずはおおよその高低比較が見られればよい場合も多いと思います。世間水準と比べて多少低い・高いとなっても、厳密に世間水準と一致させようとする企業はほとんどありません。この比較データは、これから先どういう方向で金額の調整をしていくかを決めるためのものですので、本書でも、分析のプロセスで通勤手当分を加味して政策判断を行うこととします。

　さて、熟練労働者の場合、自社商品の製造コスト抑制の観点からすれば、現在の年収水準を全体として高めることは得策ではありません。一方、優秀な熟練労働者を確保するために、それなりの年収を提示することも求められます。そうした意味で、現在の年収水準を下敷きに、世間水準との比較の中でポリシーラインを決めていくことになります。

　図表3-13では、10〜99人規模の中小企業の平均値が出ていますので、同程度の水準は最低でも確保することにします。

　そこでまず、賃構調査の年齢階層別の平均年齢と年収を書き出します。

それを**図表4-1**のモデル給与・賞与試算表に書き込みます。そして、そこから自社の同じ年齢ポイントでの年収のポリシーラインを引き出していきます。**図表4-1**の「目安年収（ポリシーライン）」の列の最初の枠に、「19.0歳224万3000円⇒260万円」と書いていますが、「19.0歳224万3000円」が賃構調査の数値であり、「260万円」が検討の結果判断した自社の目安年収です。以下、このタイプの表（**図表4-1～4-3、4-13～4-15**）については同様の見方をします。

19.0歳で賃構調査のデータは224万3000円ですが、「自社としては260万円にする」などと決めていくわけです。同様に、22.8歳の統計データは269万3600円ですので、ほぼ同年齢（≒22歳～）の人には270万円を目安に年収水準を設定することになります。以降の年齢でも同様におおよその目安をつけていきます（**図表4-1**）。最終的には、試算される年齢ごとの年収合計とおおむね合致するようにしていきます。

熟練労働者の場合、本来は製造業のデータを使うほうがよいかもしれませんが、事務職やサービス業のサービススタッフも同様に検討しますので、ここではあえて産業計のデータを取り上げています。貴社の実情に合ったデータを取り出して、同様に検討してください。

● 通常幹部社員モデルの検討

図表4-2は通常幹部社員のモデル給与・賞与試算表です。この目安年収の検討に当たっても、熟練労働者の分析に使った**図表3-13**の社員数10～99人規模の産業計と同じ数値を使っています。中小企業の場合、現状では通常幹部社員であっても、熟練労働者と同様の賃金水準であることが比較的多いためです。ただ、**図表3-13**は年齢階層ごとの平均値であり、課長、部長などの役職者は役職手当がついている分、給与や年収は高いはずで、役職者が含まれる年齢階層全体の平均値を押し上げている面もあると思います。この点にも留意して分析を進めてください。

図表4-2の目安年収の比較元データは、熟練労働者（**図表4-1**）のそれと同じです。通常幹部社員についても同じ年齢階層ごとに区分し、次のように記載しています。

> 〈18～21歳〉
> 19.0歳224万3000円⇒260万円（熟練労働者1等級260万円）
> …賃構調査では、当該年齢階層の平均年齢19.0歳の年収推計値は224万3000円であるが、260万円の目安年収とすることにした。熟練労働者の同年齢階層の目安年収も1等級260万円であることに留意
> 〈22～26歳〉
> 22.8歳269万4000円⇒320万円（熟練労働者1等級270万円）
> …賃構調査では、当該年齢階層の平均年齢22.8歳の年収推計値は269万4000円であるが、2等級に昇格していることもあり、320万円の目安年収とすることにした。熟練労働者の同年齢階層の目安年収は、1等級270万円だったが…

 以降の年齢階層についても、同様の見方をしてください。
 熟練労働者よりも通常幹部になっていく人のほうが昇格スピードが速く、役職手当が付くため、相対的に年収が高くなります。しかし、部長層の年収が770万円を目安年収としていますので、中小企業に合わせた比較的抑え気味の水準になっています。

● **事業開発人材モデルの検討**

 また、事業開発人材のモデル給与・賞与試算表が**図表4-3**です。比較データとして、いわば大企業の水準（産業計、1000人以上規模、男女計、大学・大学院卒）を用いています。事業開発人材といえども中小企業の社員であり、本来は熟練労働者や通常幹部社員と同様、10～99人規模のデータを使うところですが、ここでは今後の積極的な事業展開を見据え、優秀人材の獲得競争における優位性を高める観点から、1000人以上規模のデータを活用することにしました。

 前記R社の場合、新たに事業開発ができる人材を採用し、事業の多角化にチャレンジすることを掲げています。事業開発人材には、なかなか難しい仕事が求められますので、優秀な人材を確保しておかないと、何の成果も上がらないことにもなりかねません。そこで、こうした人材

を大企業における転職希望者から獲得することにしました。もちろん、社内の幹部社員もいますから、その中にこの事業開発人材の給与・賞与制度に参入できる人がいるかもしれません。こうした社員にも、新たな処遇の目標を設定することになります。

図表3-17で年齢層別の平均年齢・年収額を見てください。

- 20～24歳：平均年齢23.7歳、年収335万8000円
- 25～29歳：平均年齢27.5歳、年収464万3000円
- 30～34歳：平均年齢32.4歳、年収575万円
- 35～39歳：平均年齢37.5歳、年収687万8000円
- 40～44歳：平均年齢42.5歳、年収795万5000円
- 45～49歳：平均年齢47.5歳、年収919万2000円
- 50～54歳：平均年齢52.4歳、年収991万8000円
- 55～59歳：平均年齢57.3歳、年収943万6000円

以上のデータを下敷きに、**図表4-3**の目安年収を設計しています。統計データ（**図表3-17**）上の最高額は50～54歳層の991万8000円ですが、事業開発者のモデル給与・賞与試算表では、1176万円（52歳、部長就任時）まで上がる設定になっています。前述のとおり、最高額（**図表3-17**）といっても非役職者を含んだ「平均値」であり、**図表4-3**のピーク（1176万円）も同額をベースとしていることから、実際の大企業の部長クラスの年収には及ばないと思います。ここでは、人材グループ（人材群）間の均衡にも配慮し、同水準程度に設定しました。ただ、やはり他の人材グループからすると大幅な優遇といえ、思い切った施策を打ち出したインパクトは与えられると思います。採用応募者の反応を見ながら、さらに踏み込んだ年収提案をするかどうかを決めていくことになります。

このように、同じ産業計のデータでも、10～99人規模と1000人以上規模では、年収水準に相当な違いがあります。しかし、事業開発人材は「会社の事業多角化方針を受けて、多角化のために活躍することが求められており、他の人材グループとは役割が違う」ことを社内に宣言すること

も必要です。同じ会社内でこうした年収差を設けると、さまざまな摩擦が起きるかもしれませんが、それでもなお、大企業の優秀な人材を獲得するには、さらに上積み修正する含みも持っておくべきでしょう。

　数年内に新たな事業開発が成功すれば、この年収水準でも負担には感じなくなるかもしれません。また、社内の通常幹部用人事制度の適用を受けている人で、できるだけ早く事業開発人材としての役割をキャッチアップしてもらわなければならないケースも出てくると思います。その場合、事業開発人材用人事制度を適用することになりますが、そういう人も出てこないと、社外から調達する事業開発人材を活躍させることも難しいかもしれません。

❻ 月例給与における支給項目の設定

　引き続き**図表4-1～4-3**に基づき説明します。先ほど解説した目安年収の右に、月例給与の支給項目を記載しています。基本給、役職手当、家族手当、残業（時間外）手当の四つです。残業手当は残業した場合に支給するものですから、基本給、役職手当、家族手当の三つが、月例給与における固定的な支給項目といえます。

　給与の支給項目に決まった名前があるわけではなく、各社が独自に決めて構いません。例えば、「基本給」などの一般的な名称を用いない場合は、成果主義人事を目指し社員にその考え方を普及させる思いをもって「成果給」としたり、自分のあるべき役割や職務を明確に意識してもらうために、「役割給」「職務給」と呼んだりすることがあります。基本給（本給と呼ぶ企業もあります）は多くの場合、処遇の土台となる給与項目と位置づけられ、月例給与総額の大半を占めることになります。

　図表4-1～4-3では、部長、次長、課長、係長、作業長、工長に役職手当を支給しています。金額は、部長10万円、次長7万円、課長5万円、作業長4万円、係長・工長2万円となります。この金額は、労務行政研究所が編集している人事・労務分野の総合情報誌『労政時報』（労務行政発行）にも調査データが紹介されることがありますので、そちらとも

比較対照してみてください。この役職手当額は、ほぼ世間水準並であろうと思います。

また、ここでは家族手当も設定していますが、扶養配偶者に1万円、子どもは1人当たり1万円としています。これも『労政時報』などに掲載されている世間水準と自社の金額を比較してください。相場は、扶養配偶者1万〜1万5000円、子ども1人につき5000〜1万円程度が目安です。家族手当は、一連の成果主義的な人事制度改革の中で廃止した企業も多いのですが、中小企業では、基本給本体の水準があまり高くないこと等を考慮し、あえて存続させるケースも少なくありません。

後掲**図表4-10**（147ページ）には、一般的な諸手当の分類・種類や支給目的、今後の方向性（廃止傾向か継続傾向か）についてまとめていますので、参考にしてください。

❼ モデル昇格年数の設定

図表4-1〜4-3のタイトルは、それぞれの人材群の「期待処遇モデル」としています。これは、順調に昇格と昇進を続ける人が、何歳でどのような等級や役職に就くかのモデルです。しかし、実際の昇格・昇進スピードは人によりさまざまですので、その関係を整理しておく必要があります。

一般に「標準者モデル」という言い方があります。これは「学校を卒業してすぐに入社した人が、普通の評価を取って普通に昇格・昇進した場合、その速さ（各等級の在位年数や対応年齢）がどうなるか、そのときの給与・賞与額はどうなるかを示すもの」です。この「標準者モデル」は人事管理の世界でよく見掛ける用語ですが、人事制度改革で使う場合は、これより遅いと標準ではないなどの否定的な意味合いを含むことがよくあるため、筆者はあまり用いません。しかも、「標準者モデル」では通常、かなり上級の役職まで想定したモデルを描くことになります。実際にはそこまで昇格・昇進しないケースもままあることから、標準的でない遅れた人が多い印象を与えかねず、社員には提示しにくいといえ

ます。

　そこで、筆者はこうしたモデル設定を「標準者モデル」ではなく、「期待処遇モデル」と呼ぶことにしています。期待処遇モデルですから、会社が社員に「頑張ってこのような処遇を得てもらいたい」ということです。そこには、1等級からD-2等級（熟練労働者は4等級）まですべての等級を経験する人をあえて設定します。**図表4-1〜4-3**では、左側で入社（18歳）から定年（60歳）までの1歳ごとの等級対応（モデル昇格）年齢を記載しています。最も遅い昇格パターン（①最遅モデル）、最も早い昇格パターン（②最短モデル）、そしてこの「できればこれくらい順調に昇格してもらいたい」という期待年限で昇格を続けるパターン（③期待モデル）の、少なくとも三つの昇格モデルをつくって比較するとよいと思います。

　この三つを社員に提示してもよいと思いますし、採用応募者に対する自社処遇のアピール材料としては③期待モデルが便利でしょう。さらに、各モデルを基にモデル給与・賞与試算表をつくってみてください。**図表4-4**では三つのモデル別に、昇格年数の設定例をまとめました。次節**2**（月例給与制度の設計）でも説明しますが、給与制度の設計では、期待モデルに基づいて基本給テーブルをつくると、全体の設計がスムーズに運ぶと思います。その賃金テーブルの評価別昇給号俸表（**図表4-5**）とモデル別の評価条件（**図表4-4**）を基に計算すると、これら三つの「モデル給与・賞与試算表」を作成できます。例えば、基本給額はそれぞれ次のように設定します。

- 最遅モデル：すべてC評価なので、すべて4号俸での昇給、指定の年数での昇格とすればよい
- 最短モデル：人事評価結果がすべてA評価で、**図表4-4**の年限に従って昇格するため、テーブルの昇給号俸はすべて6号俸となる
- 期待モデル：半分がB評価、半分がA評価なので、各等級在籍期間の前半はB評価として5号俸昇給、後半はA評価として6号俸昇給とすればよい

図表 4-4 三つの人材タイプ別モデル昇格年数の設定例

「最短モデル」の人事評価はすべてA評価。「期待モデル」の人事評価は半分がA評価で、半分がB評価。「最遅モデル」はすべてC評価とする。

<熟練労働者群>

年齢（歳）	18-21	22-26	27-31	32-36	37-41	42-46	47-51	52-60
最短モデル	1等級	2等級	3等級 工長		4等級 作業長		M等級 課長	
期待モデル	1等級		2等級		3等級 工長		4等級 52歳から作業長	
最遅モデル	1等級			2等級			3等級	

<管理者（幹部）・同候補者群および事業開発者群>

年齢（歳）	18-21	22-25	26-29	30-33	34-37	38-41	42-45	46-49	50-53	54-60
最短モデル	1等級	2等級	3等級	4等級		M等級 課長	D-1等級 次長		D-2等級 部長	
期待モデル	1等級	2等級		3等級		4等級	M等級 課長	D-1等級 次長		D-2等級 部長
最遅モデル	1等級			2等級			3等級			

図表 4-5 熟練労働者の「範囲給型」基本給テーブルの例

―円―

号俸	1等級	2等級	3等級	4等級
ピッチ	400	600	800	1,000
1	160,000	195,000	240,000	300,000
2	160,400	195,600	240,800	301,000
3	160,800	196,200	241,600	302,000
4	161,200	196,800	242,400	303,000
5	161,600	197,400	243,200	304,000
6	162,000	198,000	244,000	305,000
7	162,400	198,600	244,800	306,000
8	162,800	199,200	245,600	307,000
9	163,200	199,800	246,400	308,000
10	163,600	200,400	247,200	309,000
11	164,000	201,000	248,000	310,000
12	164,400	201,600	248,800	311,000
13	164,800	202,200	249,600	312,000
14	165,200	202,800	250,400	313,000
15	165,600	203,400	251,200	314,000
16	166,000	204,000	252,000	315,000
17	166,400	204,600	252,800	316,000
18	166,800	205,200	253,600	317,000
19	167,200	205,800	254,400	318,000
20	167,600	206,400	255,200	319,000
21	168,000	207,000	256,000	320,000
22	168,400	207,600	256,800	321,000
23	168,800	208,200	257,600	322,000
24	169,200	208,800	258,400	323,000
25	169,600	209,400	259,200	324,000
26	170,000	210,000	260,000	325,000
27	170,400	210,600	260,800	326,000
28	170,800	211,200	261,600	327,000
29	171,200	211,800	262,400	328,000
30	171,600	212,400	263,200	329,000
31	172,000	213,000	264,000	330,000
32	172,400	213,600	264,800	331,000
33	172,800	214,200	265,600	332,000
34	173,200	214,800	266,400	333,000
35	173,600	215,400	267,200	334,000
36	174,000	216,000	268,000	335,000
37	174,400	216,600	268,800	336,000
38	174,800	217,200	269,600	337,000
39	175,200	217,800	270,400	338,000
40	175,600	218,400	271,200	339,000
41	176,000	219,000	272,000	340,000
42	176,400	219,600	272,800	341,000
43	176,800	220,200	273,600	342,000
44	177,200	220,800	274,400	343,000
45	177,600	221,400	275,200	344,000
46	178,000	222,000	276,000	345,000
47	178,400	222,600	276,800	346,000
48	178,800	223,200	277,600	347,000
49	179,200	223,800	278,400	348,000
50	179,600	224,400	279,200	349,000
51	180,000	225,000	280,000	350,000
52	180,400	225,600	280,800	351,000
53	180,800	226,200	281,600	352,000
54	181,200	226,800	282,400	353,000
55	181,600	227,400	283,200	354,000
56	182,000	228,000	284,000	355,000
57	182,400	228,600	284,800	―
58	182,800	229,200	285,600	―
59	183,200	229,800	286,400	―
60	183,600	230,400	287,200	―
61	184,000	231,000	288,000	―
62	184,400	231,600	288,800	―
63	184,800	232,200	289,600	―
64	185,200	232,800	290,400	―
65	185,600	―	291,200	―
66	186,000	―	292,000	―
67	186,400	―	292,800	―
68	186,800	―	293,600	―
69	187,200	―	294,400	―
70	187,600	―	295,200	―
71	188,000	―	296,000	―
72	188,400	―	―	―
73	188,800	―	―	―
74	189,200	―	―	―
75	189,600	―	―	―
76	190,000	―	―	―
77	190,400	―	―	―
78	190,800	―	―	―
79	191,200	―	―	―
80	191,600	―	―	―
81	192,000	―	―	―
82	192,400	―	―	―
83	192,800	―	―	―
84	―	―	―	―

【評価別昇給号俸表】

査定結果	S	A	B	C	D
査定別上昇号俸	7	6	5	4	3

[注] 1. このテーブルには、等級別に上限・下限がある。等級ごとに1号俸よりも下の号俸(金額)はなく、金額が入っていない号俸が上限であり、それ以上の号俸は存在しない。
2. 評価別昇給号俸表は、例えば標準評価Bを取ると5号俸昇給することを意味する。1号俸の人がB評価を取ると、翌年は「1号俸+5号俸=6号俸」の金額が適用される。
3. 熟練労働者の基本給テーブルは、年々の昇給額が少ないが、長年にわたって昇給し続けるように設計することが一つの雛形となっており、本ケースでもこれにならった。

図表 4-6 通常幹部社員の「範囲給型」基本給テーブルの例

―円―

号俸 ピッチ	1等級 400	2等級 600	3等級 800	4等級 1,000	M 600	D-1 800	D-2 0
1	160,000	195,000	240,000	300,000	370,000	400,000	450,000
2	160,400	195,600	240,800	301,000	370,600	400,800	―
3	160,800	196,200	241,600	302,000	371,200	401,600	
4	161,200	196,800	242,400	303,000	371,800	402,400	
5	161,600	197,400	243,200	304,000	372,400	403,200	
6	162,000	198,000	244,000	305,000	373,000	404,000	
7	162,400	198,600	244,800	306,000	373,600	404,800	
8	162,800	199,200	245,600	307,000	374,200	405,600	
9	163,200	199,800	246,400	308,000	374,800	406,400	
10	163,600	200,400	247,200	309,000	375,400	407,200	
11	164,000	201,000	248,000	310,000	376,000	408,000	
12	164,400	201,600	248,800	311,000	376,600	408,800	
13	164,800	202,200	249,600	312,000	377,200	409,600	
14	165,200	202,800	250,400	313,000	377,800	410,400	
15	165,600	203,400	251,200	314,000	378,400	411,200	
16	166,000	204,000	252,000	315,000	379,000	412,000	
17	166,400	204,600	252,800	316,000	379,600	412,800	
18	166,800	205,200	253,600	317,000	380,200	413,600	
19	167,200	205,800	254,400	318,000	380,800	414,400	
20	167,600	206,400	255,200	319,000	381,400	415,200	
21	168,000	207,000	256,000	320,000	382,000	416,000	
22	168,400	207,600	256,800	321,000	382,600	416,800	
23	168,800	208,200	257,600	322,000	383,200	417,600	
24	169,200	208,800	258,400	323,000	383,800	418,400	
25	169,600	209,400	259,200	324,000	384,400	419,200	
26	170,000	210,000	260,000	325,000	385,000	420,000	
27	170,400	210,600	260,800	326,000	385,600	420,800	
28	170,800	211,200	261,600	327,000	386,200	421,600	
29	171,200	211,800	262,400	328,000	386,800	422,400	
30	171,600	212,400	263,200	329,000	387,400	423,200	
31	172,000	213,000	264,000	330,000	388,000	424,000	
32	172,400	213,600	264,800	331,000	388,600	424,800	
33	172,800	214,200	265,600	332,000	389,200	425,600	
34	173,200	214,800	266,400	333,000	389,800	426,400	
35	173,600	215,400	267,200	334,000	390,400	427,200	
36	174,000	216,000	268,000	335,000	391,000	428,000	
37	174,400	216,600	268,800	336,000	391,600	428,800	
38	174,800	217,200	269,600	337,000	392,200	429,600	
39	175,200	217,800	270,400	338,000	392,800	430,400	
40	175,600	218,400	271,200	339,000	393,400	431,200	
41	176,000	219,000	272,000	340,000	394,000	432,000	
42	176,400	219,600	272,800	341,000	394,600	432,800	―
43	176,800	220,200	273,600	342,000	395,200	433,600	―
44	177,200	220,800	274,400	343,000	395,800	434,400	―
45	177,600	221,400	275,200	344,000	396,400	435,200	―
46	178,000	222,000	276,000	345,000	397,000	436,000	―
47	178,400	222,600	276,800	346,000	―	436,800	
48	178,800	223,200	277,600	347,000	―	437,600	
49	179,200	223,800	278,400	348,000	―	438,400	
50	179,600	224,400	279,200	349,000	―	439,200	
51	180,000	225,000	280,000	350,000	―	440,000	
52	180,400	225,600	280,800	351,000	―	440,800	
53	180,800	226,200	281,600	352,000	―	441,600	
54	181,200	226,800	282,400	353,000	―	442,400	
55	181,600	227,400	283,200	354,000	―	443,200	
56	182,000	228,000	284,000	355,000	―	444,000	
57	182,400	228,600	284,800	―	―	444,800	
58	182,800	229,200	285,600	―	―	445,600	
59	183,200	229,800	286,400	―	―	―	
60	183,600	230,400	287,200	―	―	―	
61	184,000	231,000	288,000	―			
62	184,400	231,600	288,800	―			
63	184,800	232,200	289,600	―			
64	185,200	232,800	290,400	―			
65	185,600	―	291,200	―			
66	186,000	―	292,000	―			
67	186,400	―	292,800	―			
68	186,800	―	293,600	―			
69	187,200	―	294,400	―			
70	187,600	―	295,200	―			
71	188,000	―	296,000	―			
72	188,400	―	―				
73	188,800	―	―				
74	189,200	―	―				
75	189,600	―	―				
76	190,000	―	―				
77	190,400	―	―				
78	190,800	―	―				
79	191,200	―	―				
80	191,600	―	―				
81	192,000	―	―				
82	192,400	―	―				
83	192,800	―	―				
84	―						

[注] 1. 評価別昇給号俸表とその注意点については、図表 4-5 下段の号俸表と［注 1］［注 2］を参照。
    2. 1～4 等級は熟練労働者と同じとし、M 等級以上は目安年収を新たに設け、これに基づき初号俸値を設定した。M 等級以上の号俸ピッチは、事業開発人材と同じとした。

図表 4-7 事業開発人材の「範囲給型」基本給テーブルの例

—円—

号俸 ピッチ	1等級 800	2等級 1,000	3等級 1,200	4等級 1,400	M 600	D-1 800	D-2 0
1	160,000	195,000	240,000	300,000	400,000	520,000	600,000
2	160,800	196,000	241,200	301,400	400,600	520,800	—
3	161,600	197,000	242,400	302,800	401,200	521,600	—
4	162,400	198,000	243,600	304,200	401,800	522,400	—
5	163,200	199,000	244,800	305,600	402,400	523,200	—
6	164,000	200,000	246,000	307,000	403,000	524,000	—
7	164,800	201,000	247,200	308,400	403,600	524,800	—
8	165,600	202,000	248,400	309,800	404,200	525,600	—
9	166,400	203,000	249,600	311,200	404,800	526,400	—
10	167,200	204,000	250,800	312,600	405,400	527,200	—
11	168,000	205,000	252,000	314,000	406,000	528,000	—
12	168,800	206,000	253,200	315,400	406,600	528,800	—
13	169,600	207,000	254,400	316,800	407,200	529,600	—
14	170,400	208,000	255,600	318,200	407,800	530,400	—
15	171,200	209,000	256,800	319,600	408,400	531,200	—
16	172,000	210,000	258,000	321,000	409,000	532,000	—
17	172,800	211,000	259,200	322,400	409,600	532,800	—
18	173,600	212,000	260,400	323,800	410,200	533,600	—
19	174,400	213,000	261,600	325,200	410,800	534,400	—
20	175,200	214,000	262,800	326,600	411,400	535,200	—
21	176,000	215,000	264,000	328,000	412,000	536,000	—
22	176,800	216,000	265,200	329,400	412,600	536,800	—
23	177,600	217,000	266,400	330,800	413,200	537,600	—
24	178,400	218,000	267,600	332,200	413,800	538,400	—
25	179,200	219,000	268,800	333,600	414,400	539,200	—
26	180,000	220,000	270,000	335,000	415,000	540,000	—
27	180,800	221,000	271,200	336,400	415,600	—	—
28	181,600	222,000	272,400	337,800	416,200	—	—
29	182,400	223,000	273,600	339,200	416,800	—	—
30	183,200	224,000	274,800	340,600	417,400	—	—
31	184,000	225,000	276,000	342,000	418,000	—	—
32	184,800	226,000	277,200	343,400	418,600	—	—
33	185,600	227,000	278,400	344,800	419,200	—	—
34	186,400	228,000	279,600	346,200	419,800	—	—
35	187,200	229,000	280,800	347,600	420,400	—	—
36	188,000	230,000	282,000	349,000	—	—	—
37	188,800	231,000	283,200	—	—	—	—
38	189,600	232,000	284,400	—	—	—	—
39	190,400	233,000	285,600	—	—	—	—
40	191,200	234,000	286,800	—	—	—	—
41	192,000	235,000	288,000	—	—	—	—
42	192,800	—	289,200	—	—	—	—
43	193,600	—	290,400	—	—	—	—
44	194,400	—	291,600	—	—	—	—
45	195,200	—	292,800	—	—	—	—
46	196,000	—	294,000	—	—	—	—
47	—	—	—	—	—	—	—
48	—	—	—	—	—	—	—
49	—	—	—	—	—	—	—
50	—	—	—	—	—	—	—

［注］1. 評価別昇給号俸表とその注意点については、図表4-5下段の号俸表と［注1］［注2］を参照。
2. 通常、号俸のピッチ（号俸間の差額）は、上の等級になるほど大きくなる傾向が強いが、下位等級の上限金額が上位等級の1号俸の金額を超えないようにしている基本給テーブルの場合、上位等級のピッチのほうが金額を小さく設計することがある。管理職では一般社員と比べて、評価インセンティブにおいて、月例給与中心ではなく賞与中心とする、より成果主義的な考えをとり、一般社員よりも昇給額を少なく設計する場合もある。本ケースも、こうした考え方に基づいている。

なお、家族手当の支給については、結婚年齢も第1子以降の誕生年齢も、各モデルにおいて差を設ける必要はありません。
　また、前掲の三つの人材タイプ別には、次のように見ることができるでしょう。

- 熟練労働者：熟練作業で会社に貢献する人材であり、最後までしっかりと熟練作業を全うしてほしい――という会社の想いが、期待モデルには表現されている。マネジメントで素晴らしい才能を発揮する人材については、通常幹部社員モデルのM等級・課長として貢献してもらうのがよい
- 通常幹部社員：期待モデルは、管理職就任前に実務者（プレイヤー）としての経験もしっかりと積め、管理者経験もそれなりに長く積みながら部長職にも挑戦していける、よいモデルといえる
- 事業開発人材：最遅モデルはC評価を取り続けた場合で、奮起を促す意味合いの評価であるが、ここでは他の人材タイプと同様に3等級まで昇格させ、一定の処遇は保証することとしている

　いずれにしても、このような処遇モデルを具体的な数値とセットで表現することは、社員の将来の処遇の見通し感を持たせる上でも、今後の人事制度改革の手順においても、重要な意味を持ちます。採用の際に、応募者に対し入社後の具体的な見通しを提示できる点でも有用です。

❽ 期待処遇モデルの設定（モデル給与・賞与試算表の設定）
●年齢別の基本給額設定の目安

　これまでの検討の結果を取りまとめて、**図表4-1～4-3**を完成させます。月例給与の支給項目の構成に加え、役職手当や家族手当の具体的な金額も説明していますので、実際に自社での数字を入れてみてください。難しいのは基本給の年齢ごとの金額でしょう。これは個別のシミュレーションの賜物で、最終的にはバランスで決めることになりますが、何らかの目安は必要かと思いますので、以下に説明します。

　古くは標準生計費（標準的な〔ありふれた〕生活を営むのに要する生

計費）あるいは最低生計費（生活するために最低限必要な生計費）の年齢間の上昇額をベースに検討していたこともありましたが、生計費をカバーするには、毎月の給与ベースではなく、年収ベースで考えればよいと思います。賃構調査のデータは各業種の平均値ですので、その水準が生計費をカバーしないことは、ほぼありません。

●熟練労働者の場合

　図表3-13（熟練労働者および通常幹部社員のモデル給与・賞与試算表をつくる際に参照したもの）では、平均年齢57.4歳で29万9000円という最高の月例（所定内）給与額（残業手当抜き）になっています。同じく最も低い19.0歳では16万9200円ですから、1歳当たりの平均金額差は、

　　（29万9000円 − 16万9200円）÷（57.4歳 − 19.0歳）＝ 3380円

——となります。図表4-1の熟練労働者のモデル給与・賞与試算表では、基本給の最高額が60歳の36万5000円、最も低いのは18歳の16万円です。上記と同様に1歳当たりの平均金額差を計算すると、

　　（36万5000円 − 16万円）÷（60歳 − 18歳）＝ 4880円

——となります。

　図表4-1では、1年（1歳）当たり昇給額は1等級で2000円、2等級で3000円、3等級で4000円、4等級で5000円としています。下の等級よりも上の等級のほうが年々の昇給額が高くなる（1歳当たりの金額差が大きくなる）のは、制度づくりのルールと言ってよいでしょう。また、昇給は年々の定期昇給（年齢や勤続、あるいは評価によりアップするもの）と昇格時昇給（昇格前の等級と昇格後の等級の水準差）と二つに分かれますので、図表4-1の昇給額は妥当な水準だと考えていただければと思います。

　あくまでもこの金額の設定は、全体のバランスを見た上での政策判断によります。熟練したコンサルタントであれば極めて短時間に明快な結論を出すことができますので、うまく活用することをお勧めします。

●事業開発人材の場合

　さらに、図表4-3の事業開発人材のモデル給与・賞与試算表で、同様

に検討してみましょう。

図表3-17（事業開発人材のモデル給与・賞与試算表をつくる際に参照したもの）では、平均年齢52.4歳で58万3500円という最高の月例（所定内）給与額（残業手当抜き）になっています。同じく最も低い23.7歳では22万2800円ですから、1歳当たりの平均金額差は、

（58万3500円－22万2800円）÷（52.4歳－23.7歳）＝ 1万2600円

——となります。大体1年に1万3000円昇給しているということです。

図表4-3のモデル給与・賞与試算表では基本給の最高額が52～60歳の60万円、最も低いのは18歳の16万円です。1歳当たりの平均金額差を計算すると、

（60万円－16万円）÷（60歳－18歳）＝ 1万480円

——となります。

事業開発人材の1年（1歳）当たり昇給額は、1等級で4000円、2等級で5000円、3等級で6000円、4等級で7000円となっています。管理職（M等級以上）になると、賞与による評価格差を重視して基本給の昇給格差のウエートを少なくする考え方から、M等級で3000円、D-1等級で4000円、D-2等級でシングルレート（＝年々の昇給は0円）としています。このように、1歳当たりの定期昇給額は、いろいろな政策判断から決められます。

事業開発人材の月額給与におけるインセンティブは、年々の定期昇給額の評価格差も活用しますが、**図表4-3**では昇格昇給をより強く活用しようとしています。昇格昇給額は、1等級→2等級で2万3000円、2等級→3等級で2万5000円、3等級→4等級で3万6000円、4等級→M等級で7万2000円、M等級→D-1等級で9万3000円、D-1等級→D-2等級で6万4000円です。昇格昇給額が必ずしも規則的に上昇していないのは、基本給額を世間水準に近くなるように設計したためです。

●通常幹部社員の場合

図表4-2の通常幹部社員については、熟練労働者と同じ世間水準データ（**図表3-13**の社員数10～99人規模の産業計）をベースにしたことも

あり、1〜4等級は、熟練労働者のモデル給与・賞与試算表と同じ標準昇給額にしました。また、M等級以上は、給与水準は違うものの、役職・等級呼称は事業開発人材と同じですので、定期昇給額だけは同額にして、連動を取るのがよいかもしれません。ただ、全体的に目安年収が事業開発人材よりも低いので、基本給額も低く設定しました。こうすることで、熟練労働者（1〜4等級）との間、および事業開発人材との間の不公平感が薄まります。

事業開発人材の1〜4等級の等級別昇給額が、熟練労働者や通常幹部社員よりも高い点については、事業開発人材が他の2タイプとは最初から給与水準が違うことを明確にし、特別感を出して納得を得ることになります。

給与や賞与の設計に当たっては、すべて理屈として筋が通るストーリーでまとまることはありません。政策判断、上下間の微調整などが必要で、その上でこうしたモデル給与・賞与試算表を基に、シミュレーションや試行錯誤を繰り返して決定します。コンサルタントを参加させると、迷いなく結論を導けると思います。社内だけの議論では、迷う時間が多く、なかなか先に進めないこともあるかもしれません。

以上の検討により完成した「モデル給与・賞与試算表」（**図表4-1**〜**4-3**）を基に、基本給テーブルや賞与決定のルールをつくり込んでいきます。

2 月例給与制度の設計

> **チェックリスト2　月例給与制度設計ですべきこと**
> - ① 基本給テーブルのタイプの選択
> - ② 基本給テーブルの設計
> - ③ 手当額の設定

　月例給与制度の支給項目や金額水準設定については、すでに**1**で図表4-1〜4-3の作成とセットで説明していますので、ここからはチェックリスト2に掲げた①〜③の内容に絞って解説します。

❶ 基本給テーブルのタイプの選択

　図表4-1〜4-3については、基本給テーブルに関するある程度のイメージを踏まえて説明しました。ここでは、基本給テーブルにどのようなものがあり、どんなタイプがどういう状況で有効なのかを解説します。

●基本給テーブルのタイプ

　基本給テーブルは、基本給額を決定するためのシステムです。「基本給額を実額でいくらにするか」と「人事評価の結果としてどの程度昇給させるか」を決めるものです。

　基本給テーブルのタイプは、大きく次の二つに分けられます。

- 支給する実額を表示するもの（**絶対額管理方式**）
    → 支給される基本給額がどこかに表示されているので、社員が見たときに分かりやすい
- 昇給額を示すもの（**昇給額管理方式**）
    → 支給される基本給額自体は表示されない。もともと設定されている基本給に評価別の昇給額を加えて基本給額を決定する仕組み

図表4-5〜4-7は絶対額管理方式のテーブルで、**図表4-8**の①には昇給額管理方式のテーブル（昇給額テーブル型の範囲給テーブル）を掲載しています。

　図表4-8の「**①昇給額テーブル型の範囲給テーブル**」は、等級別に上限・下限を設けた範囲給であることを前提に、その中で昇給額管理を行うもので、同テーブルは絶対額管理方式の範囲給とほぼ同じ機能を果たします。一昔前は、等級別の上限額・下限額を設定せず、採用時の基本給に昇給額を積み上げていく仕組みもありました。どうしても採用したい人には、特別に高い基本給を提示します。そこから毎年の評価による昇給額を積み上げていくと、同じ等級内でも、人により基本給額に大きな差が生じます。こうした運用が、ともすれば昇給額管理方式に不透明な印象を与えたのかもしれません。

　基本給テーブルには、上記の区分に加え、上限・下限のある範囲給と、上限のない「青天井型」基本給（下限もない場合もあります）があります。「青天井型」とは、昇格しなくても、際限なく昇給し続けるものです。

　そのほか、**図表4-8**の「**②複数賃率表型の範囲給テーブル**」では、例えば、
- 昇格初年時の基本給が50万円→（その年の人事評価が「A」）→翌年の基本給は年数「2」の評価「A」欄の金額＝50万6000円（6000円昇給）
- （昇格2年目の人事評価が「C」）→翌年の基本給は年数「3」の評価「C」欄の金額＝50万3000円（3000円ダウン）

――といった具合に昇降給が実施されます。同一評価以上を取り続ければ徐々に上がりますが、翌年の評価が下がるとダウンもあり得るものです。

　現在、より多くの企業で導入が目立つのは、**図表4-8**の「**④洗い替え型の基本給テーブル**」で、評価によって金額を直接アップダウンさせるものです。例えばM-2等級の場合、基本給61万円の人がA評価を取れば翌年は62万5000円にアップし、次にC評価を取れば同じく59万5000円にダウンします。評価結果によって基本給が増減する点は複数賃率表型と同じですが、洗い替え型では、同じ等級内であれば昇格後の年数に関係なく一律同条件の査定結果が反映されるため、よりシンプルで分か

りやすいといえます。

　図表4-8の「③**単一型（シングルレート型）の基本給テーブル**」は、等級ごとに一つの金額のみ設定するタイプです。**図表4-3**の事業開発人材のD-2等級で60万円の定額（昇給額なし）としていますので、同等級がこのシングルレート型となります。

　また、図表4-8では「⑤**メリット給型の昇給額テーブル**」を示しています。ここでは、等級別に上限・下限のある範囲給が設定されている場合に、その範囲給の中に低額ゾーン・中額ゾーン・高額ゾーンを設定します。この方式では、各等級を一つの「職務」と見立てて考えると分かりやすいかもしれません。その職務（＝等級）価値に最もふさわしい基本給額を「ミッドポイント（中額ゾーン）」とし、現在の基本給額がそれよりも低額ゾーンに位置していれば、同じ評価でも「その人の職務価値よりも低い金額で仕事をしている」とみて、昇給額を高額ゾーンよりも高く設定し、中額ゾーンに近づけるものです。逆に、高額ゾーンに位置する場合は、「その等級の職務価値相応の水準よりも基本給が高いので、それほど昇給させなくてよい」という発想です。この仕組みには、等級ごとの職務価値とそれにふさわしい金額ゾーンを、適用対象者（社員）によく知らしめる効果があります。

●**中小企業に適した基本給テーブルとは**

　このように、基本給のタイプはさまざまですが、中小企業の場合は「運用のシンプルさ」も必要ですので、

- 絶対額管理方式の上限・下限のある範囲給型とする
- 等級間に基本給の重なりがある「**オーバーラップ型（重複型）**」（図表4-9の左）は避ける

──のがよいと思います。オーバーラップ型では、昇格しなくても、一つ上の等級より高い基本給額が支給されるケースも生じます。新制度への移行のしやすさを考えると、オーバーラップ型を選択したい気持ちになることもありますが、これから先の運用を視野に入れると、やはり等級間の上限・下限に重なりがない「**接続型**」、等級間の上限・下限に階差（開

図表 4-8 その他の基本給テーブルの例

【①昇給額テーブル型の範囲給テーブル】

★昇給額テーブル　　　　　　　　　　　　　－円－

区分		査定結果				
		S	A	B	C	D
等級	M-2	4,900	4,200	3,500	2,800	2,100
	M-1	4,200	3,600	3,000	2,400	1,800
	S-2	3,150	2,700	2,250	1,800	1,350
	S-1	2,800	2,400	2,000	1,600	1,200

★上限・下限テーブル　　　　－円－

区分		下限額	～	上限額
等級	M-2	600,000	～	613,300
	M-1	500,000	～	511,400
	S-2	410,000	～	418,550
	S-1	350,000	～	357,600

【②複数賃率表型の範囲給テーブル】

＜M-1等級＞　　　　　　　　　　　　　　　　－円－

区分		査定結果				
		S	A	B	C	D
年数	1			500,000		
	2	509,000	506,000	503,000	500,000	497,000
	3	512,000	509,000	506,000	503,000	500,000
	4	515,000	512,000	509,000	506,000	503,000
	5	518,000	515,000	512,000	509,000	506,000
	6	521,000	518,000	515,000	512,000	509,000
	7	524,000	521,000	518,000	515,000	512,000
	8	527,000	524,000	521,000	518,000	515,000
	9	530,000	527,000	524,000	521,000	518,000
	10	533,000	530,000	527,000	524,000	521,000
	11	536,000	533,000	530,000	527,000	524,000
	12	539,000	536,000	533,000	530,000	527,000

【③単一型(シングルレート型)の基本給テーブル】

－円－

区分		給与額
等級	M-2	610,000
	M-1	511,000
	S-2	418,000
	S-1	357,000

【④洗い替え型の基本給テーブル】

－円－

区分		査定結果					評語間格差
		S	A	B	C	D	
等級	M-2	640,000	625,000	610,000	595,000	580,000	15,000
	M-1	533,000	522,000	511,000	500,000	489,000	11,000
	S-2	430,000	424,000	418,000	412,000	406,000	6,000
	S-1	365,000	361,000	357,000	353,000	349,000	4,000

【⑤メリット給型の昇給額テーブル】

★昇給額テーブル

－円－

区分		査定結果				
		S	A	B	C	D
昇給額	高額ゾーン	3,000	2,000	1,000	△1,000	△2,000
	中額ゾーン	4,000	3,000	2,000	1,000	△1,000
	低額ゾーン	5,000	4,000	3,000	2,000	0

[注] △はマイナスを表す。

★上限・下限テーブル

－円－

区分		低額ゾーン		中額ゾーン		高額ゾーン		
		下限額	～	Aポイント	～	Bポイント	～	上限額
等級	M-2	600,000	～	620,000	～	640,000	～	660,000
	M-1	510,000	～	530,000	～	550,000	～	570,000
	S-2	410,000	～	430,000	～	450,000	～	470,000
	S-1	350,000	～	370,000	～	390,000	～	410,000

[注] 中額ゾーンの目安額を「Aポイント」、高額ゾーンの目安額を「Bポイント」としている。

図表4-9　「範囲給」の基本パターン

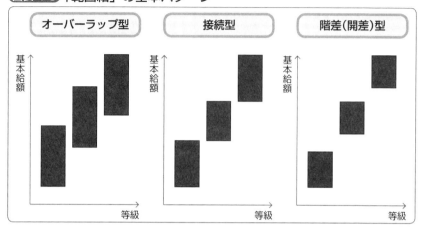

差）がある「**階差型（開差型）**」のほうがシンプルでよいと思います。
●各基本給テーブルの持つ効果
　図表4-5〜4-7の「範囲給型」基本給テーブルでは、上限の設定がポイントになります。上限に達すると、以降は昇格しない限り、人事評価の結果がどんなによくても昇給しないからです。ですから、該当者に対し「上限に近づくと早く昇格しなければならない」という印象を与える（昇格への圧力が掛かる）ことになります。通常、号俸間の金額差（ピッチ）は上位等級のほうが高いので、その点でも早く昇格するよう促すものといえます。**図表4-8**の①昇給額テーブル型の範囲給でも同じ効果が期待できます。
　図表4-8の②複数賃率表型や④洗い替え型の基本給テーブルは、基本給が年々の評価により積み上がっていく印象を薄めようとするものです。人事評価に直接連動して基本給がアップダウンするわけですから、「過去の実績にあぐらをかくことなく、毎年毎年頑張らないといけない」という意識を強く与えることになります。
　図表4-8の③単一型（シングルレート型）の基本給テーブルでは、昇格しない限り1円の昇給もないため、昇格への欲求を高めることになり

ます。同時に、評価格差は賞与額でつけることになりますので、評価期間内の実績が問われることになり、評価の存在感を出すことができます。

　図表4-8の⑤メリット給型昇給額テーブルは、各等級にふさわしい基本給、つまりその等級に要求される職務や役割に最もふさわしい基本給（ミッドポイント）はいくらかを意識させるものです。そのミッドポイントより自分の給与が高いのか低いのか、評価の結果、昇給額が多いのか少ないのか、に意識が向かいやすくなりますので、自分が担当している職務の価値がどう評価されているのかについての問題意識が高まり、職務価値の向上に対する意識を生み出しやすくなります。

❷ 基本給テーブルの設計

　さまざまなタイプの基本給テーブルがありますが、最も基本的なものは、上限・下限のある範囲給テーブルです。まず、このつくり方をしっかりと理解してください。これが分かれば、後は前節❶で紹介した各テーブルの型を見て展開していけば、設計できると思います。まずは範囲給テーブルのつくり方を学び、その等級別の基本給水準ゾーンを念頭に、それぞれのテーブルの型に置き直し、金額バランスを整えていくことになります。「金額バランスを整える」とは、"大体これくらいの金額でいいだろう"という一種の政策判断を行うことです。この政策判断は簡単ではありませんが、バランス感覚で決めていってください。

　範囲給テーブルをつくる作業の出発点は、すでに解説したモデル給与・賞与試算表（**図表4-1〜4-3**）です。これらの設計に当たっても、目安年収（ポリシーライン）を世間水準（本書では賃構調査（**図表3-13、3-17**）を使用）との関係を見ながら、経営判断に基づき行うこととしました。同様の判断が必要な場面は、人事制度改革の中に頻繁に出てきます。

　以下では、事業開発人材の基本給テーブルのつくり方を説明します。ベースになるのは、**図表4-3**のモデル給与・賞与試算表です。

　図表4-3では、世間水準、採用競争力などを念頭に置いて、また「期待処遇モデル」の形で年齢別のモデル基本給を、政策判断として設定し

ました。これを基本給テーブルに展開していきます。
● 1号俸（初号俸）の金額設定

　まず、高校卒以上は採用可能性があることを前提に、18歳を同モデル試算表の最年少年齢としています。この基本給額は、採用競争力の視点からも検証する必要がありますが、ここでは高校新卒社員の基本給として16万円を設定しています。

　期待昇格モデル年齢は、1等級→2等級は22歳、2等級→3等級は27歳、3等級→4等級は32歳、4等級→M等級は37歳、M等級→D-1等級は47歳、D-1等級→D-2等級は52歳としています。

　1等級→2等級となる22歳は、大学新卒者の入社年齢ですので、大学新卒者に対する採用競争力を考えて基本給額を検討しなければなりません。今回は19万5000円としましたが、大学新卒者への採用競争力をつけたいと考えるなら、より高い金額を設定することになります。金額を上げやすいように、同額を2等級の下限としておき、必要に応じて2等級の1号俸（初号俸）の金額を引き上げ、あとは成り行きで金額が決まる形にするのが効率的です。

　こうして範囲給テーブルの各等級における初号俸を、1等級：16万円、2等級：19万5000円、3等級：24万円、4等級：30万円、M等級：40万円、D-1等級：52万円、D-2等級：60万円としました。

● 基本パターンの選択——「接続型」を念頭に設計を

　図表4-7（事業開発人材の「範囲給型」基本給テーブルの例）を見てください。次に、上限をどうするかが課題となります。**図表4-9**で範囲給の基本パターンを見ると、オーバーラップ型、接続型、階差（開差）型の3タイプがありますが、新たに範囲給型の基本給テーブルを設計する場合、まずは接続型を念頭に置いて作成してみてください。そこから発生する問題については、例えば、

- 実在者の基本給分布を見たとき、接続型のテーブルでは上限を超えるケースが多くなり過ぎる場合は、下位等級の上限を少し上げて上位等級と金額ゾーンをオーバーラップさせる

- 下位等級相当の人で、上限を超えるケースがそれほどなく、階差型にしてもあまり問題が発生しそうになければ、階差型を模索する

――といった対応をとればよいと思います。ここでの説明も、接続型をとることにします。

● 昇給額の設定

　号俸のピッチは、モデル給与・賞与試算表（図表4-3）の年齢間の昇給額により左右されます。昇給額の決め方は、等級ごとの初号俸の金額を手掛かりとします。例えば、1等級と2等級の初号俸の金額差は、「19万5000円－16万円＝3万5000円」です。1等級は18～21歳の4年間です。2等級の初号俸は19万5000円としましたので、同額まで4年で昇給することになります。

　ここで、「昇給」には次の2種類があることを説明しておきます。
①年々人事評価の結果が反映される「**定期昇給**」
②昇格に当たって特別に加算される「**昇格昇給**」

　つまり、18歳の16万円と22歳の19万5000円との差額3万5000円には、その4年間の定期昇給と2等級への昇格昇給の二つが入っていることになります。ですから、定期昇給額を検討するときには、まず、昇格昇給額を決定するところから始める必要があります。昇格昇給は、昇格前の基本給と昇格後の基本給の差を指します。**図表4-3**では、21歳17万2000円と22歳19万5000円の差額、2万3000円を期待昇格年齢（22歳）での昇格昇給額とする政策判断をしたことになります。この判断は相応の熟練を要するところですが、「上位等級での昇格昇給をより高くするのがよい」「比較的昇格審査が難しくない等級では抑えめにして、審査が厳しい等級では昇格昇給額も大きくしたい」などの観点から吟味するということです。

　上記のとおり、1等級21歳と2等級22歳の差を2万3000円としたので、残り（22歳19万5000円－昇格昇給額2万3000円＝17万2000円）は「17万2000円－16万円＝1万2000円」です。それを3回の昇給回数で割ると、1回当たり4000円となります。これを踏まえ、18～21歳の昇給額は4000

円としました。この辺りは、132ページの「**事業開発人材の場合**」で述べた、世間水準（賃構調査）ベースの１年（１歳）当たり昇給額ともほぼ一致します。考え方は以上のとおりですが、微妙な政策判断は必ずしも簡単ではありませんので、経験のあるコンサルタントの指導を受けるポイントになると思います。

　１年（１歳）ごとの昇給額が等級別に決まれば、続いてＢ評価（標準評価）の場合の昇給号俸数（査定別上昇号俸数）を決めて、１年の昇給額をＢ評価の昇給号俸数で割ります。例えば、１等級の場合、１年の昇給額を4000円、Ｂ評価の昇給号俸数を５（**図表4-7**の［注１］）としましたので、800円が号俸間のピッチ（１号俸当たりの昇給額）になります。

　Ｂ評価の昇給号俸数は、５段階とするケースが比較的多いことから、Ｂ評価を標準評価として、一般に「標準５号俸昇給」といいます。同様に、Ｂ評価で７号俸昇給するなら「標準７号俸昇給」、３号俸昇給であれば「標準３号俸昇給」です。いずれにおいても、ベースとなるモデル給与・賞与試算表（**図表4-3**）で設定した１年（１歳）の昇給額をその号俸数で割って号俸間ピッチを算出することになります。

● **下位等級の上限号俸と上位等級の初号俸の「接続」方法**

　図表4-7では１等級の39号俸（19万400円）を上限としています。もし44号俸（19万4400円）まであれば、２等級の初号俸（19万5000円）とほぼ「接続」し、一見こちらのほうが整合するようにも見えます。一方、標準５号俸昇給により１年で4000円昇給するとして、２等級の初号俸19万5000円から１等級の昇給額4000円を引いた19万1000円を１等級の上限額とみることもできます。この場合、１等級の上限は同金額より低くなければならないということです。ところが、44号俸で昇格した場合、２等級の初号俸を適用すると600円（19万5000円－19万4400円）しか昇給せず、昇格のメリットがあまりにも小さくなります。また、最低4000円の昇給を確保するとして、２等級の５号俸19万9000円からスタートさせる考え方もありますが、ここでは接続型の基本ロジックとして、一つ上の等級の１号俸より１年標準昇給額分（4000円）下回るように、上限号

俸の金額を設計することにします。

　ただし、4等級以降は、階差（開差）型としています。この場合の間（等級間の金額差）の取り方は、必ずしも明確な理屈があるわけではありません。上位等級として十分なステータスになり得て、かつ水準が高くなり過ぎないことがポイントです。4等級→M等級間は、一般社員→管理職のタイミングですから、もしM等級以上を残業手当の対象にしないのであれば、一般的な残業手当額をカバーする金額を階差（開差）させる理屈は成り立ちます。これらの政策判断にも熟練が求められます。

●熟練労働者、通常幹部社員の場合

　以上の考え方は、熟練労働者の基本給テーブル（**図表4-5**）でも同様です。ただし、熟練労働者の場合は、年々の昇給額は少なくても、事業開発人材よりも長い期間にわたって昇給し続けるスタイルをとることが比較的多く、ここでも同様の設計としています。例えば、1年の標準昇給額は、1等級で事業開発人材が4000円（**図表4-3**）、熟練労働者は2000円（**図表4-1**）としています。熟練労働者の場合、地道に頑張ってもらうことが大事ですので、評価間の格差をあまり大きくつけず、かつ昇格しなくても比較的長く昇給し続けるようにして、その等級での役割を全うしてもらうことに主眼を置いています。「短い時間で昇格を目指してもらい、昇格しなければ早い段階で昇給を止めてでも昇格プレッシャーを与える」ことはしないのが普通です。そういう意味で、号俸間ピッチをなだらかにしており、かつ号俸数を非常に多く設けることが一般的です。他の部分の設計は事業開発人材と同じです。

　通常幹部社員の基本給テーブル（**図表4-6**）も同様に、**図表4-2**から展開します。等級別の1年間の標準評価による昇給額は試算していますし、昇格時初年の基本給の目安もついています。後は昇格時初年の基本給を初号俸とし、「標準5号俸昇給」に基づき号俸間ピッチを算出するだけです。

　前述のとおり、1～4等級の金額は熟練労働者と連動させ、M等級以上では、初号俸の金額は違いますが、号俸間ピッチは事業開発人材と同

じにして、連携性を確保しました。中小企業の場合、この「範囲給型」基本給テーブルの採用率が非常に高いので、これを基本に考えてよいと思います。比較的シンプルな昇給実務となりますし、運用の分かりやすさも期待できます。

❸ 手当額の設定
●残業手当の算定基礎との関係

　月々の給与には通常、基本給があり、加えて多様な名目の手当があります。名称も会社によりさまざまです。前述のとおり、本体の基本給についても、会社としてのメッセージ（何を大切にして給与を支給しているかという考え方）を出す視点から、「成果給」「役割給」「能率給」などの名称を使うことがあります。

　手当についても、**図表4-10**のとおり、家族手当、住宅手当、食事手当、地域手当など、多岐にわたります。もちろん、これらの手当を給与項目として設定し、支給するかどうかは、各社の自由です。

　また、「会社の業績が悪くなった場合、手当をなくすことは問題ないが、基本給についてはそうでない」などと理解している人もいますが、それは誤った認識です。労働基準法上は、手当と基本給について、特段違う取り扱いをしているわけではありません。同法11条は、次のように規定しています。

> この法律で賃金とは、賃金、給料、手当、賞与その他名称の如何を問わず、労働の対償として使用者が労働者に支払うすべてのものをいう。

　つまり、名称はどうであれ、「労働の対償」となるものは「賃金」という概念ですべて捉えて保護する、としているのです。

　残業手当については通常、基本給も手当もすべて含めて1時間当たりの単価（残業手当の算定基礎）を求め、それに割増率を乗じて計算しますが、家族手当と住宅手当は、この算定基礎から除外することが許されています（同法37条5項）。

図表4-10 諸手当の種類と支給目的

区分	主な種類	支給目的	今後の方向性
生活関連手当 通常の場合と異なり、特別な事情で生活費負担が大きくなるものについて、雇用確保の視点から優遇する手当	家族手当	扶養家族の多いことに伴う生計費負担の大きさへの補助	廃止傾向
	住宅手当	住宅費の負担に対する補助	縮小傾向
	食事手当	食堂のない勤務地者に対する福利厚生バランス上の補助	廃止傾向
	地域手当	都市部と地方との生計費格差への補助	増加傾向
	単身赴任手当	単身赴任に伴う生計費負担の増大への補助	継続傾向
	寒冷地手当	寒冷地に対する暖房費への補助	廃止傾向
	通勤手当	自宅と職場の間を通勤するために掛かる交通費の補助	継続傾向
職務関連手当 「通常の場合と異なり、特別責任が重い、きつい、危険である——などの場合に、嫌がらずに頑張って働いてもらいたい」という視点からの手当	役職手当 (役付手当)	部長・課長・係長などの役職に伴う職務負荷への補助	継続・拡大傾向
	営業手当	外勤に伴う職務負荷、雑支出への補助	継続・拡大傾向
	公的資格手当	業務関連の資格取得の奨励	一時金型への移行傾向
	特殊勤務手当	特別な危険や職務負荷への支給	継続・拡大傾向
	交替・変則勤務手当	交替・変則勤務の職務負荷への支給	継続傾向
	残業・深夜・休日出勤手当	法律に基づいた割増賃金の支給(法律を上回る内容を支給することもある)	継続
業績奨励手当 少しでも業績を上げる努力を奨励する手当	生産・受注目標達成手当	生産高目標・受注高目標達成への意識高揚	賞与へ集約傾向
	歩合手当	業績に応じた手当額の支給による業績意識の向上	賞与へ集約傾向
	皆勤・精勤手当	まじめに勤務することへの奨励	縮小・廃止傾向
その他の手当	調整手当・暫定手当	給与制度の改定や臨時措置に伴う金額の調整(通常は一時的な支給)	縮小傾向

　家族手当は扶養家族の有無、扶養家族の人数に応じて支給する手当で、「配偶者：月額2万円／子および父母：1人につき月額5000円」などのルールで支給するものであれば、残業手当の算定基礎額から外してよいとさ

図表 4-11　割増賃金の算定基礎額から除外できる手当

```
①家族手当         ┐
②通勤手当         │
③別居手当         │
④子女教育手当     │           ┐
⑤住宅手当         │ 労働基準法 │ 労働基準法37条
⑥臨時に支払われた賃金 │ 施行規則21条 │
⑦1カ月を超える期間ごとに支払われる賃金 ┘
```

区分	例	除外の可否
算定基礎から除外できる住宅手当		
費用に定率を乗じた額を支給するもの	支払い家賃×○％ ローン月額×○％	除外可能
費用を段階的に区分し、費用が増えるにしたがって額を多くするもの	家賃5万円以上：3万円 家賃5万円未満：1万円	
算定基礎から除外できない住宅手当		
住宅に要する費用に関係なく、一律に定額で支給するもの	賃貸住宅：3万円 持ち家：2万円 基準内賃金×○％ 東京都区部：3万円 関西地区：2万円 その他地区：5,000円	除外不可
扶養家族の有無によって一定額を支給するもの	独身者：1万円 扶養家族あり：3万円	

れています。また、住宅手当については、**図表4-11**にまとめた条件を満たしていれば、同様に除外できます。例えば、支払い家賃やローン金額の「費用に定率を乗じた額」を支給する、「家賃5万円以上の場合は3万円、5万円未満の場合は1万円」を支給するなど、掛かる「費用を段階的に区分し、費用が増えるにしたがって額を多くするもの」は除外対象となります。しかし、「住宅に要する費用に関係なく、一律に定額で支給する」「扶養家族の有無によって一定額を支給する」ものは除外できず、残業手当の算定基礎額に含める必要があります。筆者の経験で

は、後者のルールで支給している企業が比較的多いので、以上の考え方に照らして妥当かどうか、確認してみてください。

●手当の種類と支給意義

図表4-10には代表的な17の手当を掲げています。種類はさまざまで、先人がいろいろ思い悩んで設定した様子が垣間見られます。大きく分けると、①生活関連手当、②職務関連手当、③業績奨励手当、④その他の手当に分けることができます。

①生活関連手当

社員が生活する際に、その補助となる手当が中心となります。

家族手当は、扶養家族が多くなるとそれだけ生活費が多く掛かるので、それを支援することを支給目的とするものです。住宅手当は住宅費に対する支援で、食事手当は、主に昼食費支援になりますが、本来の趣旨は「食堂のない勤務地者は、食堂のある本社勤務者より高い昼食代を支払うので、福利厚生上のバランスをとる」ものです。

地域手当は、主に住居費用が大都市圏と中小都市圏で大きく違うことから、大都市勤務者の負担を軽減するための補助です。単身赴任手当は、単身赴任に伴う二重生活に関わる生活費の負担増への補助となります。寒冷地手当は、主に北海道や東北地方など寒冷な地域の勤務者に対し、暖房費が他地域の勤務者よりも多く掛かっていることにつき、補助するものです。通勤手当は、毎日の出勤に掛かる公共交通機関の実費交通費を企業が負担するもので、多くの企業で支給されています。

家族手当、住宅手当、食事手当、寒冷地手当などは、成果主義の人事制度改革の時代に、会社の仕事には直接関係しない名目で支給されることに疑問を呈する向きが増えており、廃止・縮小傾向となっています。仕事の成果を上げて給与が高くなるのは分かるが、子どもが生まれて扶養家族が増えたから給与が高くなるのは、会社の給与の支払い方としてどうなのかという考えには、それなりの理由があると思われます。こうした意味合いから、生活関連手当は、縮小・廃止傾向にあるものが比較的多いといえます。

②職務関連手当

「通常の場合と異なり、特別責任が重い、きつい、危険である――などの場合に、嫌がらずに頑張って働いてもらいたい」という視点からの手当です。

役職手当（役付手当）、営業手当、公的資格手当、特殊勤務手当、交替・変則勤務手当、残業・深夜・休日出勤手当などがこのグループの手当です。仕事に直結していますので、こうした手当は継続・拡大傾向にあると言ってよいでしょう。

③業績奨励手当

「少しでも業績を上げる努力を奨励する手当」です。

工場単位で設定される「生産目標達成手当」、営業所などで設定される「受注目標達成手当」などで、工場や営業所の目標を達成した場合に、その部門の所属メンバー全員に一律に手当を支給するタイプが多いといえます。個人の評価格差を反映することは可能ですが、設計や運用が面倒なことと、部門の集団責任を強調することでチームワークを形成する観点から、個人別ではなく、全員一律に支給するタイプが普及しているようです。

これらに、歩合手当、皆勤・精勤手当なども含めて、近年の成果主義の流れの中で、賞与評価格差原資に組み込む考え方が非常に強くなっており、賞与への集約を理由に縮小・廃止傾向にあるといえます。

④その他の手当

そのほかに、「調整手当」「暫定手当」などがありますが、これらは給与制度の改定や特別な臨時措置に関連して、金額の調整をするために短い期間に限定して用いられるものです。通常の定常的な手当ではありません。

ある会社では、基本給のベースアップを行うときに、テーブルの書き換えが間に合わなかったので、調整手当としてベースアップ分を支給していたことがあります。その後も同手当の支給が常態化してしまい、トータルで相当な額に上ることになりましたが、この場合は手当というより

基本給の一部と見たほうがよいでしょう。

●手当額の考え方

　これらの手当の金額設定を考える際には、あくまで「手当は設定しなくてもいい」ということを念頭に置いてください。家族手当などは、前述の支給ルールに沿って設計すれば残業手当の計算基礎額から外してよいため、企業によっては多くの家族を扶養することの生計費増に対する配慮や、特に中小企業の場合は低い給与水準をカバーする意味合いで、家族を大事にする会社であることのアピールのために設定することも少なくありません。しかし、昨今の成果主義的な人事制度改革の流れを受け、「給与はあくまで会社での働きに対して支給されるもの」という筋目が重視されるようになってきてからは、職務関連手当以外はあまり注目されていません。

　金額の設計に当たっては、世間水準を参考に政策判断することになります。手当の世間水準を調べるのに便利なのは、前掲『労政時報』が定期的に調査している統計データです。その最新の調査結果（第3904号—16.2.26）によると、役職手当（役付手当）の平均額は、部長：9万1300円、次長：7万3500円、課長：5万5200円、課長代理：3万1800円、係長：1万6100円です。また、家族手当・子ども手当の平均額は、配偶者および子ども2人の4人世帯の場合、2万5392円となっています。

　このような形で世間水準を見て、その金額に合わせて金額設定することもよく行われます。特に家族手当などが典型ですが、「配偶者には出さないが、子どもにはたくさん出す」判断があってもよいですし、そのように子どもに手厚く配慮している会社だとアピールすることは、中小企業の場合は必要かもしれません。

　いずれにしても、このような設定はすべて政策判断いかんによります。その判断は簡単ではありませんが、「決め」の問題です。迷うようならば、コンサルタントとの意見交換などで決めていくのがよいでしょう。

3 賞与制度の設計

チェックリスト3　賞与制度設計ですべきこと

- [ ] ① 等級別の年間賞与額水準の設定
- [ ] ② 等級別の評価別賞与格差の設定
- [ ] ③ 基本給との連動性の程度の決定
- [ ] ④ 賞与制度のタイプの設定

賞与制度の設計方法について、チェックリスト3に沿って説明します。月例給与制度と同様、図表4-1～4-3（モデル給与・賞与試算表）を使用します。

❶ 等級別の年間賞与額水準の設定

モデル給与・賞与試算表は、熟練労働者用、通常幹部社員用、事業開発人材用の3種類を作成しました。作成に当たり、賃構調査などの世間水準と比較しながら年収水準を、そして基本給・役職手当・家族手当の月例給与水準と年間賞与水準を設計しました。ここでは、この年間賞与水準が目安になります。

年収水準は、採用競争力、退職防止効果、社員のモチベーション維持、自社の支払い能力などを踏まえて設計する必要があります。その結果、これら3種類のモデル給与・賞与試算表が完成したわけです。

熟練労働者用の図表4-1と通常幹部社員用の図表4-2では、年間賞与を基本給の3カ月分としました。事業開発人材用の図表4-3では、1～4等級で同4カ月分、M等級以上で同5カ月分としています。

日本では、多くの企業が賞与を夏と冬の2回支給しています。法律でそう決まっているわけではありませんが、そのような習慣になっていま

す。年2回の賞与となると、夏分と冬分の支給水準は、それぞれ年間賞与の半分とするのがオーソドックスな目安のつけ方です。夏・冬の比率が5対5ではなく、4対6など冬分のほうが多いことも実際にはあります。これはもともと、冬の賞与が年越し、つまりお正月を迎えるための資金を念頭に置いたものだったことに由来します。

　現在では、そういう考え方をとらず、賞与は「会社が上げた利益の配分」とする企業が多くなっていますので、本書では夏・冬の年2回支給を前提に、それぞれ年間賞与の半分が水準の目安になると見て説明を続けます。

❷ 等級別の評価別賞与格差の設定

●評価格差の基本的な考え方

　想定する業績を上げた場合の賞与水準の目安がついたら、次に賞与額の評価格差を、等級別評価別に検討します。

　賞与は、業績を向上させるための頑張りを促進するためのインセンティブです。また、現実に業績を向上させたときの報奨という意味合いも強く持ちますので、評価の結果、当然にインセンティブとなり得るメリハリのある格差をつけることになります。最近では、「メリハリを感じさせる評価格差を設けないと優秀人材の引き留めが難しい」との声もありますので、注意して設計する必要があります。

　評価による格差をどの程度つけるべきかについては、社員の意識との関係で政策判断されるもので、心理学的、あるいは科学的に目安がつくものではありません。この点、他社の傾向も重要な判断尺度になります。

　評価格差の動向については、年功主義の時代、能力主義の時代、成果主義の時代、いずれも統計データに基づく確証はありません。そこで、賞与の評価格差が"こんなものではないか"という感触を探りながら設計していきます。

　図表4-12に、年間賞与格差（評価ランクS～D間の格差）について、①能力主義時代と②成果主義時代の各目安を書き出しています。この表

図表 4-12 成果主義への転換に伴う賞与格差の拡大（水準の目安、事業開発人材の場合）

・目標管理制度を軸とした、成果評価を重視した短期評価の仕組みを入れる
・成果評価による年収格差を大幅に拡大する（給与、資格制度上、場合によっては降給、降格もある）

―万円―

区分	役職（目安等級）	年収ポリシーライン	①能力主義的な年間賞与 S-D間評価格差	②成果主義的な年間賞与 S-D間評価格差
管理職層	部長層（D-2）	1,150	120	240
	次長層（D-1）	1,000	100	200
	課長層（M）	820	80	160
一般社員層	係長層（4等級）	580	60	100
	主任層（3等級）	470	50	80
	初級社員（2等級）	350	40	60

［注］ 1.「ポリシーライン」とは、階層別に最も妥当な年収水準として見定めた年収水準。
    2. S-D間評価格差とは、5段階評価で、最もよい評価（S）と最も低い評価（D）の年間賞与格差のこと。
    3. S-D間評価格差は一つの事例であるが、おおむねこの水準を目安に、状況を判断し格差を拡大したり縮小したりする。年収水準が低くなれば評価格差が縮小していく傾向になる。

は、図表4-3の事業開発人材のモデル給与・賞与試算表、図表4-14（後掲）の事業開発人材賞与モデルの評価格差設計と連動させながら作成している点も踏まえて見てください。

　図表4-12は、あくまで筆者のコンサルティング経験を基に、比較的一般的と認識される水準を示したものです。能力主義時代と成果主義時代で、賞与の評価格差が1.5〜2倍になっています。グローバル競争の激しい業界では、3〜4倍の格差をつけるケースもあるようですが、この表の格差イメージは、まずまず一般的な実情を反映していると思います。

　評価格差を大きくつけるかどうかを判断する際、次の視点で自社の事業特性を検討してみてください。
①親会社から仕事を請け負っており、自社の営業努力で業績を飛躍的に

伸ばすことが難しい
②個々の社員が自ら主体的にビジネスを切り開くのではなく、指示を受けて仕事をしている割合が大きい
③業務全体が作業的な内容で成り立っており、企画的な仕事が少ない
　以上の特性があれば、賞与の評価格差はあまり大きくしないほうがよいと思います。このような企業では、**図表4-12**の①能力主義時代の格差でも、少し大きいかもしれません。
　なぜなら、賞与評価格差をインセンティブに利用できるのは、自らの主体的な取り組みで、自社の業績を変化させられる余地が大きい場合です。通常の事業を改革する余地も限定的で、一定の枠組みの中で働くことを要求されているならば、業績向上のための主体的な取り組み余地があまりないことになります。もちろん、地道な改善余地はあると思いますから、ある程度の評価格差はあってしかるべきでしょう。しかし、主体的な取り組みによる飛躍的な業績向上の可能性が少ない状況であれば、評価格差だけ大きくしても、社員には頑張っていく方向性が分かりませんので、非常に上滑りな賞与制度になってしまいます。
　したがって、賞与制度は熟練労働者・通常幹部社員と事業開発人材で分けて設計すべきです。
　熟練労働者は、地道な作業や改善を積み重ねて、確実に製品やサービスを提供し続けることで業績に貢献します。こういう仕事は、もしミスがあるとすぐ分かり、やり直しとなりますので、最終的にはすべて完璧なものが顧客に届けられます。したがって、結果業績としてはあまり差がつきません。仕事のプロセスでの評価格差は当然あり得ますが、ベテランになればその差もなくなってくるかもしれません。また、コスト競争力が厳しい環境であるほど、多額の賞与額を出すことは難しいですが、会社全体の業績の良しあしにあまり大きな影響を受けずに、ある程度安定的に支給していくことも求められます。

●等級別・評価別の金額差のつけ方
　そういう視点で作成したのが、**図表4-13**の熟練労働者賞与モデルで

す。モデル給与・賞与試算表（**図表4-1**）に連動させて、評価別賞与格差を試算しています。年間３カ月の賞与水準を前提にしていますので、半期の賞与はその半分の1.5カ月になります。これを評価別にどのような金額にしていくかを、これから説明します。

半期の賞与が1.5カ月ですから、例えば27歳２等級の場合、基本給は19万5,000円で、その1.5倍＝29万3,000円がＢ評価の水準として書き出されます。他の年齢でも同様に、すべて基本給の1.5倍がＢ評価の金額になります。

その上で評価格差をどうつけるかですが、この格差を決定する支給係数（支給月数）を**図表4-13**の下表に記載しています。例えば、最高評価のＳ（支給係数2.00カ月）と最低評価のＤ（同1.00カ月）の評価格差は１カ月分で、基本給が最も高い60歳（４等級の最上位）の金額換算で36万5,000円となります。熟練労働者の場合は、ＳやＤといった極端な評価がつくことは少ないでしょうから、せいぜいＡ－Ｃ程度の格差だと想定します。Ａ－Ｃ間の格差は、１等級で８万円台、２等級で10万～11万円前後、３等級で12万～13万円台、４等級で15万～18万円台となります。半期とはいえ、この評価格差は相当に小さいものですが、熟練労働者という「仕事の特性上、真面目にやっていれば、高度な熟練労働が比較的安定的に実行される」タイプの人材群には合っていると思います。

一方、事業開発人材の場合、こういう考え方はあまり採用すべきではありません。事業開発とは、常に自社から仕掛けるものですので、主体的な企画と活動そのものが可能であり、それが仕事の本質といえます。また、仕事の結果としての業績についても大きな格差が出ることは容易に想像でき、しかもその結果は、非常に分かりやすい形で経営者の目の前に出ます。こうした仕事については、可能であれば大きな評価格差をつけていくべきでしょう。

図表4-14には、事業開発人材のモデル給与・賞与試算表（**図表4-3**）に連動させた事業開発人材賞与モデルをまとめています。

１～４等級は年間４カ月、Ｍ～D-2等級は年間５カ月としています。

評価格差をつける支給係数について、ここでは二つのパターンを用意しました（**図表4-14**の下）。①は比較的穏当な、いわば能力主義時代のもの、②は①より格差を大きくつけた、成果主義時代のものと想定してください。

　会社には、熟練労働者と事業開発人材だけとは限りませんから、比較的高度な専門職で、事業開発人材ほどに成果格差は生じないが、それなりの格差をつけたい場合には、①の支給係数を活用することも考えられます。なお、**図表4-14**本体の(1)は上記①の支給係数を、(2)は②の支給係数を適用し、算出しています。

　図表4-14の(2)を見てください。部長（D-2等級）層では半期の賞与格差が、S-D間で120万円です。年間では240万円で、これは**図表4-12**に示したとおりです。その他の階層についても、ほぼ**図表4-12**と同水準の評価格差になっています。

　通常幹部社員賞与モデルは、どちらかといえば熟練労働者のものに近い設計にしています。事業開発人材は特別な人材群として、大きな評価格差をつけるようにしましたが、通常幹部人材は、従来の通常の管理者およびそれを目指している人材として、今までの人事制度では熟練労働者とそれほど大きな違いがない仕組みを適用することが多かったように思います。そこで、年間賞与を標準評価（B）で3カ月としています。

　この通常幹部社員賞与モデル（**図表4-15**）のつくり方は、熟練労働者や事業開発人材とまったく同じです。ここでも事業開発人材賞与モデル（**図表4-14**）と同様、2種類の評価別賞与格差を設定しています。**図表4-15**の下表、左側①は熟練労働者と同じ格差にしていますが、右側②はM等級以上について、格差をもう少し広げています。微妙な差ですが、比較の上参考にしてください。

　このような形で、賞与の評価格差を設定していきます。前述したように、金額差のつけ方にはある程度の根拠づけの筋はありますが、最終的には政策判断となります。この点も、外部専門家としてのコンサルタントを活用する余地があると思います。

図表4-13 熟練労働者賞与モデル

年齢（歳）	モデル処遇		目安年収（ポリシーライン）	モデル年収	a 年間賞与	夏・冬各賞与 =a÷2	基本給
18	1等級		19.0歳 224万3,000円 ⇒260万円	261.2	48.0	24.0	16.0
19				264.4	48.6	24.3	16.2
20				267.7	49.2	24.6	16.4
21				271.0	49.8	24.9	16.6
22			22.8歳 269万4,000円 ⇒270万円	274.2	50.4	25.2	16.8
23				277.5	51.0	25.5	17.0
24				280.8	51.6	25.8	17.2
25				284.0	52.2	26.1	17.4
26				287.3	52.8	26.4	17.6
27	2等級		27.6歳 321万3,000円 ⇒320万円	318.3	58.5	29.3	19.5
28				323.2	59.4	29.7	19.8
29		結婚		340.1	60.3	30.2	20.1
30				345.0	61.2	30.6	20.4
31		第1子誕生		361.9	62.1	31.1	20.7
32			32.5歳 367万2,000円 ⇒370万円	366.8	63.0	31.5	21.0
33		第2子誕生		383.7	63.9	32.0	21.3
34				388.6	64.8	32.4	21.6
35				393.5	65.7	32.9	21.9
36				398.4	66.6	33.3	22.2
37	3等級	工長就任	37.6歳 402万7,000円 ⇒460万円	454.4	72.0	36.0	24.0
38				460.9	73.2	36.6	24.4
39				467.5	74.4	37.2	24.8
40				474.0	75.6	37.8	25.2
41				480.5	76.8	38.4	25.6
42			42.5歳 430万2,000円 ⇒480万円	487.1	78.0	39.0	26.0
43				493.6	79.2	39.6	26.4
44				500.1	80.4	40.2	26.8
45				506.6	81.6	40.8	27.2
46				513.2	82.8	41.4	27.6
47	4等級		47.4歳 436万5,000円 ⇒550万円	552.4	90.0	45.0	30.0
48				560.5	91.5	45.8	30.5
49				568.7	93.0	46.5	31.0
50				576.8	94.5	47.3	31.5
51				585.0	96.0	48.0	32.0
52		作業長就任 第1子就職		619.8	97.5	48.8	32.5
53				616.0	99.0	49.5	33.0
54			52.4歳 441万5,000円	624.1	100.5	50.3	33.5
55		第2子就職		620.3	102.0	51.0	34.0
56				628.5	103.5	51.8	34.5
57			57.4歳 437万2,000円 ⇒650万円	636.6	105.0	52.5	35.0
58				644.8	106.5	53.3	35.5
59				652.9	108.0	54.0	36.0
60				661.1	109.5	54.8	36.5

［注］ 賞与額は、「基本給×支給月数」により試算。各等級とも支給月数を3カ月としている。

―カ月―

区分	評価				
	S	A	B	C	D
支給係数（支給月数）	2.00	1.75	1.50	1.25	1.00

―万円―

評価別賞与格差					S－D格差	A－C格差
S	A	B	C	D		
32.0	28.0	24.0	20.0	16.0	16.0	8.0
32.4	28.4	24.3	20.3	16.2	16.2	8.1
32.8	28.7	24.6	20.5	16.4	16.4	8.2
33.2	29.1	24.9	20.8	16.6	16.6	8.3
33.6	29.4	25.2	21.0	16.8	16.8	8.4
34.0	29.8	25.5	21.3	17.0	17.0	8.5
34.4	30.1	25.8	21.5	17.2	17.2	8.6
34.8	30.5	26.1	21.8	17.4	17.4	8.7
35.2	30.8	26.4	22.0	17.6	17.6	8.8
39.0	34.1	29.3	24.4	19.5	19.5	9.8
39.6	34.7	29.7	24.8	19.8	19.8	9.9
40.2	35.2	30.2	25.1	20.1	20.1	10.1
40.8	35.7	30.6	25.5	20.4	20.4	10.2
41.4	36.2	31.1	25.9	20.7	20.7	10.4
42.0	36.8	31.5	26.3	21.0	21.0	10.5
42.6	37.3	32.0	26.6	21.3	21.3	10.7
43.2	37.8	32.4	27.0	21.6	21.6	10.8
43.8	38.3	32.9	27.4	21.9	21.9	11.0
44.4	38.9	33.3	27.8	22.2	22.2	11.1
48.0	42.0	36.0	30.0	24.0	24.0	12.0
48.8	42.7	36.6	30.5	24.4	24.4	12.2
49.6	43.4	37.2	31.0	24.8	24.8	12.4
50.4	44.1	37.8	31.5	25.2	25.2	12.6
51.2	44.8	38.4	32.0	25.6	25.6	12.8
52.0	45.5	39.0	32.5	26.0	26.0	13.0
52.8	46.2	39.6	33.0	26.4	26.4	13.2
53.6	46.9	40.2	33.5	26.8	26.8	13.4
54.4	47.6	40.8	34.0	27.2	27.2	13.6
55.2	48.3	41.4	34.5	27.6	27.6	13.8
60.0	52.5	45.0	37.5	30.0	30.0	15.0
61.0	53.4	45.8	38.1	30.5	30.5	15.3
62.0	54.3	46.5	38.8	31.0	31.0	15.5
63.0	55.1	47.3	39.4	31.5	31.5	15.8
64.0	56.0	48.0	40.0	32.0	32.0	16.0
65.0	56.9	48.8	40.6	32.5	32.5	16.3
66.0	57.8	49.5	41.3	33.0	33.0	16.5
67.0	58.6	50.3	41.9	33.5	33.5	16.8
68.0	59.5	51.0	42.5	34.0	34.0	17.0
69.0	60.4	51.8	43.1	34.5	34.5	17.3
70.0	61.3	52.5	43.8	35.0	35.0	17.5
71.0	62.1	53.3	44.4	35.5	35.5	17.8
72.0	63.0	54.0	45.0	36.0	36.0	18.0
73.0	63.9	54.8	45.6	36.5	36.5	18.3

図表 4-14 事業開発人材賞与モデル

(1) 能力主義的な格

年齢(歳)	モデル処遇		目安年収(ポリシーライン)	モデル年収	a 年間賞与	夏・冬各賞与=a÷2	基本給	評価別		
								S	A	B
18	1等級		290万円	277.2	64.0	32.0	16.0	40.0	36.0	32.0
19				284.1	65.6	32.8	16.4	41.0	36.9	32.8
20				291.0	67.2	33.6	16.8	42.0	37.8	33.6
21				298.0	68.8	34.4	17.2	43.0	38.7	34.4
22	2等級		23.7歳 335万8,000円 ⇒350万円	337.8	78.0	39.0	19.5	48.8	43.9	39.0
23				346.5	80.0	40.0	20.0	50.0	45.0	40.0
24				355.1	82.0	41.0	20.5	51.3	46.1	41.0
25				363.8	84.0	42.0	21.0	52.5	47.3	42.0
26				372.5	86.0	43.0	21.5	53.8	48.4	43.0
27	3等級	結婚	27.5歳 464万3,000円 ⇒470万円	415.8	96.0	48.0	24.0	60.0	54.0	48.0
28				426.2	98.4	49.2	24.6	61.5	55.4	49.2
29				448.6	100.8	50.4	25.2	63.0	56.7	50.4
30				458.9	103.2	51.6	25.8	64.5	58.1	51.6
31		第1子誕生		481.3	105.6	52.8	26.4	66.0	59.4	52.8
32	4等級	係長就任 第2子誕生	32.4歳 575万円 ⇒580万円	570.4	120.0	60.0	30.0	75.0	67.5	60.0
33				594.5	122.8	61.4	30.7	76.8	69.1	61.4
34				606.6	125.6	62.8	31.4	78.5	70.7	62.8
35				618.7	128.4	64.2	32.1	80.3	72.2	64.2
36				630.9	131.2	65.6	32.8	82.0	73.8	65.6
37	M	課長就任	37.5歳 687万8,000円 42.5歳 795万5,000円 ⇒820万円	776.0	200.0	100.0	40.0	120.0	110.0	100.0
38				781.1	201.5	100.8	40.3	120.9	110.8	100.8
39				786.2	203.0	101.5	40.6	121.8	111.7	101.5
40				791.3	204.5	102.3	40.9	122.7	112.5	102.3
41				796.4	206.0	103.0	41.2	123.6	113.3	103.0
42				801.5	207.5	103.8	41.5	124.5	114.1	103.8
43				806.6	209.0	104.5	41.8	125.4	115.0	104.5
44				811.7	210.5	105.3	42.1	126.3	115.8	105.3
45				816.8	212.0	106.0	42.4	127.2	116.6	106.0
46				821.9	213.5	106.8	42.7	128.1	117.4	106.8
47	D-1	次長就任	47.5歳 919万2,000円 ⇒1,000万円	1,004.0	260.0	130.0	52.0	156.0	143.0	130.0
48				1,010.8	262.0	131.0	52.4	157.2	144.1	131.0
49				1,017.6	264.0	132.0	52.8	158.4	145.2	132.0
50				1,024.4	266.0	133.0	53.2	159.6	146.3	133.0
51				1,031.2	268.0	134.0	53.6	160.8	147.4	134.0
52	D-2	部長就任 第1子就職 第2子就職	52.4歳 991万8,000円 57.3歳 943万6,000円 ⇒1,150万円	1,176.0	300.0	150.0	60.0	180.0	165.0	150.0
53				1,164.0	300.0	150.0	60.0	180.0	165.0	150.0
54				1,164.0	300.0	150.0	60.0	180.0	165.0	150.0
55				1,152.0	300.0	150.0	60.0	180.0	165.0	150.0
56				1,152.0	300.0	150.0	60.0	180.0	165.0	150.0
57				1,152.0	300.0	150.0	60.0	180.0	165.0	150.0
58				1,152.0	300.0	150.0	60.0	180.0	165.0	150.0
59				1,152.0	300.0	150.0	60.0	180.0	165.0	150.0
60				1,152.0	300.0	150.0	60.0	180.0	165.0	150.0

[注] 賞与額は、「基本給×支給月数」により試算。1〜4等級は4カ月、M〜D-2等級は支給月数を5

①能力主義的な評価間格差

—カ月—

区分	等級	評価				
		S	A	B	C	D
支給係数 (支給月数)	1〜4	2.50	2.25	2.00	1.75	1.50
	M〜D-2	3.00	2.75	2.50	2.25	2.00

差設定　　　　　　　　　　　　(2) 成果主義的な格差設定　　　　　　　　　　　　一万円一

賞与格差		S-D格差	A-C格差	評価別賞与格差					S-D格差	A-C格差
C	D			S	A	B	C	D		
28.0	24.0	16.0	8.0	44.8	38.4	32.0	25.6	19.2	25.6	12.8
28.7	24.6	16.4	8.2	45.9	39.4	32.8	26.2	19.7	26.2	13.1
29.4	25.2	16.8	8.4	47.0	40.3	33.6	26.9	20.2	26.9	13.4
30.1	25.8	17.2	8.6	48.2	41.3	34.4	27.5	20.6	27.5	13.8
34.1	29.3	19.5	9.8	54.6	46.8	39.0	31.2	23.4	31.2	15.6
35.0	30.0	20.0	10.0	56.0	48.0	40.0	32.0	24.0	32.0	16.0
35.9	30.8	20.5	10.3	57.4	49.2	41.0	32.8	24.6	32.8	16.4
36.8	31.5	21.0	10.5	58.8	50.4	42.0	33.6	25.2	33.6	16.8
37.6	32.3	21.5	10.8	60.2	51.6	43.0	34.4	25.8	34.4	17.2
42.0	36.0	24.0	12.0	67.2	57.6	48.0	38.4	28.8	38.4	19.2
43.1	36.9	24.6	12.3	68.9	59.0	49.2	39.4	29.5	39.4	19.7
44.1	37.8	25.2	12.6	70.6	60.5	50.4	40.3	30.2	40.3	20.2
45.2	38.7	25.8	12.9	72.2	61.9	51.6	41.3	31.0	41.3	20.6
46.2	39.6	26.4	13.2	73.9	63.4	52.8	42.2	31.7	42.2	21.1
52.5	45.0	30.0	15.0	84.0	72.0	60.0	48.0	36.0	48.0	24.0
53.7	46.1	30.7	15.4	86.0	73.7	61.4	49.1	36.8	49.1	24.6
55.0	47.1	31.4	15.7	87.9	75.4	62.8	50.2	37.7	50.2	25.1
56.2	48.2	32.1	16.1	89.9	77.0	64.2	51.4	38.5	51.4	25.7
57.4	49.2	32.8	16.4	91.8	78.7	65.6	52.5	39.4	52.5	26.2
90.0	80.0	40.0	20.0	140.0	120.0	100.0	80.0	60.0	80.0	40.0
90.7	80.6	40.3	20.2	141.1	120.9	100.8	80.6	60.5	80.6	40.3
91.4	81.2	40.6	20.3	142.1	121.8	101.5	81.2	60.9	81.2	40.6
92.0	81.8	40.9	20.5	143.2	122.7	102.3	81.8	61.4	81.8	40.9
92.7	82.4	41.2	20.6	144.2	123.6	103.0	82.4	61.8	82.4	41.2
93.4	83.0	41.5	20.8	145.3	124.5	103.8	83.0	62.3	83.0	41.5
94.1	83.6	41.8	20.9	146.3	125.4	104.5	83.6	62.7	83.6	41.8
94.7	84.2	42.1	21.1	147.4	126.3	105.3	84.2	63.2	84.2	42.1
95.4	84.8	42.4	21.2	148.4	127.2	106.0	84.8	63.6	84.8	42.4
96.1	85.4	42.7	21.4	149.5	128.1	106.8	85.4	64.1	85.4	42.7
117.0	104.0	52.0	26.0	182.0	156.0	130.0	104.0	78.0	104.0	52.0
117.9	104.8	52.4	26.2	183.4	157.2	131.0	104.8	78.6	104.8	52.4
118.8	105.6	52.8	26.4	184.8	158.4	132.0	105.6	79.2	105.6	52.8
119.7	106.4	53.2	26.6	186.2	159.6	133.0	106.4	79.8	106.4	53.2
120.6	107.2	53.6	26.8	187.6	160.8	134.0	107.2	80.4	107.2	53.6
135.0	120.0	60.0	30.0	210.0	180.0	150.0	120.0	90.0	120.0	60.0
135.0	120.0	60.0	30.0	210.0	180.0	150.0	120.0	90.0	120.0	60.0
135.0	120.0	60.0	30.0	210.0	180.0	150.0	120.0	90.0	120.0	60.0
135.0	120.0	60.0	30.0	210.0	180.0	150.0	120.0	90.0	120.0	60.0
135.0	120.0	60.0	30.0	210.0	180.0	150.0	120.0	90.0	120.0	60.0
135.0	120.0	60.0	30.0	210.0	180.0	150.0	120.0	90.0	120.0	60.0
135.0	120.0	60.0	30.0	210.0	180.0	150.0	120.0	90.0	120.0	60.0
135.0	120.0	60.0	30.0	210.0	180.0	150.0	120.0	90.0	120.0	60.0

カ月としている。

②成果主義的な評価間格差　　　　　　　　　　　　　　　　　　　　一カ月一

区分	等級	評価				
		S	A	B	C	D
支給係数	1～4	2.80	2.40	2.00	1.60	1.20
（支給月数）	M～D-2	3.50	3.00	2.50	2.00	1.50

図表 4-15 通常幹部社員賞与モデル

(1) 能力主義的な

年齢(歳)	モデル処遇		目安年収(ポリシーライン)	モデル年収	a 年間賞与	夏・冬各賞与 =a÷2	基本給	評価別		
								S	A	B
18	1等級		19.0歳 224万3,000円 ⇒260万円 (熟練労働者 1等級260万円)	261.2	48.0	24.0	16.0	32.0	28.0	24.0
19				264.4	48.6	24.3	16.2	32.4	28.4	24.3
20				267.7	49.2	24.6	16.4	32.8	28.7	24.6
21				271.0	49.8	24.9	16.6	33.2	29.1	24.9
22	2等級		22.8歳 269万4,000円 ⇒320万円 (熟練労働者 1等級270万円)	318.3	58.5	29.3	19.5	39.0	34.1	29.3
23				323.2	59.4	29.7	19.8	39.6	34.7	29.7
24				328.1	60.3	30.2	20.1	40.2	35.2	30.2
25				333.0	61.2	30.6	20.4	40.8	35.7	30.6
26				337.9	62.1	31.1	20.7	41.4	36.2	31.1
27	3等級		27.6歳 321万3,000円 ⇒400万円 (熟練労働者 2等級320万円)	391.8	72.0	36.0	24.0	48.0	42.0	36.0
28				398.3	73.2	36.6	24.4	48.8	42.7	36.6
29			結婚	416.8	74.4	37.2	24.8	49.6	43.4	37.2
30				423.4	75.6	37.8	25.2	50.4	44.1	37.8
31			第1子誕生	441.9	76.8	38.4	25.6	51.2	44.8	38.4
32	4等級	係長就任	32.5歳 367万2,000円 ⇒560万円 (熟練労働者 2等級370万円)	540.4	90.0	45.0	30.0	60.0	52.5	45.0
33		第2子誕生		560.5	91.5	45.8	30.5	61.0	53.4	45.8
34				568.7	93.0	46.5	31.0	62.0	54.3	46.5
35				576.8	94.5	47.3	31.5	63.0	55.1	47.3
36				585.0	96.0	48.0	32.0	64.0	56.0	48.0
37	M	課長就任	37.6歳 402万7,000円 ⇒650万円 (熟練労働者 3等級460万円)	651.0	111.0	55.5	37.0	74.0	64.8	55.5
38				655.5	111.9	56.0	37.3	74.6	65.3	56.0
39				660.0	112.8	56.4	37.6	75.2	65.8	56.4
40				664.5	113.7	56.9	37.9	75.8	66.3	56.9
41				669.0	114.6	57.3	38.2	76.4	66.9	57.3
42			42.5歳 430万2,000円 ⇒670万円 (熟練労働者 3等級480万円)	673.5	115.5	57.8	38.5	77.0	67.4	57.8
43				678.0	116.4	58.2	38.8	77.6	67.9	58.2
44				682.5	117.3	58.7	39.1	78.2	68.4	58.7
45				687.0	118.2	59.1	39.4	78.8	69.0	59.1
46				691.5	119.1	59.6	39.7	79.4	69.5	59.6
47	D-1	次長就任	47.4歳 436万5,000円 ⇒720万円 (熟練労働者 4等級550万円)	720.0	120.0	60.0	40.0	80.0	70.0	60.0
48				726.0	121.2	60.6	40.4	80.8	70.7	60.6
49				732.0	122.4	61.2	40.8	81.6	71.4	61.2
50				738.0	123.6	61.8	41.2	82.4	72.1	61.8
51				744.0	124.8	62.4	41.6	83.2	72.8	62.4
52	D-2	部長就任	52.4歳 441万5,000円 57.4歳 437万2,000円 ⇒770万円 (熟練労働者 4等級650万円)	831.0	135.0	67.5	45.0	90.0	78.8	67.5
53		第1子就職		819.0	135.0	67.5	45.0	90.0	78.8	67.5
54				819.0	135.0	67.5	45.0	90.0	78.8	67.5
55		第2子就職		807.0	135.0	67.5	45.0	90.0	78.8	67.5
56				807.0	135.0	67.5	45.0	90.0	78.8	67.5
57				807.0	135.0	67.5	45.0	90.0	78.8	67.5
58				807.0	135.0	67.5	45.0	90.0	78.8	67.5
59				807.0	135.0	67.5	45.0	90.0	78.8	67.5
60				807.0	135.0	67.5	45.0	90.0	78.8	67.5

[注] 賞与額は、「基本給×支給月数」により試算。各等級とも支給月数を3カ月としている。

①能力主義的な評価間格差

—カ月—

区分	評価				
	S	A	B	C	D
支給係数 (支給月数)	2.00	1.75	1.50	1.25	1.00

格差設定　　　　　　　　　　（2）成果主義的な格差設定　　　　　　　　　　　一万円一

賞与格差		S-D格差	A-C格差	評価別賞与格差					S-D格差	A-C格差
C	D			S	A	B	C	D		
20.0	16.0	16.0	8.0	32.0	28.0	24.0	20.0	16.0	16.0	8.0
20.3	16.2	16.2	8.1	32.4	28.4	24.3	20.3	16.2	16.2	8.1
20.5	16.4	16.4	8.2	32.8	28.7	24.6	20.5	16.4	16.4	8.2
20.8	16.6	16.6	8.3	33.2	29.1	24.9	20.8	16.6	16.6	8.3
24.4	19.5	19.5	9.8	39.0	34.1	29.3	24.4	19.5	19.5	9.8
24.8	19.8	19.8	9.9	39.6	34.7	29.7	24.8	19.8	19.8	9.9
25.1	20.1	20.1	10.1	40.2	35.2	30.2	25.1	20.1	20.1	10.1
25.5	20.4	20.4	10.2	40.8	35.7	30.6	25.5	20.4	20.4	10.2
25.9	20.7	20.7	10.4	41.4	36.2	31.1	25.9	20.7	20.7	10.4
30.0	24.0	24.0	12.0	48.0	42.0	36.0	30.0	24.0	24.0	12.0
30.5	24.4	24.4	12.2	48.8	42.7	36.6	30.5	24.4	24.4	12.2
31.0	24.8	24.8	12.4	49.6	43.4	37.2	31.0	24.8	24.8	12.4
31.5	25.2	25.2	12.6	50.4	44.1	37.8	31.5	25.2	25.2	12.6
32.0	25.6	25.6	12.8	51.2	44.8	38.4	32.0	25.6	25.6	12.8
37.5	30.0	30.0	15.0	60.0	52.5	45.0	37.5	30.0	30.0	15.0
38.1	30.5	30.5	15.3	61.0	53.4	45.8	38.1	30.5	30.5	15.3
38.8	31.0	31.0	15.5	62.0	54.3	46.5	38.8	31.0	31.0	15.5
39.4	31.5	31.5	15.8	63.0	55.1	47.3	39.4	31.5	31.5	15.8
40.0	32.0	32.0	16.0	64.0	56.0	48.0	40.0	32.0	32.0	16.0
46.3	37.0	37.0	18.5	77.7	66.6	55.5	44.4	33.3	44.4	22.2
46.6	37.3	37.3	18.7	78.3	67.1	56.0	44.8	33.6	44.8	22.4
47.0	37.6	37.6	18.8	79.0	67.7	56.4	45.1	33.8	45.1	22.6
47.4	37.9	37.9	19.0	79.6	68.2	56.9	45.5	34.1	45.5	22.7
47.8	38.2	38.2	19.1	80.2	68.8	57.3	45.8	34.4	45.8	22.9
48.1	38.5	38.5	19.3	80.9	69.3	57.8	46.2	34.7	46.2	23.1
48.5	38.8	38.8	19.4	81.5	69.8	58.2	46.6	34.9	46.6	23.3
48.9	39.1	39.1	19.6	82.2	70.4	58.7	46.9	35.2	46.9	23.5
49.3	39.4	39.4	19.7	82.7	70.9	59.1	47.3	35.5	47.3	23.6
49.6	39.7	39.7	19.9	83.4	71.5	59.6	47.6	35.7	47.6	23.8
50.0	40.0	40.0	20.0	84.0	72.0	60.0	48.0	36.0	48.0	24.0
50.5	40.4	40.4	20.2	84.8	72.7	60.6	48.5	36.4	48.5	24.2
51.0	40.8	40.8	20.4	85.7	73.4	61.2	49.0	36.7	49.0	24.5
51.5	41.2	41.2	20.6	86.5	74.2	61.8	49.4	37.1	49.4	24.7
52.0	41.6	41.6	20.8	87.4	74.9	62.4	49.9	37.4	49.9	25.0
56.3	45.0	45.0	22.5	94.5	81.0	67.5	54.0	40.5	54.0	27.0
56.3	45.0	45.0	22.5	94.5	81.0	67.5	54.0	40.5	54.0	27.0
56.3	45.0	45.0	22.5	94.5	81.0	67.5	54.0	40.5	54.0	27.0
56.3	45.0	45.0	22.5	94.5	81.0	67.5	54.0	40.5	54.0	27.0
56.3	45.0	45.0	22.5	94.5	81.0	67.5	54.0	40.5	54.0	27.0
56.3	45.0	45.0	22.5	94.5	81.0	67.5	54.0	40.5	54.0	27.0
56.3	45.0	45.0	22.5	94.5	81.0	67.5	54.0	40.5	54.0	27.0
56.3	45.0	45.0	22.5	94.5	81.0	67.5	54.0	40.5	54.0	27.0

②成果主義的な評価間格差　　　　　　　　　　　　　　　　　　　　　　　一カ月一

区分	等級	評価				
		S	A	B	C	D
支給係数	1～4	2.00	1.75	1.50	1.25	1.00
（支給月数）	M～D-2	2.10	1.80	1.50	1.20	0.90

❸ 基本給との連動性の程度の決定

次に、基本給との連動性の程度を検討します。

月例給与の中の「基本給」とは、"すべての処遇の基本に座る"という趣旨の名称です。現在の多くの日本企業で、月例給与における基本給は、賞与の算定基礎額であると同時に、退職金を決定する基礎額にもなっています。そういう意味でも、まさに基本給といってよいものです。

筆者は、前記❶～❷などで賞与の評価格差を検討する際に、特に断りなく「基本給×評価別支給係数（支給月数）」という計算式を基に説明しました。これは基本給連動型賞与の典型的なパターンです（**図表4-16**）。一方、最近では、基本給と連動させない「ポイント型賞与制度」（**図表4-17**）を導入するケースが出てきましたので、基本給との連動性の在り方を説明しておきます。

基本給については、前節❷で範囲給テーブルのつくり方を中心に説明しました。等級別の水準に上限と下限のある範囲給（**図表4-9**）の中でも、下位等級の上限が上位等級の下限と接続する「接続型」、下位等級の上限が上位等級の下限よりかなり下になる「階差（開差）型」であれば、基本給と連動しても大きな問題は出ません。一方、下位等級の上限と上位等級の下限が重なる「オーバーラップ型」の場合には、いろいろな不具合が生じます。オーバーラップ型の中でも等級別に上限のない、いわゆる「青天井型」範囲給の場合が特に問題です。

「オーバーラップ型」基本給の場合、下位等級の人の金額が上位等級の人よりも高くなると、同じ評価であっても、下位等級の人のほうが賞与額が高くなる現象が起こります。

賞与モデル表（**図表4-13～4-15**）の「評価別支給係数」を例にとると、基本給に評価別支給係数（事業開発人材で①能力主義的な評価係数の場合、A評価：2.25、B評価：2.00……）を乗じて計算しますので、同じ評価であれば基本給が高いほうが当然、賞与額も高くなります。また、A評価とB評価の関係ですが、事業開発人材の①係数では0.25の差しかありませんので、基本給で下位等級の人が上位等級の人よりもかなり高

図表 4-16 基本給連動型賞与制度

〔算式〕個人賞与額＝基本給×評価別支給係数
1. 熟練労働者・通常幹部社員の評価別支給係数の例　　　　－カ月－

区分	評価				
	S	A	B	C	D
支給係数（支給月数）	2.00	1.75	1.50	1.25	1.00

2. 事業開発型人材の評価別支給係数の例　　　　－カ月－

区分	格差	等級	評価				
			S	A	B	C	D
支給係数（支給月数）	中	1～4	2.50	2.25	2.00	1.75	1.50
		M～D-2	3.00	2.75	2.50	2.25	2.00
	大	1～4	2.80	2.40	2.00	1.60	1.20
		M～D-2	3.50	3.00	2.50	2.00	1.50

図表 4-17 ポイント型賞与制度の評価別ポイントテーブル
（事業開発人材の例）

区分		評価ポイント（個人評価ポイント）				
		S	A	B	C	D
等級	D-2	210	180	150	120	90
	D-1	185	158	132	106	79
	M	144	124	103	82	62
	4	88	75	62	50	38
	3	71	61	50	40	30
	2	57	49	41	33	25
	1	46	39	33	26	20

〔注〕　個人賞与額＝ポイント単価×個人評価ポイント
　　　→ポイント単価＝賞与総原資÷全員分の個人評価ポイント数

いと、次の例のとおり上位等級のA評価の人よりも、下位等級のB評価の人のほうが高い賞与額になります。
- 下位等級者：基本給35万円、賞与評価「B」
　→賞与額＝70万円（35万円×2.00カ月）
- 上位等級者：基本給30万円、賞与評価「A」
　→賞与額＝67万5,000円（30万円×2.25カ月）

　このように、上位等級の人のほうが難しい仕事や、より高い目標にチャレンジして、より高評価を取ったにもかかわらず、下位等級の人の賞与額に及ばないという結果は不健全です。しかし、年々の定期昇給は、働く人のモチベーションに少しずつ、確実に影響を及ぼすとして、基本給の上限を妥当な水準にまで引き下げられない会社も多くありました。

　こうした経緯から考案されたのが、基本給に連動しないポイント型賞与制度（**図表4-17**）です。評価さえ決まれば、等級とのマトリクスにより自動的に評価ポイントが決まるので、賞与額は基本給額の影響を一切受けません。

　基本給連動型（**図表4-16**）では、本人が長年働いて獲得してきた基本給額を賞与にも反映できるメリットがあるともいえますが、先の例のように等級間で賞与額が逆転する可能性がある点を問題とする考え方もあります。賞与には「評価期間の目標達成度や各種の活動実績によって差がつく」という単純な構造が必要だと思いますので、筆者としては基本給とは連動させない仕組み（「ポイント型」など）のほうに軍配を上げますが、この点も政策判断の問題といえます。

❹ 賞与制度のタイプの設定

　以上の点を踏まえて、賞与制度のタイプを決定していきます。

●基本給連動型賞与制度

　図表4-16の例では、**図表4-13～4-14**で使用した熟練労働者と事業開発人材の支給係数を示していますが、単純な構造ですので、分かりやすいといえます。また、基本給は、これまで積み重ねた人事評価をベー

スに獲得した昇給額の積み上げであり、頑張って昇格した結果＝本人の努力の結晶であるといえます。こうした意味合いの基本給を賞与額に直接反映させることについて、前述した問題はあるものの、比較的支持率が高い制度といえます。

　制度設計についても比較的簡単です。世間水準や採用競争力、コスト競争力などを考えながら、標準的な賞与支給額を決定したら、それが基本給の何カ月分になるかを試算し、それを標準（B）評価の場合の支給係数（支給月数）とし、後は評価間の格差を検討しながら、評価別の支給係数の差を設定していけばよいのです。

●ポイント型賞与制度①：基本的な考え方

　ポイント型賞与制度の「ポイント」とは、指数のことです。等級別・評価別賞与額を実額で示すのではなく、支給月数で示すのでもなく、単なるポイント（指数）で示す仕組みです。

　このポイント（指数）は、例えば賞与原資が2カ月でも3カ月でも、同じものを使います。次の計算式で個人賞与額を決定します。

- 賞与原資総額÷全員分の個人評価ポイント数＝<u>ポイント単価</u>
- 個人賞与額＝<u>ポイント単価</u>×個人評価ポイント

　設計の最初の段階で、評価別のポイント数を決定する際には、標準的な賞与月数（事業開発人材の1～4等級で2カ月、M等級以上で2.5カ月。熟練労働者・通常幹部社員で1.5カ月（**図表4-13～4-15**））を金額におき直して、各人材タイプの賞与モデルにおける等級別の中央値（二つある場合は金額の少ないほうの値）の賞与額をB評価に置き、「1ポイント＝1万円」として計算し、ポイントを出していきます。小数点以下のポイントが出た場合は、四捨五入などにより単純化することも一つの方法です。等級別には1種類のポイントしか設定しませんので、数値は必然的に丸まっています。

　図表4-17のポイント型賞与制度のポイントテーブルは、**図表4-14**の事業開発人材賞与モデルの右側(2)の評価別賞与格差の金額と連動しています。ポイントを見れば、賞与額がすぐに分かると思います。

●ポイント型賞与制度②：評価間格差のつけ方

　賞与額の評価格差についても、等級別に逆転が生じないかを注意深く検証する必要があります。同じ評価であれば上位等級の支給額（評価ポイント数）を多くすることは、絶対に譲ってはならない制度設計上のポイントです。しかし、評価が違う場合、上位等級との関係をどう設計するかは、重要な検討事項です。

　よく議論の的になるところは、初任管理職層（**図表4-17**ではM等級）と、一般社員層の最上位等級（同4等級）の水準の比較検証です。この図表で、M等級はD評価の場合62万円（62ポイント）ですが、4等級ではB評価の場合に同額となります。一方、4等級のS評価は88万円（88ポイント）と、M等級のD評価を大きく上回ります。管理職と一般社員という区切りでも、この程度の水準差は許容されると思います。

　また、**図表4-17**では、3等級のA評価は61万円（61ポイント）、4等級のB評価は62万円（62ポイント）としており、下位等級のA評価よりも、上位等級のB評価のほうが1万円多くなります。これを許容範囲とするかどうかは、意見の分かれるところかもしれません。

　以上の説明からも分かるとおり、評価格差を大きく取れば取るほど、等級上下間で評価別の支給額がオーバーラップするようになります。**図表4-17**のD-1・D-2間では、上記3・4等級間の例とは逆に、D-1等級のA評価：158万円（158ポイント）に対しD-2等級のB評価：150万円（150ポイント）と、下位等級のA評価のほうが上位等級のB評価よりも金額が高くなっています。通常は、D-1等級のA評価よりD-2等級のB評価を取るほうが難しいでしょう。こう考えると、D-2等級の各評価ポイントを最低10ポイントは上方修正すべきことになります。そういう意味では、**図表4-17**のポイント設定は不完全ですが、ポイント型賞与制度をつくる際の問題点を示すために、そのままにしておきました。なお、D-2等級のポイントを10ポイント引き上げる場合、モデル給与・賞与試算表（**図表4-3**）のD-2等級の年収想定を、20万円（＝半期分10万円×2）上方修正する必要があります。

このような現象が生じたのは、事業開発人材ではD-2等級の基本給のみ範囲給にせず、60万円のシングルレートにし、定期昇給をなくして、給与・年収の頭打ちを狙ったからです。その考え方を改めるか、単にポイント表を書き換える（D-2等級につき10ポイント引き上げる）だけにするかについて、結論を出す必要があります。

●ポイント型賞与制度③：ポイント単価の設定

　最後に、ポイント型賞与制度のポイント単価を計算する単位をどのように設定するかについて説明します。

　図表4-17の場合、事業開発人材なら全社共通で使えるポイント表としていますが、それはモデル賞与実額（図表4-14）を想定して、「1ポイント＝1万円」でポイント数を設定したからです。ところで、評価実務では、管理職ほど評価が高くなりがちで、特に管理職の中でも、次長や部長といった上位役職のほうが、評価が高くなる傾向を示します。それ自体、直ちに問題があるわけではなく、上位役職者は人数も多くないので、全体に与える影響も少ないといえますが、上位等級の人がよい評価を取ると、1～4等級の一般社員から原資を奪うことになります。ポイント単価は「賞与総原資÷全員分の個人評価ポイント数」で算出するため、上位等級の評価が高ければ、より「全員分の個人評価ポイント数」が増えるからです。この場合、一般社員には不利になるので、ポイント単価を出すための原資管理上、1～4等級とM～D-2等級に区分することも行われます。

　等級別に正規分布するように評価結果をコントロールすれば問題はありませんが、こうした分布調整はポイント型賞与制度の場合、あまり行いません。

　また、ここでは基本的な形の基本給連動型賞与制度とポイント型賞与制度を説明しましたが、例えば賞与総原資を半分に分けて、一方は基本給連動型賞与制度で運用し、もう一方はポイント型賞与制度で運用する方法もあり得ます。

　原資の半分を基本給連動型賞与制度で運用する場合は、基本給を半分

にして、その後は前記の説明と同じように評価支給係数を適用します。残り半分の原資をポイント型賞与制度で運用するときは、ポイント単価を半分にすることで対応できます。ポイント型賞与制度一本では「基本給額が高い年齢層に対する配慮が足りない」といった指摘を受ける懸念がある場合は、こうしたハイブリッドな方法も考えられます。

4 昇格基準のつくり方

チェックリスト4　昇格基準づくりですべきこと
- ①等級制度のタイプの設定
- ②職群（コース）の設定
- ③全社等級体系と定義の作成
- ④職群別等級基準の作成
- ⑤昇格（降格）要件の設計

　昇格基準とは、昇格する際の条件をつくることですので、内容としては、等級基準と昇格要件の二つが内容として入ります。等級基準とは、等級別に要求される能力や役割、職務を書いているもので、昇格要件とは、昇格候補者を選ぶ際の条件です。「過去2年間の評価の中にCが含まれていない」「同一等級に最低2年は滞留させる」「等級基準として書かれた能力や役割、職務は、卒業要件として書かれたものか、入学要件として書かれたものか」といったものです。なお、「入学要件」とは、昇格していく等級のところに書いている基準を満たしていれば昇格になるものです。「卒業要件」とは、現在所属している等級について書かれ

ている基準を満たしていれば、一つ上の等級に昇格させる、というものです。

この昇格基準も、一連の成果主義的な人事制度改革の流れの中で大きな変遷を遂げてきました。大企業の中には、一冊の書物になるような等級基準集を作成したところもあります。一方、中小企業の場合、事業の変化が急激に起こることがありますので、詳細な等級基準をつくり込むことはお勧めしません。しかも詳細な等級基準は、評価しやすいようにできるだけ具体的な基準にする趣旨でつくられますが、定性的な表現に頼らざるを得ないことから、自分がつくったものはよく分かるとしても、他者のつくった等級基準を読み込んで理解することは難しいと思うケースが頻繁に出てきます。

つまり、中小企業では、できるだけ等級ごとのポイントを明確にして、抽象的な表現になってもなるべく簡便な表現にしたほうがよいでしょう。

昇格基準をつくるには、**チェックリスト4**にまとめた五つの作業が必要です。順に説明していきます。

❶ 等級制度のタイプの設定 ……………………………………………

図表4-18では、性格の違う三つの等級制度の概要を説明しています。今の日本企業の等級制度は、このいずれかに該当します。詳細については**図表4-18**を見ていただくとして、ここでは同内容の補足説明を行います。

日本では等級制度として、①職能等級、②職務等級、③役割等級の三つが考案されました。

①職能等級：職務遂行能力の基準で昇格の際の審査基準を示すもの。成果主義的な人事制度改革の嵐が起こる前は、日本企業のほとんどがこのタイプの等級制度を導入していた。

②職務等級：担当する職務価値のグレードに応じて昇格・降格を決めるもの。職務の概念は欧米の職務給との連動性が意識されるが、担当し

図表 4-18 等級制度の種類

区分	①職能等級	②職務等級	③役割等級
内容	・働く人が保有している職務遂行能力のグレードに応じて給与を決定する仕組み ・職務遂行能力は、本人の努力によって獲得していけるとの確信から、本人の能力開発努力を引き出す人事管理の仕組みとしても重視された ・職能等級は、本人が獲得した能力により昇格することが原則であるため、いったん獲得した能力はなくならないとの考えから、降格は行わないのが原則（最近は、能力が発揮されなければ降格とするものも多く見られる）	・担当する職務の価値（責任度合い、貢献度、難易度等）のグレードに応じて、給与を決定する仕組み ・職務のグレードは、職務任用によってアップダウンするが、ダウンすれば給与は下がり、アップすれば給与は上がる（ただし、制度の建前と運用とは別で、職務グレードが下がる職務任用が実際にたくさん出ることは想定していない）	・働く人の役割獲得・役割創造のグレードに応じて給与を決定する仕組み ・役割は組織から与えられるものであると同時に、本人の努力によって獲得ないし創造できるため、②職務等級よりは本人の能力開発努力による処遇向上余地が大きく、①職能等級よりは組織の意思を反映した処遇のアップダウンを行うことが可能
メリット	・能力開発と処遇の関連性が強いため、本人の能力開発努力を引き出しやすい ・組織の事情で、より高度の職務を与えることができなくても、高い職務遂行能力があると認定できれば処遇を上げることが可能なため、いまひとつ活用できていない有能な人材を企業内にプールしておき、将来の事業展開のための備えとできる	・昇格は任用により決定するため、職務価値にふさわしい給与コストを組織の意思として実現できる ・「職務グレードが上がれば給与が上がり、下がれば給与が下がる」という意味で、処遇の考え方が明確 ・本人の能力開発努力も求めるが、任用者に認められてこそ意味があるという原則により、人事管理が組織の意思の貫徹であることが明確になっている	・職務価値と人件費とのコストパフォーマンスもとれ、役割獲得・創造という本人努力も引き出せる点で、①職能等級と②職務等級のよさを併せ持つ。運用の機微も加えることで両方のよさを実現できる

た職務によって処遇の中核となる等級を決めることから、年功的な運用が排除され、職務価値と年収が連動していくことが期待された。
③役割等級：「役割」という概念を用いるが、職務概念に近いものと理解してよい。ただ、グレードの低い職務を直接担当していても、本人の才覚で高い価値を持った職務を取り込んでいくことが可能ではないか、という考え方が背景にある。そもそも日本企業では、担当職務を決めてその範囲でしか仕事をしないことに大変な抵抗があり、自分が担当した職務の範囲を超えて改善したり、さまざまなチャレンジをしたりすることは素晴らしいと考える人が多い。職務等級的でありながらも、個人のチャレンジによる新しい職務の取り込みを評価して昇格審査の対象に入れていこうとする、職務等級をもう少し柔軟にしたものといえる。

しかし、①～③の性格の違いは非常に概念的で、あまり実務的ではないかもしれません。大企業の場合、過去に何度も人事制度改革を行っていることから、今回はどういう趣旨の制度改定を行うのかの説明を社員にしなければ、その意味・目的がまったく伝わりません。これらの等級制度は、そうした観点から考案されたものとひとまず認識いただき、（大企業では大事な概念ですが）中小企業ではそれほど気にする必要はないという程度の考え方で説明していきたいと思います。

中小企業の場合は、昇格審査の評価に役立てられればよいと捉えて、できるだけ実務的に考えていきましょう。

❷ 職群（コース）の設定

職群（コース）は、自社の事業展開を考えたときに、どのような人材群を確保し、育成し、活躍させる必要があるかということから考えていきます。ただ、中小企業の場合、人数がそれほど多くはありませんから、職群設定を複雑にすることはあまりお勧めできません。

そもそも中小企業には、職群の概念そのものがないと思います。事情により人材を柔軟に配置する必要があるからですが、そのために一方で

非効率が起きることがあります。まず、コスト競争力（賃金を膨らませないこと）を念頭に熟練労働者を育て上げるには、一般社員とは別の職群（熟練労働者職群）をつくって、熟練労働者になっていくことを求めたほうがよいでしょう。給与・賞与も一般社員とは別の体系とし、独自の評価体系を設けたほうが、熟練労働者の仕事へのプライドが生まれ、組織として技能を大事にし、伝承していく体質が生まれます。中小企業でも300人くらいになると、こうした仕組みを検討してもよいでしょう。その中で少なくとも50～100人の熟練労働者がいて、事業競争力のコアになっている場合は、こういう職群をつくる意義はあると思います。

　一方、事業開発を進める高度な人材を社外から確保して事業開発を進めようとする場合、そもそも自社の人材の給与・賞与の体系に合わせられないことが出てくると思います。要するに、大企業並みの給与を支払わないとよい人材を採用できないと考えた場合、事業開発人材を確保できるように、新たな職群をつくって、別体系の給与・賞与の制度とし、評価の方式も変えていくことが望ましいケースもある、ということです。この場合に、従来の社内人材と同じ扱いとすると、事業開発人材のように全員の給与・賞与水準を上げることは原資が確保できないので無理ですから、事業開発人材側から見ても処遇に魅力がなくなります。そういう問題を解決するのが、職群をつくる意義です。

　熟練労働者の職群と違い、事業開発者の職群には、そもそもそれほど多数の人材がいないことが前提です。熟練労働者の場合は、50～100人くらいで一つの職群をつくる価値があると先述しましたが、事業開発者の場合、それだけの人数になることは中小企業ではまれでしょう。たとえ4～5人程度でも、職群をつくる意義はあると思われます。事業開発が成功して、従来の人材の中にあっても事業開発において取り組み実績を上げる人が出てきたら、この職群に組み入れる――などの方法で、より一層事業開発を促進していく方向も考えられます。

　こうした形で検討を進め、**図表4-19**のような職群の体系図ができれば完成です。中小企業にしては複雑な構造にしていますが、この作業の

図表4-19 全社等級体系と基準例

等級		
管理職層		
D-2	**ライン管理職群**	
	部門管理者 ・部または、それに相当する部門を統括することができ、担当部門の業績目標の達成と中長期の成長性を確保することができる	
D-1	**部門業績推進リーダー** ・部または、それに相当する部門の統括者補佐ができ、担当部門の業績目標の達成と中長期の成長性に貢献することができる	
M	**部署管理者** ・課またはそれに相当する部門の統括者としての業務遂行ができる。担当部署の目標の達成と成長性を確保することができる	**事業開発職群**
		大規模な事業開発者 ・極めて大きな事業開発プロジェクトを中心となって遂行でき、自社の柱となる事業の実現をすることができる
		中規模な事業開発者 ・極めて高度な事業開発課題を提起し、極めて高度な専門性に基づく事業開発プロジェクトを中心となって遂行でき、担当部門の事業目標を前進させることを通じて、競争優位を実現することができる
		事業開発者 ・事業開発領域における高度な企画提案、高度な専門能力の提供を通じて競争優位性を実現することができる
一般社員層	**総合職群**	**事業開発職群**
4	**日常業務先導者** ・自己および担当グループを指導しながら、複雑度な専門業務を先導して遂行することができる	**事業開発の先導者** ・自らが担当するひとまとまりの課題を担う事業開発チームを先導しつつ、高度な企画力と専門性に基づいて遂行できる
3	**自立的業務遂行者** ・日常業務のみならず、ある程度の高度な専門知識を前提に、ある程度の高度な判断を前提として処理する業務を遂行することができる	**事業開発プロジェクトの複雑かつ高度な企画・推進に当たり、コアの人材として自立的に活動することができる**
2	**複雑日常業務遂行者** ・簡単な例外処理を含む複雑な日常業務を担当することができる	**事業開発プロジェクト遂行者** ・事業開発プロジェクトの複雑な企画・推進活動を遂行できる
1	**定型定常業務遂行者** ・定型定常な日常業務を担当し、確実・迅速に遂行することができる	

	技能職群
	高度熟練技能者 ・自社における極めて高度な熟練技術が必要な生産業務で他の技能者の模範になるよう遂行することができる
	高度な生産業務の遂行者 ・複雑な処理を必要に加えて、ある程度高度な熟練技術が必要な生産業務を自立的に遂行することができる
	複雑な生産業務の遂行者 ・複雑な処理を必要とする生産業務を効率的に担当することができる
	定型定常生産業務遂行者 ・工場での定型定常な生産業務を遂行し、確実・迅速に作業を遂行することができる

2. 主要項目別の「制度改革」指南

意味をまずは押さえていただき、本当に設定するかどうかは慎重に検討してください。

❸ 全社等級体系と定義の作成

　全社の等級体系と定義（基準）（**図表4-19**）の作成方法について説明します。**図表4-19**では、五つの職群の区分と複数の等級基準（全社等級基準）があり、各等級基準は、1〜4等級、M〜D-2等級に対応しています。

　事業開発職群の1等級（一般社員層）には等級基準を置いていません。「実在者もおらず、これから先も存在することを想定していない」ことを示しています。技能職群のM〜D-2等級（管理職層）についても同様に考えてください。さらにいえば、技能職群の場合、管理職層になれないことを意味します。技能職群から管理職に就くには、部署管理者になる必要があります。例えば、課長などになれば職群の転換がなされ、管理職層になります。そういう人材群の種類と等級の関係を**図表4-19**は示しています。

　この全社等級体系と基準例は、もう少し詳細な職群別等級基準（**図表4-20**）をつくる際のガイドになります。実際に評価を行うときには、職群別等級基準を作成して活用しますが、被評価者に対しどのような能力や役割、成果を等級別に要求するのかについて端的に表現したもので、評価者に明快なイメージを与える機能があります。

　中小企業の場合は、**図表4-19**のように五つも職群を設ける必要はありませんが、ここでは説明のため丁寧に書き出しました。中小企業の場合は、総合職群、ライン管理職群、技能職群の三つがあれば、大抵のことには対処できるでしょう。事業開発に特別な体制で（外部から特に有能な人材を調達してでも）取り組むのであれば、事業開発職群を設ける意義があることを示すことで、職群区分の在り方への理解を深めてもらえればと考えました。

　等級基準（全社・職群別とも）には二つの書き方があります。一つは

卒業条件を書く「卒業条件記述方式」、もう一つは入学条件を書く「入学条件記述方式」です。
- 卒業条件：現在の等級基準を満たせば、一つ上の等級に昇格できるとするもの。その等級に所属する人の目標とすべき基準
- 入学条件：昇格を目指す等級の等級基準を満たせば、その等級に昇格できるとするもの

　昇格候補者が一つ上の等級に昇格しようとするとき、自分の所属する等級基準を満たすことを目指すのが卒業条件記述方式で、自分の所属する等級の一つ上の等級の基準を満たすことを目指すのが入学条件記述方式です。

　明確に示されていればどちらでもよいのですが、入学条件記述方式のほうが、より厳格な印象を与えるので、最近では人気が高いようです。

❹ 職群別等級基準の作成

　全社の等級体系と等級基準が完成すれば、続いて職群別等級基準を作成します。全社等級基準は端的な表現で昇格判断におけるキーワードを示しているのに対し、職群別等級基準はもう少し細かい項目に分けて、基準の内容を具体的に示す意味があります。**図表4-20**は総合職群の例で、「企画力」「実行力」「折衝・調整・対策力」「人材育成力」の四つの等級基準を設定しています。

　もちろん、これでもまだ抽象的だと捉える向きもありますので、人事管理の世界では職種別等級基準をつくることも提唱されてきました。総合職群の中に、例えば営業職、技術職、事務職があるとすると、営業なら同職固有の業務を書き出し、達成してほしい業務遂行水準を定義して書き込むスタイルです。

　営業職種の基準としては、例えば「Ａ商品の販売促進企画を従来にないオリジナルな工夫を入れて立案できる」「Ａ商品の価格交渉を、自社目標利益を確保できるように有利に展開できる」などの表現になりますが、「Ａ商品」という固有名詞があるだけに、その商品をめぐる特有

図表 4-20 総合職群等級基準の例

区分	等級基準項目	1等級 定型定常業務遂行者	2等級 複雑日常業務遂行者	3等級 自立的業務遂行者	4等級 日常業務先導者
等級基準	企画力	自己の当面の作業計画が立案できる	1カ月単位での作業負荷を予測して、自己の作業計画が立案できる	日常業務の中で発生する判断業務について、前例をよく理解した上で的確な解決策を提案できる	担当グループ全体の業績目標達成のために、メンバーの日常業務上の動き方を効果的に計画できる
	実行力	定型定常業務を担当し、決められた手順に従って処理することができる	簡単な例外処理を含む複雑な日常業務を担当することができる	日常業務のみならず、ある程度の高度な判断を前例に基づいて処理する業務を担当することができる	自己および担当グループの目標を設定し、より効果的な業務遂行を行うことができる
	折衝・調整・対策力	手順どおりに進められない業務に遭遇した際に、上司に先輩に報告し、指示を仰ぐことができる	手順どおりに進められない業務に遭遇した際に、自分の処理方針を形成した上で、上司・先輩に指示を仰ぐことができる	ある程度高度な判断業務を遂行するに当たり、上司・先輩・関係先によく説明し、巻き込んだ上で推進することができる	担当グループの目標達成を目指し、関係先への必要な対策立案・折衝調整を上司と連携しつつ進めることができる
	人材育成力	定型定常業務の処理手順について、後輩の質問に答えることができる	簡単な例外処理を含む複雑な日常業務について、後輩に処理方法・処理の考え方を教えることができる	ある程度高度な判断業務を含めた日常業務全般について、後輩の業務指導ができる	担当グループメンバーの能力開発上の課題を把握し、上司と調整しつつ、中期的視点で育成計画を立案・推進できる

一般社員

の難しさや易しさがイメージされて、難易度のレベルが評価者の間で比較的共有しやすいといえます。しかし、A商品が世代交代してB商品に置き換わったのであれば、また違う様相を示してきます。また、新商品としてのA商品の販売の初期のころの難しさと、数年経過して営業ノウハウが蓄積され、共有化された後の難しさとでは違ってくることもあります。そのような点まで考えると、等級基準の表現は非常に難しくなります。

とことん詳細に、各職種の業務名を入れた基準をつくり、状況が変われば速やかにこれらを修正していくことも従来行われてきましたが、やがて行き詰まり、放置されていった例は多くあります。中小企業の場合、大企業以上に業務の変動幅が大きいといえますので、その修正作業はより一層大変になると思います。

しかし、**図表4-20**レベルの表現にとどめておくと、比較的汎用性もありますし、実際に評価を行う際にも有効な基準になり得ます。あまり詳細な基準をつくっても運用が難しいため、この程度が現実的ではないでしょうか。

図表4-20の1〜4等級には、全社等級体系（**図表4-19**）の中にも書き出されているキーワードがあります。1等級「定型定常業務遂行者」、2等級「複雑日常業務遂行者」、3等級「自立的業務遂行者」、4等級「日常業務先導者」ですが、これらだけでも評価を実務的に進めていく上で多くの指針を与えてくれると思います。

❺ 昇格(降格)要件の設計

●昇格要件

等級基準の作成が完了したら、昇格要件の立案に入ります。昇格要件の中に、評価基準となる等級基準を満たすことは当然入ってきますが、各種の実績を入れることもあります。

図表4-21に全体像を示したとおり、例えば4等級→M等級への昇格要件として、「直近6回の評価のうち、3回以上『A』で、かつ直近2

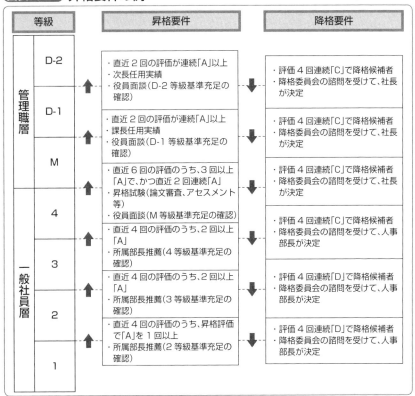

図表 4-21 昇格要件の例

回連続『A』」と記しています。これは現等級（4等級）で、直近6回の評価を経験していることを求めています。つまり、半期評価を1回（＝年2回）とすると、少なくとも3年は滞留することになります。4等級に3年以上滞留し、かつ直近6回の評価のうち3回以上A評価を、かつ直近の2回は連続でA評価を取ってもらいたい、ということです。加えて昇格試験に合格し、役員面談でM等級基準が充足していることが確認されれば、晴れて昇格となります。このように、一般社員から管理職に昇格させるときには、どの会社も相応に厳しい審査を行うことが普通です。

2等級→3等級については、直近4回の評価（＝2等級としての在職

2年が前提となる)のうち、2回以上A評価を取っていて、所属部長による3等級基準充足の確認があれば昇格となります。

また、M等級→D-1等級への昇格要件における「課長任用実績」とは、課長のポストに少なくとも1回は就いていないと、D-1等級へは昇格させないことを示しています。このような形で昇格要件を決めていきます。

●降格要件

また最近は、昇格要件だけではなく、降格要件を設ける会社も増えています。ただ、現実には極めて慎重に運用しているのが実際です。**図表4-21**では、例えば3等級→2等級への降格要件として、過去の人事評価で「4回連続」D評価がつくことを想定しています。4回続けてD評価がつくのはよほどのケースであり、現実にはそうした該当者はなかなか出ない、ということでもあります。

4等級→3等級、M等級→4等級、D-1等級→M等級、D-2等級→D-1等級への降格要件では、人事評価4回連続「C」となっており、これもなかなかないと思いますが、4回連続「D」よりは出現率は高いでしょうから、随分プレッシャーにはなると思います。その後、降格委員会への諮問を受けて、社長が決定したり、人事部長が決定したりすることになります。

「降格委員会」のメンバーには、部長層の中でも比較的人事に詳しい人材を任命するケースが普通です。そこで過去4回の評価結果を検証し、直接の上司の事情を聞くなどして、降格すべきかどうかを人事部長などに答申するわけです。

それでも、降格要件には相当な縛りがありますので、降格人事がそれほど頻繁に行われることはありません。1社につき数年に1件あるかどうかの出現率ではないでしょうか。それが日本の人事管理の現状ですが、降格要件があること自体、評価に緊張感を生み出すことになりますので、実際の適用者がどの程度出るかは別にして、その仕組みを設けることの効果はあると思います。

自社の実情に即して、**図表4-21**をアレンジしてみてください。

5　人事評価表のつくり方

> **チェックリスト5　人事評価表づくりですべきこと**
> ☐ ①評価項目の体系の設計
> ☐ ②人事評価表のタイプの選択
> ☐ ③評価項目別の評価ウエートの設計
> ☐ ④目標管理制度の設計

　人事評価制度は、社員一人ひとりが行った業務を評価し、基本給の昇給額、賞与額、昇格、配置、育成等に活用し、人材マネジメントに生かすことを目的としています。

　その中核を占めるのは、人事評価表です。人事評価表がうまく構築できれば、人事評価制度は大半が完成したことになります。そのためには、**チェックリスト5**にまとめた①～④の作業を順次実施し、具体化していく必要があります。

❶ 評価項目の体系の設計

　評価項目（評価要素）とは「社員の何を評価するのが大切なのか」を表すものですから、その設計は、会社として社員に何を頑張ってもらいたいかを明確にする作業と同じです。その設計に当たっては、社員が行う業務を多面的に評価することが大切だといわれます。「多面的に評価する」とは、いろいろな観点から評価することですが、定式化された考え方として、会社の業務は大きく分けて次の三つの視点（評価要素群）から評価すべきとされています。
①成果評価要素群

②能力評価要素群
③情意・態度評価要素群

　会社の業務は、その結果の視点からうまくいったかどうかを評価したくなります。これを評価するのが「成果評価要素群」です。業務の結果には、さまざまな要素が絡みます。中には、本人の能力や頑張りとは関係ないところで成果が左右されることもあります。例えば、「運送会社に輸送を依頼した商品が、運搬途上の事故で破損した」場合、その商品を受注した社員に直接の責任はありませんが、その分の受注額は計上されないことがあります。それでも仕事の結果・成果の観点からは、「売り上げが上がらなかった」評価を厳粛に受け入れなければなりません。「成果評価要素群」はこうした性格を持っています。そして本人の能力や頑張りとは関係ないところで仕事の成果が左右され得るとすれば、会社は本人の責任をしっかり評価する項目を持たなければなりません。

　仕事の成果は、事故など本人要因でないもの（環境要因）の影響を受けますが、それを除くと、本人の能力のレベルとやる気＝情熱意欲（情意）の掛け算になるといわれています。そうなると、②能力評価要素群と③情意・態度評価要素群も評価に入れたほうがよい、という考え方になります。こうした視点の追加により、多面的な評価が可能になります。

　評価要素「群」であるからには、そこには幾つかの要素（評価表の項目）が含まれることになります。

　図表4-22に示した人事評価表の例では、三つの評価要素群ごとに次の評価項目（評価要素）を挙げています。

- 成果評価（成果評価要素群の評価）：「業績目標達成度」「課題目標達成度」「（目標管理以外）日常業務の成果」
- 能力評価（能力評価要素群の評価）：「企画・計画力」「実行力」「対策立案力」「改善力」
- 情意・態度評価（情意・態度評価要素群の評価）：「責任性」「積極性」「協調性」

　これらの評価項目は、三つの評価要素群に整理されることで、人事評

図表4-22 人事評価表の例（業務実績自己記入欄・自己評価欄入り）

評価要素群	評価要素	評価基準	主な業務実績（被評価者本人の自己記入欄）	ウエート(%) ①	自己評価 ②評価(1～5点)	自己評価 評価点 ②×①	1次評価 ②評価(1～5点)	1次評価 評価点 ②×①	2次評価 ②評価(1～5点)	2次評価 評価点 ②×①
成果評価	業績目標達成度	該当等級にふさわしい難易度の目標数値（目標管理表による）		15						
成果評価	課題目標達成度	該当等級にふさわしい難易度の課題解決目標（目標管理表による）		15						
成果評価	(目標管理以外)日常業務の成果	目標管理以外の日常的な業務、組織貢献、人材育成等の成果。当該等級にふさわしい成果実績を評価		10						
		成 果 評 価 小 計		40						
能力評価	企画・計画力	自チーム全体の業務遂行について、業務負荷の先読みをしつつ、チーム全体の作業効率を上げていける計画を立てることができる		10						
能力評価	実行力	自チームが担当している日常業務全体について、独力で遂行できるとともに、後輩の育成ができる		10						
能力評価	対策立案力	時折発生しがちな例外処理について、前例を参考に、かつ関係者とも相談しつつ、主体的に処理することができる		5						
能力評価	改善力	自チームが担当している日常業務について、主体的に改善の提案ができる		5						
		能 力 評 価 小 計		30						
情意・態度評価	責任性	担当している業務について困難な事態が発生しても、粘り強く取り組み、それでも困難なことに出くわした場合は、タイミングを外さず、助けを求めている		10						
情意・態度評価	積極性	自チームの日常業務の遂行にとって、有効な効果があるそうであれば、未経験の方法でもそれを試そうとしている		10						
情意・態度評価	協調性	後輩の仕事ぶりを見ていて、大変なようならば、自ら進んで手助けをしている		10						
		情意・態度評価小計		30						
		人 事 評 価 点 合 計		100						

価項目として極めて体系だったものとなっています。

　このような評価項目の考え方をとらなくても、体系だった評価項目は設定できますが、前記のような整理の仕方が一番分かりやすいといえます。

　もっと素朴に、会社にとって最も必要な行動は、①売上高目標達成度、②営業利益目標達成度、③提案見積もり件数目標達成度、④提案書企画能力、⑤提案プレゼンテーション能力、⑥顧客ニーズ把握力、⑦改善力、⑧育成力、⑨迅速性、⑩顧客ニーズキャッチ努力、⑪粘り強さ、⑫打たれ強さ──といったものだ、などとトップの判断で決めていき、それを人事評価表に落とし込んでいっても、なんら問題ありません。このような決め打ち形の評価項目の設定でも問題はありませんが、もし全体のバランス感などで心配があれば、コンサルタントの意見を参考にするとよいでしょう。

❷ 人事評価表のタイプの選択

　図表4-22の人事評価表では、中央に被評価者本人の自己記入欄を設けています。その左に「評価基準」を記載していますが、それぞれの評価基準に該当する「主な業務実績」を本人に書き込んでもらい、評価事実の把握の一つの手段にしようとするものです。本人は、この業務実績を書き込むことで、評価期間中の自分の業務実績について反省を加え、今後の自分の課題を自ら考えるようになっていくことも期待しています。現在、こうした自己記入欄がある人事評価表が多くなっていると思います。

　もちろん、自己記入欄を設けていないものや、評価要素群別にもっと丁寧に評価するため、成果評価表、能力評価表、情意・態度評価表をそれぞれ1枚ずつ独立させ、1回の評価で合計3枚の人事評価表を用いるケースもあります。人事評価表は、こうつくらなければならないというものでもないので、いくつかのバリエーションを想定しつつ、自社に適したタイプを見つけてください。

❸ 評価項目別の評価ウエートの設計

　図表4-22を見ていただくと、「主な業務実績」欄の右に「ウエート（％）①」欄があります。そこには項目別に、成果評価であれば「業績目標達成度」15％、「課題目標達成度」15％、「（目標管理以外）日常業務の成果」10％、そしてそれらの合計としての「成果評価小計」40％と記載されています。能力評価、情意・態度評価についても同様の評価ウエートが割り当てられています。

　評価ウエートは、「どの項目を最終結論に対し、より大きく影響させるか」を決めるもので、評価項目の重要度に関わっています。**図表4-23**にまとめたように、成果評価は上位等級ほど、大きな評価ウエートになります。立場が幹部に近づけば、その分、成果責任が重くなるからで、一般の常識とも合っていると思います。また、情意・態度評価は、上位等級ほど評価ウエートが小さくなります。「やる気や態度のレベルが、上位等級ではあまり重視されない」のではなく、当然要求されるが、上位等級ではあまり差がつかないので、最終結果には大きく反映させなくてもよいだろうという考え方です。能力評価については、情意・態度評価ほどではありませんが、同様に上位等級ほどウエートが低くなる傾

図表4-23　評価ウエートの例

〈一般的な考え方〉
・上位等級ほど成果評価のウエートは高くなる
・上位等級ほど情意・態度評価のウエートは低くなる
・上位等級ほど能力評価のウエートは低くなる

―％―

区　分		等　級						
		1	2	3	4	M	D-1	D-2
評価要素群	成果評価	20	30	40	40	50	60	70
	能力評価	40	40	30	30	30	30	20
	情意・態度評価	40	30	30	30	20	10	10
	合　計	100	100	100	100	100	100	100

向にあります。幹部でも自己の能力開発が重要であることは間違いありませんが、成果評価のウエートが高くなる分、能力評価のウエートは低下します。

こうした一般的な傾向はありますが、評価ウエートをどう配分するかは、それこそ会社の考え方一つです。上位等級者で成果評価のウエートを大きくしすぎると、将来に向けた重要な仕事を避けるようになり、当面上がりやすい（短期的な）成果にこだわった動き方になるとの指摘もあり、上位等級者につき成果評価のみに偏重しないとする会社もあります。

この点、自社流の考え方を明確に打ち出したほうがよいでしょう。図表4-23は比較的一般的な（上位等級でも過度な成果評価偏重とはしない）ウエート配分ですが、この程度のウエート配分であっても、「上位等級者には成果にこだわった動き方をしてほしい」という会社のメッセージは間違いなく伝わると思います。

❹ 目標管理制度の設計

図表4-22の「成果評価」の中に、「業績目標達成度」「課題目標達成度」という評価要素が入っています。「目標達成度」という文言やそれぞれの評価基準からも分かるとおり、目標管理制度と連動しています。

「業績目標達成度」と「課題目標達成度」に分離して目標管理を考えるのは、目標設定の内容がなかなか趣旨どおりに運用されないからです。図表4-24に目標の種類をまとめました。通常、「業績目標」は業績数値目標を指します。年度ごとに目標が明確に定められるものですが、会社として大切にしたい目標は、そればかりではありません。業績を向上させるといっても、気合だけで何とかなるわけではありません。必要な課題解決をしなければ、そう簡単に業績はよくなりません。その必要な課題解決を「課題目標」という言葉で表現しています。その課題目標がさまざまな形で考案され、実行されることが必要なのです。しかし、受注高目標を設定しても、その対策が具体化されないで、結果の目標対実績

図表 4-24 目標の種類

目標の種類		内　容
経営ビジョン		長期的視野から、企業活動をどのような方向に変化させるかについてのイメージ。これに基づいて、長期的視野での骨太の改革が企画されると同時に、単年度での業績数値目標も導き出されるのが基本的な考え方である。目標管理シートに直接は反映しない
業績目標 （業績数値目標）		年度の業績をしっかり確保するために、全社・各部門、各部署・各個人に要求する売り上げ・利益などの、主として財務数値をベースとした数値目標
課題目標	業務課題目標	年度業績数値目標の達成のために、ぜひとも解決しなければならない業務上の課題解決についての目標。年度の業績数値目標を達成する上で不可欠な重点管理項目として設定される
	人材育成目標	中長期的視野で人づくりを行うために、目標管理期間の範囲で行うべき重点人材育成課題に基づく目標。人材育成は日常業務として扱うべき部分でもあるが、特に重要な人材育成の取り組みは目標管理シートで管理する項目となる
	改革目標	経営ビジョン実現のための課題目標。必ずしも単年度の業績数値向上に寄与するものではないので、ともすると忘れられてしまいがちな目標。明快な定義を与えて、目標管理シートの中に反映させるべきもの
	改善目標	日常業務をより効率的・効果的に進めるためには、地道な改善活動が求められる。その地道な改善活動に焦点を当てて、大事なものを目標管理シートの中で管理しようとする目標

のみが俎上に載って、「頑張れ！」という督励だけが行われるようでは、人材マネジメントが機能しているとはいえません。

そこで、「業績目標（業績数値目標）」と「課題目標」を明確に分けて、別々に検討して記入できる目標管理表のニーズが出てきます。**図表4-25**はその一例ですが、こうしたフォーマットを利用して、目標管理を進めていただければと思います。

受注高目標に対して、その達成のための課題を展開する必要があります。単純に新規顧客との接点を広げるのであれば、とにかく新規に訪問する顧客数を目標にしてもよいと思います。また、訪問数だけではなく、提案見積書の提出数を目標にしてもよいでしょう。あるいは、新しいタイプの販売促進企画を立てて、月に1度イベントを実行するのも一法です。これらは、年度の受注額に直接連動するものでもあるでしょうが、

図表 4-25 目標管理表（シート）例（業績数値目標を分離したタイプ）

年度	上・下 期	所属		等級		氏名		No.		評価者		目標面接	印	中間面接	印

1. 業績数値目標

No.	目標項目	目標値	備考	No.	目標項目	目標値	備考

2. 課題目標

※課題抽出視点…①業績数値目標を達成するための業務課題、②中長期的目標実現へ向けた今期課題、③日常業務の改善目標、④自己啓発課題、⑤後輩育成課題 など

No.	テーマと達成水準	実施方法	※レベル	ウエート(%)	修正後ウエート(%)	実施手順・スケジュール					目標設定時		中間面接	
						月	月	月	月	月	上司コメント	中間自己評価	上司指導
1	テーマ： 達成水準：												
2	テーマ： 達成水準：												
3	テーマ： 達成水準：												
4	テーマ： 達成水準：												
5	テーマ： 達成水準：												
追加・修正目標	テーマ： 達成水準：												
			計	100	100								

※ 標語
レベル 2C：極めてチャレンジング
C：チャレンジング
S：相当

2. 主要項目別の「制度改革」指南

その積み上げが2年先、3年先の受注額につながることもあると思います。必要な努力を続ける意味でも、課題目標をうまく設定して利用することをお勧めします。

こういう目標管理では、社員はやらされ感が強くなり、「適当に流しておこう」という意識に陥りがちです。本来は、業績が上がりにくい厳しい経済環境の中で、どうすれば業績が上がるかを組織的に議論し、具体的な行動へと落とし込む対策を検討して、それを目標管理の中で個人別に課題目標として割り振り、実行状況を確認していくことが求められるはずです。このプロセスを円滑に進めるツールが目標管理制度なのですから、こうした趣旨をぜひとも浸透させないといけません。形だけの目標にならないよう工夫して取り組んでください。

6 育成制度のつくり方

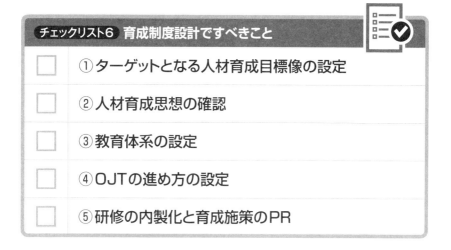

チェックリスト6　育成制度設計ですべきこと

- ① ターゲットとなる人材育成目標像の設定
- ② 人材育成思想の確認
- ③ 教育体系の設定
- ④ OJTの進め方の設定
- ⑤ 研修の内製化と育成施策のPR

中小企業が育成制度を整備することは必須の課題だと考えるべきでしょう。これから10年で8％弱の生産年齢人口が減少します（国立社会保障・人口問題研究所推計）。有能な人材を確保できるかどうかは企業

の存立に関わる問題ですが、今後ますます人材獲得競争が激しさを増すことになります。中小企業は、一般に大企業ほど知名度がなく、年収水準でも劣ることが多いので、人材獲得競争に打ち勝つには相当な工夫が必要です。

　しかし、中小企業は大企業ほど組織体制が重くないので、チャレンジするとなると素早く意思決定できますし、急激な成長が実現できれば、多額の賞与を支払うこともできます。また、育成体制は内部努力で整備・充実を図ることが可能ですから、採用応募者に対し「この会社に入ると成長できる」、つまり「自分の価値が高まる」という印象を与えられれば、中小企業であっても入社希望者が増えてきます。そういう将来の明るい、個々人にとって処遇の見通し感や成長感が得やすい状況をつくることで、中小企業の可能性は大きくなっていくと思います。

　そうはいっても、中小企業の多くは育成に関心が薄いものです。当面の忙しさにかまけて、なかなか育成環境をつくる努力ができていません。まずは基本から考えてみましょう。

　チェックリスト6に、育成制度をつくるに当たっての作業項目をリストアップしましたので、順に説明していきたいと思います。

❶ ターゲットとなる人材育成目標像の設定

　中小企業の人材育成は、可能な限り実践的でなければなりません。**図表4-26**にまとめたように、事業改革と人材育成が一体になる必要があります。本格的な理論学習の場を用意するのは難しいと思いますので、会社として事業改革を行う決意を重ね、その実行との関わりで育成活動を進めていく以外に方法はありません。中小企業であれ大企業であれ、このスタイルが一番育成活動の実を挙げるものだと思います。

　先に、第3章「人事制度改革に向けた準備」の中で、システム開発会社（A社）の例を引きながら、事業的な変化（コアとなる仕事のやり方の変化）を引き起こす際に必要となる能力について述べました（51ページ。**図表3-1～3-2**）。また、人事制度改革に際しては、このような変化

図表 4-26 「事知一体」による人材育成

- 「事知一体」の「事」とは「事業改革」を、「知」は「知力革新」＝人材育成を指す。つまり、事業推進・事業改革とセットで人材育成を進めることが大原則となる

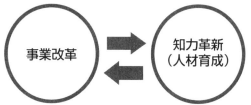

- 人は、事業の中でこそ育つ
- 人材が一番育つのは、事業改革に真剣に取り組む中である
- さまざまな必要性から教育研修という手段を使わざるを得ないが、事業改革の方向性をよく考えて、育成の方向を見定めるべきである
- 今は事業改革の時。人材育成の必要性はどんどん高まっているが、同時に育成のための教材も非常にたくさん提供されている
- 事業改革と人材育成の同時展開こそが、人材育成の極意である

に焦点を当てて全体像を企画することの必要性を説明しています。

　そのポイントとしては、目指す事業的な変化をきちんと定義し、その変化を支える人材の育成目標を明確にしていくことに尽きます。A社では、コスト競争にさらされないように生き抜くため、顧客企業のシステム開発プロセスの上流（IT戦略を含めた経営戦略・BPRの企画とそれに基づく新システムの基本設計段階）から関わる必要がある──との前提で事業戦略を立てました。一般にシステム開発会社には、システム開発技術に詳しいシステム設計のプロが多数いる一方、経営戦略や事業開発に詳しい人材は少ないようです。A社でも、経営戦略や事業開発の段階から顧客と対等に議論し、あるべきシステムを構想して、顧客にシステム開発の方向性を見いだしてもらうよう働き掛けることができる人材が出てこないと、事業改革は実現できません。そういう筋で話をしていくと、ターゲットとなる人材育成目標像が見えてくるのです。

　この辺りが人事制度改革にとって最も難しいところですが、「会社の

事業改革をどうするか」を突き詰めて考えていくと、答えが整理できるはずです。

❷ 人材育成思想の確認

どのような人材が必要かが見えてきたら、その人材をどのように確保し、育成するかの基本思想を明確にする必要があります。先ほどのA社の例でも、事業改革を担い得る人材は社内にはいないかもしれません。その場合、社外から該当する人材をスカウトする必要があります。

必要な人材を外部調達で確保する考え方を徹底させると、人材育成などの"遠回り"はできないとも思えます。そういう考え方もないわけではありません。

このように、人材確保については「内部育成主義」と「外部調達主義」の基本的な思想の違いがあります。ただ、内部にはあまりいない人材であれば、外部から調達しないといけないことだけは確かですが、外部調達がうまくいくかどうかについて考えておく必要があります。

新しい事業改革を担う人材をすべて外部調達で確保するとなると、必要となる資本力は通常、中小企業として投資できる範囲を超えるものになると考えるべきでしょう。また、自社の目指す事業改革を担い得る経験を持った人材が、外部に実際にどれくらいいるのかも懸念事項です。

つまり、外部調達を行って陣容を整えるとしても、事業改革を担う人材を確保するための育成活動はしなければならないということです。さらに、事業改革に慣れていない内部人材も、外部から調達する人材も、自社の固有の問題を扱えるように、やはり内部で育成しなければなりません。

まずは、こうした人材育成の思想を確立する必要があります。それなくして事業改革は動きませんし、当然それを担う人材も育ちません。事業改革のための実務的なチャレンジに取り組み、そこで不十分な知識やスキルを探索し、研修や留学を含め、自らを鍛える機会を活用して、一緒に事業改革を行っていく仲間同士で教え合って進めていく体制をとら

なければならないのです。自社なりの人材育成思想を確認し、確立していくことが必要です。

　人材育成思想に関わる点で、もう一つ触れておくべきは、中小企業の退職率（離職率）の高さとの関係です。中途採用者でも、入社3～5年目ぐらいで、本格的な戦力として期待を寄せていた矢先に転職された、といった話はよく聞きます。人材の定着率の低さが、事業成長の主な阻害要因になっている中小企業も少なくありません。

　この場合、管理者のマネジメント能力の欠如が原因になっているケースが多いのです。マネジメントとは、本人の能力レベルに合った適切な仕事を与え、あまり無理な残業をさせないように仕事の負荷のバランスをとり、仕事の進行に合わせて困難な点には指導を行い、本人の成長には有意義な刺激を与え、モチベーションを高める話し合いをすることです。そのための「マネジメント能力」は、意図して育成しなければなかなか身に付きません。育成なしでもうまく対応できる、マネジメントの才能を持った人も中にはいますが、ほとんどのケースでは、上司によるOJTとOff-JT※でトレーニングを積んだ結果、マネジメント能力を身に付けています。上司が部下を適切にマネジメントできていれば、退職者が定常的に出ることはないはずです。こうした観点から、マネジメント能力についても重要な人材育成目標になり得ると思います。

※ OJT（On the Job Training）：日常の業務に就きながら行われる教育訓練、Off-JT（Off the Job Training）：会社の指示により、通常の仕事を一時的に離れて行う教育訓練（研修）

❸ 教育体系の設定

　中小企業の場合、社員には「この会社なら成長できそうだ」、自社への応募者であれば「キャリアアップできるような価値向上が自分に起こりそうだ」という気持ちになってもらうことが非常に大事です。現に価値向上を目指す中で、仮に困難だと思ったとしても、「できそうだ」「取り組みたい」という意識を喚起できなければ、優秀な人材の確保が難し

いのです。

　そのための触媒として、教育体系を位置づけています。教育体系とは、どのような人材をどのような手段を使って育成するかについて示したものです（**図表4-27**）。人材育成に当たっては、OJTが非常に重要な意味を持ちますので、教育体系図の中にもしっかり書き込んでおくべきでしょう。

　教育体系を描く場合、縦軸に人材の成長区分を置き、横軸に教育手段の種類を書き込むスタイルが一般的です。縦軸の例としては、まずは等級が教育施策のタイミングを示す意味で有効だと思います。**図表4-27**では次のように読み取ることができます。

- 2等級：中堅社員研修として「仕事の先を予測し、問題が起こらないように対策を打ちながら仕事をする」ことについての階層別教育を実施する
- 3等級：「PDCA※マネジメントサイクル習得研修」をマネジメント教育として実施する

　※ PDCA：計画（Plan）を立て、計画に基づき実行（Do）し、その結果を確認（Check）し、次への改善（Action）を行い、また新たな計画（Plan）を立てる……というサイクルを繰り返すことで、仕事の質を高めていく手法

　横軸の例として、ここでは次の六つのジャンルを挙げました。

①階層別教育（階層別の役割意識の認識統一を目指す教育）
②マネジメント教育（重要なマネジメントスキルの開発を目指す教育）
③職能別教育（さまざまな職務を遂行する上で、必要となるスキル教育）
④課題教育（時々で重要となるビジネス課題に関わる知識習得研修）
⑤通信教育（外部の通信教育メニューを利用した教育）
⑥OJT（実際に仕事をさせながら育成するために、等級別の課題に連動させた指導プログラム）

　ほかに会社の仕事で必要となる公的資格があれば、その取得支援に向けた指導プログラムなども入れるとよいと思います。社員に評判がいい

図表4-27 教育体系の例

区分		役割意識教育	スキル教育		知識教育	⑤通信教育	⑥OJT
	役割期待	①階層別教育	②マネジメント教育	③職能別教育	④課題教育		
D-1	■部門経営者補佐 ■事業開発の大プロジェクトリーダー	部長候補者研修 (事業部門経営者とは)	事業戦略立案研修	営業スキル研修／折衝力強化研修／作業工程表つくり研修	海外ビジネス動向研修／新国際会計基準理解研修／最新日本経済事情研修	実践管理者コース	事業開発OJT
M	■課マネジメント ■主任技術者	新任管理者研修 (管理者の役割の基本)	事業開発企画力研修				課題解決OJT
4	■専門業務と改善を通じた競争優位の実現	監督者研修 (競争優位と専門領域との関係)	リーダーシップ・人材育成研修			問題解決コース	キーマンOJT
3	■自立的業務遂行および業務の中核社員	中核社員研修 (仕事のキーマンとは)	PDCAマネジメントサイクル習得研修				複雑業務OJT
2	■前例のある判断業務を含む複雑な日常業務の推進	中堅社員研修 (先読み行動、問題解決)				事務改善コース	
1	■定型業務の確実遂行	新入社員研修 (報連相・マナー等)					定型業務OJT

ジャンルの一つです。

教育のターゲットは、「意識」「スキル」「知識」です（**図表4-28**）。教育体系図（**図表4-27**）の上で「役割意識教育」「スキル教育」「知識教育」と分類したのは、何を主要な教育のターゲットにするかを明確にするためです。とはいえ、階層別教育の各研修の中にも、マネジメントスキル的要素、知識的要素が、役割意識教育要素とともに入ってきます。また、課題教育は、ビジネス界のトピックを取り上げるという意味で知識教育と位置づけていますが、時々のトピックを考慮して課題教育の中にスキル教育を取り入れるのであれば、あり得る話です。このように、実際の研修プログラムの中にさまざまな要素が入ってくることは当然ですが、**図表4-27**の教育体系図は、主に何を狙っているのかが明確になるよう意識して作成しています。

教育体系図で横軸の例として挙げた①〜④はいわゆる研修（Off-JT）の形式、⑤通信教育は教材による個人学習です。⑥OJTは、職場で仕事をする際に、上司が直接的な指導を行うことで実行します。

⑤通信教育については、事業としてそのサービス提供を行っている会社があります。ビジネス界のさまざまな課題に対応するたくさんのメ

図表4-28 教育の三つのジャンル

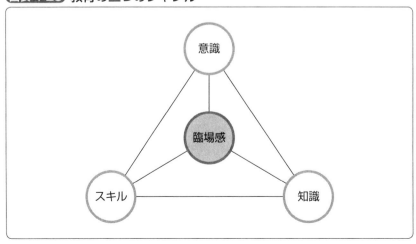

ニューを取りそろえていますので、その中から選ぶことが現実的です。図表4-27では、通信教育のテーマとしてよく利用されている三つのコース（実践管理者、問題解決、事務改善）を例示しています。なお、⑥OJTについては、次節❹でまとめて解説します。

　これらのメニューだけでも、それなりの効果が期待できます。実際に受講する段階になると、社員からは「今、仕事が忙しいので勘弁してほしい」などの声が出たりしますが、「教育熱心な会社でよかった」という気持ちは間違いなく起こってきます。

❹ OJTの進め方の設定

　OJTは先述のとおり、仕事をしながらトレーニングを行うことです。通常、仕事をしながら指導することは、日本企業であれば普通に行われています。

　ただ、OJTというからには、少なくとも、難易度の低い業務から次第に難易度が高い業務ができるようになるための、知識や能力を習得する方法論がなければなりません。図表4-27の教育体系図では、1等級「定型業務OJT」、2等級「複雑業務OJT」、3等級「キーマンOJT」（チームで行う業務を中心人物として、どうリーダーシップを発揮するかを教育するOJT）、4等級「課題解決OJT」、M等級「事業開発OJT」として、各等級におけるOJTの課題を示しています。一般の企業では、比較的若い層にOJTの仕組みを入れているケースが多いですが、OJTは若い人に限った話ではありません。

　図表4-29は、4等級「課題解決」テーマのOJTの取り組み例です。課題として「顧客事業環境分析力の強化」と「IT戦略構築能力の強化」の二つを挙げています。ここでは、顧客Bに実際に個別システム構築を提案する機会を利用して、育成施策を特別に設定し、上司の指導の下にチャレンジさせる企画です。現状のレベルは「2：ときどき迷うので、指導を受けながらできるレベル」ですが、取り組みの結果、「3：何とか独力でできるレベル」になったことを示しています。

図表 4-29 課題解決 OJT の取り組み

No.	氏名	育成課題	現状レベル	育成施策	○○年度 4月	5月	6月	7月	8月	9月	推進状況総括	到達レベル
1	佐藤（4等級）	顧客事業環境分析力の強化	2	顧客Bへのフィージビリティ・スタディ※を行うことを得ることを前提に、顧客Bの業界についてマクロ分析を行う	↔						顧客Bの事業環境を分析、整理して、ディスカッションを行った。顧客Bにはそれなりに関心を持ってもらったが、それ以上には至らなかった	3
				顧客Bの主要な顧客の事業環境変化を分析する		↔						
				顧客Bの競合分析を行う		↔						
		IT戦略構築能力の強化	2	顧客Bへの提案を機会に、顧客BのITについての現状評価を行う			↔				顧客BのIT戦略について三つのシナリオを何とか用意し、ディスカッションを行った。そのIT戦略に基づき、個別システム構築のマスタープランを提案することしてもらったが、必ずしもIT戦略のよさによるものとはいえなかった	3
				最低三つのシナリオに基づいて、IT戦略を多数構築してみる			↔					
				顧客BとのディスカッションI、検証を行い、足りないところを把握すると同時に、なぜ足りなかったのかを総括する				↔				
				顧客B向けのIT戦略を提案し、個別システム構築に向けたマスタープランをつくり、概算予算提案を行う				↔				

【到達度】
5：後輩を指導するレベル
4：スピード・品質ともに十分なレベル
3：何とか独力でできるレベル
2：ときどき迷うので、指導を受けながらできるレベル
1：簡単な作業手順を確認しながらできるレベル
0：未経験のレベル

※フィージビリティ・スタディ（Feasibility Study）：プロジェクトの実現可能性を事前に調査・検討すること。「実行可能性調査」「事業化調査」「採算性調査」などと呼ばれる。

このタイプの育成活動は、実際の業務に即して行うのがよいと思います。前記の例は、顧客への個別の提案に向けて、通常は行わないレベルの課題を設定し、あえて顧客にも聞いてもらい、ディスカッションしていき、その機会を捉えて育成機会とするものです。このような臨場感のある場面をどう設定するかが、OJTを行う上でのポイントです。

　人の成長には原理があります。図表4-30にまとめたように、「理想：あるべき姿」を描き、そこに近づく「原理・原則」を学び、「実践」す

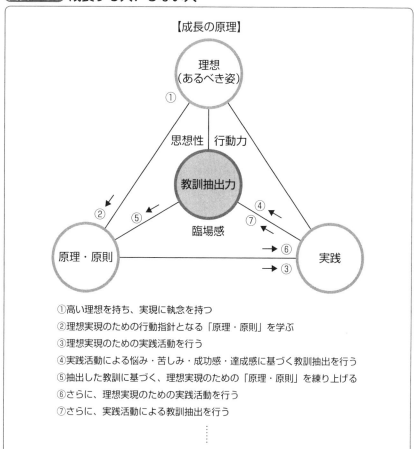

図表4-30　成長する人、しない人

①高い理想を持ち、実現に執念を持つ
②理想実現のための行動指針となる「原理・原則」を学ぶ
③理想実現のための実践活動を行う
④実践活動による悩み・苦しみ・成功感・達成感に基づく教訓抽出を行う
⑤抽出した教訓に基づく、理想実現のための「原理・原則」を練り上げる
⑥さらに、理想実現のための実践活動を行う
⑦さらに、実践活動による教訓抽出を行う

ることです。実際に行動することで、そこに出てくる臨場感（失敗するかもしれないという緊張感）の中で、「教訓抽出力」を磨くことが、成長には必要です。

図表4-29の事例に即して説明すると、次のようになります。

「理想：あるべき姿」では、顧客の個別システム構築に向けた開拓提案について、顧客の事業環境分析を行い、事業開発戦略およびIT戦略構築との関連の中に位置づけて行うことになります。

「実践」としては、実際に顧客にシステム開発の提案書を出し、受注を目指すことになります。その意味では、「どうしても成功させたい」という気持ちが盛り上がる、臨場感ある場面が設定されていることになります。

「原理・原則」の面では、「顧客業界のマクロ分析」「事業環境変化分析」「IT戦略シナリオ設定」等の方法・手法であったりします。これらがなければ、どんな理想があろうと、どのように頑張って実践しようとも、開拓が成功することはありません。ですから、上記の方法・手法を学ぶ必要があります。社内に指導できる人がいる場合は、OJTが機能する前提条件があるわけで、そのまま実践できることになりますが、そのような指導者がいないのであれば、外部からコンサルタントを招いて、研修や実地の指導を依頼する必要があります。

外部コンサルタントを入れての研修や実地の指導を組み入れて実行し、この方面の能力をしっかりと獲得していくことが、OJTを進めるということです。

❺ 研修の内製化と育成施策のPR

教育体系をつくり、事業に不可欠な人材を育成していくことは、中小企業にとって特に必要なことです。ただ、図表4-27にリストアップしたメニューをすべて実施するとなると、結構な費用が掛かります。教育体系やその実施体制を整えるのは、優秀な人材を採用して定着を図るための方法ですから、さまざまな工夫により進めていく必要があります。

●研修内製化の勧め

　中小企業は、社員数があまり多くありませんので、研修を行うにしても該当者がそれほど多くないといえます。ですから、毎年すべての研修を実施する必要はないと思います。一つひとつの研修のカリキュラムのイメージは、研修会社に頼めば、それなりの材料を提供してもらえるでしょうから、それぞれどのような研修を行うかは、1枚のシートに一度取りまとめればいいでしょう。後掲の**図表5-5～5-6**は、**図表4-27**の教育体系の中では、新任管理者研修のカリキュラムイメージに近いものですので、参考にしてください。

　対象者が少ない場合は、該当する研修のカリキュラムに近い外部のオープンセミナーに参加させるのもよい方法です。

　図表4-27の職能別教育では、例として「営業スキル研修」「折衝力強化研修」「作業工程表づくり研修」を挙げています。これらは講師を社内で調達し、内製化するのがいいと思います。この職能教育は、他のどのジャンルよりも自社の業務に即したカリキュラムとする必要があります。その意味でも、各職能について社内で最も詳しい人を講師にするのがお勧めです。大変に見えるかもしれませんが、講師役の社員が一番よく成長することは間違いなく、これも一つの人材育成施策といえます。

　一方、外部講師に頼めば、自社業務との接点は少なくなりますが、世の中の動向が分かりますし、講義と実習の組み合わせなど、うまくカリキュラム化できると思います。ただ、営業スキル研修ならば、営業のベテランに経験談を話してもらうだけでも、重要な気づきを参加者に与えられるはずです。その場合、期間を例えば2日間ではなく3時間としても意味があると思います。研修費用は交通費や会議室費、弁当代くらいになります。社内会議室を使えば会議室費も節約できます。

　このような要領で、すべての研修につき内製化できないかを検討してみてください。すべての研修が半日コースになったとしても、また、外部講師ほど上手にできないとしても、自社の生の事実をふんだんに取り入れた手づくりの面白い場ができると思います。準備する側も勉強にな

りますし、参加者は自社のリアルな話を材料に、自分の仕事に即した質問ができるので、満足度も高くなるでしょう。すべての研修を外部講師に頼めば、体裁は整うと思いますが、形にはこだわらず、手づくり研修を目指してください。どうしてもハードルが高ければ、一度外部講師に依頼してみて、その内容やノウハウを咀嚼し取り込んで、自社流のカリキュラムにアレンジするのもいいでしょう。

これで費用や労力はかなり節約できると思いますが、それでも負担感が強いとなると、隔年で実施することも視野に入れてよいでしょう。すべてを「1か0か」で判断する必要はありません。現状可能な範囲で地道に教育メニューを実行し、人材を育てようとすることが、中小企業の事業をつくることになります。

中小企業を見ていると、素晴らしい事業ポジションにいるにもかかわらず、人が成長し定着しないために、事業が伸びていない現象を目にすることがよくあります。管理者の基本的なスキルが育成されていれば、解決すると思われるケースにも多く出会います。満点でなくてもいいので、着実に進めていくことが重要です。「忙しくてそれどころではない」という非難も出ると思いますが、そうした意識が事業の成長を阻害していることもあります。すべては、やりくり次第です。

● 採用応募者・社員へのPR

こうした人材育成施策を進めていけば、採用応募者に「わが社にはこういう教育体系があり、人材育成に熱心に取り組んでいる」とアピールできます。実際にやっていないと、うそをつくことになりますし、そのようなうそは応募者にも何となく伝わります。

社員には、実施した研修の実績を伝えるようにします。講師は誰で、誰が参加したか、参加した人の感想はどうかなど、社内報などがあれば利用してPRしましょう。そうしたツールがないなら、全社員が閲覧できる社内ネットワーク上の掲示板で公開する方法がよいと思います。動いている雰囲気を常に伝えていくことです。社内の空気がきっと変わり、優秀な人材の定着が進みます。

7　退職金制度のつくり方

チェックリスト7　退職金制度の設計ですべきこと

☐ ①退職金の世間水準の確認と設定

☐ ②モデル退職金試算表の作成

☐ ③退職金制度のタイプの選択

☐ ④主なタイプの退職金制度の設計

次に、退職金制度のつくり方の説明に入ります。退職金制度は年金制度が関係してきますので、なかなか独力では制度設計しにくいでしょう。専門のコンサルタントや生命保険会社、信託銀行などの力を借りたほうがよい分野です。ここでは制度設計についての基本的なガイドを行います。

作業項目は、**チェックリスト7**に掲げました。ここからは、この項目に沿って説明します。

❶ 退職金の世間水準の確認と設定

中小企業の退職金水準に関するデータはあまり多くはありませんが、代表的なものとしてよく利用されるのが、東京都産業労働局の「中小企業の賃金・退職金事情」調査です。東京都のホームページでも公表されていますので、ご覧になってみてください。以下では、そのデータに基づいて、退職金水準の見方を説明します。

本書で中小企業という場合、社員数が30人から300人以下を想定していますので、前記の東京都データでは、社員数50〜99人と100〜299人のデータに着目します。**図表4-31**にデータを抜粋しました。これを見ると、

図表 4-31 中小企業の退職金水準

—社、千円—

学歴	年齢(歳)	自己都合退職 集計企業数	自己都合退職 平均額	会社都合退職 集計企業数	会社都合退職 平均額	自己都合退職金比率(%)
			50〜99人			
高校卒	19	11	60	15	79	76
	21	36	150	36	221	68
	23	41	315	40	446	71
	28	41	877	39	1,180	74
	33	39	1,771	37	2,219	80
	38	39	3,108	38	3,677	85
	43	39	4,828	38	5,384	90
	48	39	6,834	38	7,706	89
	53	36	9,354	35	10,079	93
	55	35	10,475	34	11,273	93
	定年			31	13,382	100
大学卒	23	19	111	26	172	65
	25	51	256	51	380	67
	27	56	487	55	705	69
	32	61	1,357	58	1,759	77
	37	58	2,704	56	3,312	82
	42	60	4,617	58	5,316	87
	47	57	7,217	55	7,852	92
	52	60	10,164	58	10,934	93
	55	57	12,349	55	13,084	94
	定年			57	14,970	100
			100〜299人			
高校卒	19	1	X	7	136	
	21	16	117	14	269	44
	23	18	261	16	515	51
	28	16	716	16	1,245	58
	33	16	1,486	16	2,328	64
	38	18	3,043	16	4,019	76
	43	17	4,710	16	6,012	78
	48	17	6,615	16	8,091	82
	53	16	8,901	16	10,164	88
	55	15	10,185	16	11,348	90
	定年			15	13,650	100
大学卒	23	9	125	20	206	61
	25	33	255	31	538	47
	27	32	483	31	921	52
	32	32	1,329	31	2,142	62
	37	30	2,585	30	3,802	68
	42	32	4,625	30	6,223	74
	47	29	7,594	29	9,298	82
	52	30	10,712	29	12,636	85
	55	29	12,944	29	14,797	88
	定年			29	17,186	100

資料出所：東京都産業労働局「中小企業の賃金・退職金事情（2014年）」
［注］ 空欄は、調査項目に該当しないか、あるいは集計数が得られなかったものである。また、集計社数が4社以下のデータは、「X」としている。

この二つの社員数区分ではいずれも自己都合退職金（55歳ポイント年齢）では、高校卒が1000万円強、大学卒が1300万円弱というところです。もう少し正確にいうと、高校卒・55歳では「50～99人：1047万5000円」「100～299人：1018万5000円」、大学卒・55歳で「50～99人：1234万9000円」「100～299人：1294万4000円」となります。

同様に会社都合退職（定年退職を含む）の場合を見てみましょう。高校卒・定年退職では「50～99人：1338万2000円」「100～299人：1365万円」、大学卒・定年退職で「50～99人：1497万円」「100～299人：1718万6000円」となっています。

自社の退職金制度で試算される退職金と比べてみてください。高校卒で1300万円を超え、大学卒で1500万～1700万円程度あれば、まずまずの水準だろうと思います。そうであれば、退職金制度については、そのほかの人事制度の改革が終了し、落ち着くまでは触らないでもいいかもしれません。退職金制度というのは、内定者にも現職で働いている人にも、それほど関心が高いものではないからです。

以下では、退職金制度の設計の仕方の概略を説明します。まずは、退職金の世間水準と比較して、どこかに修正する点が見つかれば、その点を意識しつつ、制度設計をしていくことになります。

❷ モデル退職金試算表の作成

図表4-32のようなモデル退職金試算表をつくっていきます。この表はすでに、モデル給与・賞与試算表で設定したモデル（131ページ参照）を使っています。用いている退職金制度のタイプは、基本給連動型退職金制度です。図表4-33に主な退職金制度を四つまとめましたので、参考にしてください。

図表4-32では、左の表に、「①退職事由別退職金支給係数表」を置いています。これは勤続年数に対応した表で、自己都合退職か、会社都合退職かの違いで、支給係数を設定している表です。モデル退職金試算表をつくる際には、モデル給与・賞与試算表でつくった基本給に、この勤

続年数の支給係数を掛けて退職金額を試算し、モデル退職金試算表をつくることになります。

　図表4-32の熟練労働者向けのモデル退職金（②熟練労働者向け期待退職金モデル）は、世間水準よりも少し抑え気味にするという考え方から、60歳・定年退職時で1100万円前後の水準にしています。同じく通常幹部社員向けのモデル退職金（③通常幹部社員向け期待退職金モデル）は、これも世間水準よりも少し抑え気味にするという考え方でいこうということで、1350万円程度の水準としました。

　熟練労働者モデルも、通常幹部社員モデルも、同じ退職事由別退職金支給係数表の係数を用いています。もう少し支給水準を高くしたいならば、この係数を少し高くしていけばよいわけです。しかし、中小企業の場合、退職金負担を増やすために資金を使うよりも、業績に連動した賞与の増加原資に回すほうが、優先度が高いと思いますので、筆者も中小企業で退職金制度改革の支援をする際には、モデル年齢別の支給水準をあまり変更しないように気を使います。基本給連動型退職金制度をポイント制退職金制度に改革するという場合には、基本給連動型退職金の金額水準をグラフ化した際に描かれる退職金カーブと同じカーブが描けないことが多いので、その場合は、必然的に変更しなければなりませんが、そうではない場合はここで退職金原資の増額になるようなことはあまり行いません。退職金原資の減額については、不利益変更の法的なハードルがかなり高いので、特別な事情がない限り避けるのが賢明です。

　そのような水準についての考え方で、**図表4-32**の表が出来上がっています。これは、基本給連動型退職金制度の一つのひな形となります。

　図表4-33の上から二つ目に、「退職金用第2基本給連動型退職金制度」を挙げていますが、これも基本給連動型退職金と同じ構造を持っています。退職金を計算するときの基本給が、月例給与に直に使う基本給表ではなく、別の退職金用の基本給表を持っているということにすぎません。月例給与設定に使う基本給表を退職金にもそのまま使うと、ベースアップなどが行われれば、自動的に退職金水準も上がります。システムとし

図表 4-32 モデル退職金試算表（基本給連動型退職金制度）

①退職事由別退職金支給係数表

勤続年数(年)	自己都合	会社都合
1	0.00	0.60
2	0.54	0.90
3	0.90	1.50
4	1.26	2.10
5	1.62	2.70
6	1.98	3.30
7	2.34	3.90
8	2.70	4.50
9	3.06	5.10
10	3.42	5.70
11	4.41	6.30
12	5.04	7.20
13	5.67	8.10
14	6.30	9.00
15	6.93	9.90
16	7.56	10.80
17	8.19	11.70
18	8.82	12.60
19	9.45	13.50
20	10.16	14.52
21	12.38	15.48
22	13.15	16.44
23	14.74	18.42
24	15.50	19.38
25	16.27	20.34
26	17.04	21.30
27	17.86	22.32
28	18.62	23.28
29	19.39	24.24
30	20.16	25.20
31	20.98	26.22
32	21.74	27.18
33	22.51	28.14
34	23.28	29.10
35	24.10	30.12
36	24.10	30.12
37	24.10	30.12
38	27.11	30.12
39	27.11	30.12
40	27.11	30.12
41	27.11	30.12
42	27.11	30.12
43	30.12	30.12

②熟練労働者向け期待退職金モデル

年齢(歳)	モデル等級	モデル基本給	自己都合	会社都合
18	1等級	16.0	0.0	9.6
19		16.2	8.7	14.6
20		16.4	14.8	24.6
21		16.6	20.9	34.9
22		16.8	27.2	45.4
23		17.0	33.7	56.1
24		17.2	40.2	67.1
25		17.4	47.0	78.3
26		17.6	53.9	89.8
27	2等級	19.5	66.7	111.2
28		19.8	87.3	124.7
29		20.1	101.3	144.7
30		20.4	115.7	165.2
31		20.7	130.4	186.3
32		21.0	145.5	207.9
33		21.3	161.0	230.0
34		21.6	176.9	252.7
35		21.9	193.2	275.9
36		22.2	209.8	299.7
37	3等級	24.0	243.9	348.5
38		24.4	302.2	377.7
39		24.8	326.2	407.7
40		25.2	371.3	464.2
41		25.6	396.9	496.1
42		26.0	423.1	528.8
43		26.4	449.9	562.3
44		26.8	478.5	598.2
45		27.2	506.6	633.2
46		27.6	535.2	669.0
47	4等級	30.0	604.8	756.0
48		30.5	639.8	799.7
49		31.0	674.1	842.6
50		31.5	709.1	886.4
51		32.0	745.0	931.2
52		32.5	783.1	978.9
53		33.0	795.2	994.0
54		33.5	807.2	1,009.0
55		34.0	921.7	1,024.1
56		34.5	935.2	1,039.1
57		35.0	948.8	1,054.2
58		35.5	962.3	1,069.3
59		36.0	975.9	1,084.3
60		36.5	1,099.4	1,099.4

［注］ ②③について、60歳は定年年齢であり、会社都合と同額となる。また、「自己都合退職金比率」

③通常幹部社員向け期待退職金モデル

―万円―

自己都合退職金比率(%)
0
60
60
60
60
60
60
60
60
60
70
70
70
70
70
70
70
70
70
70
80
80
80
80
80
80
80
80
80
80
80
80
80
80
80
80
80
90
90
90
90
90
100

―万円―

年齢(歳)	モデル等級	モデル基本給	自己都合	会社都合	自己都合退職金比率(%)
18	1等級	16.0	0.0	9.6	0
19		16.2	8.7	14.6	60
20		16.4	14.8	24.6	60
21		16.6	20.9	34.9	60
22	2等級	19.5	31.6	52.7	60
23		19.8	39.2	65.3	60
24		20.1	47.0	78.4	60
25		20.4	55.1	91.8	60
26		20.7	63.3	105.6	60
27	3等級	24.0	82.1	136.8	60
28		24.4	107.6	153.7	70
29		24.8	125.0	178.6	70
30		25.2	142.9	204.1	70
31		25.6	161.3	230.4	70
32	4等級	30.0	207.9	297.0	70
33		30.5	230.6	329.4	70
34		31.0	253.9	362.7	70
35		31.5	277.8	396.9	70
36		32.0	302.4	432.0	70
37	M	37.0	376.1	537.2	70
38		37.3	461.9	577.4	80
39		37.6	494.5	618.1	80
40		37.9	558.5	698.1	80
41		38.2	592.3	740.3	80
42		38.5	626.5	783.1	80
43		38.8	661.2	826.4	80
44		39.1	698.2	872.7	80
45		39.4	733.8	917.2	80
46		39.7	769.9	962.3	80
47	D-1	40.0	806.4	1,008.0	80
48		40.4	847.4	1,059.3	80
49		40.8	887.2	1,108.9	80
50		41.2	927.5	1,159.4	80
51		41.6	968.4	1,210.6	80
52	D-2	45.0	1,084.3	1,355.4	80
53		45.0	1,084.3	1,355.4	80
54		45.0	1,084.3	1,355.4	80
55		45.0	1,219.9	1,355.4	90
56		45.0	1,219.9	1,355.4	90
57		45.0	1,219.9	1,355.4	90
58		45.0	1,219.9	1,355.4	90
59		45.0	1,219.9	1,355.4	90
60		45.0	1,355.4	1,355.4	100

は、会社都合退職金に対する自己都合退職金の比率(「自己都合退職係数」ともいう)。

2. 主要項目別の「制度改革」指南

図表 4-33　主な退職金制度

①基本給連動型退職金制度
・退職時基本給×勤続年数別退職事由別係数
　　または
・退職時基本給×（会社都合）退職支給係数×退職事由係数（中途退職者用）

②退職金用第 2 基本給連動型退職金制度
退職時退職金用第 2 基本給に基づいて、上記①の計算式を用いる

③ポイント制退職金制度
等級別ポイント表に基づいて、等級ごとの在位年数が増えるごとにポイント表の該当ポイントを加算していき、退職時にポイント単価を掛けて、退職金を算定する

④確定拠出型退職金・年金制度
確定拠出額の表に基づき、年々の掛金を支給する方式。従業員は、その掛金を運用し、運用実績に基づいて退職金・年金額が決まる

ては、会社が忘れていても、ベースアップの効果が関係制度に反映されるということで明確でよいのですが、基本給のアップが賞与だけではなく、退職金にも及ぶと負担が大きいので、通常の基本給から分離しようという発想が出てきました。それは賞与制度で議論したことと同じです。

　そこで、そもそもの基本給をベースアップするタイミングで、ベースアップしない元の基本給表をそのまま残して、退職金用基本給として存続させたことから退職金用第 2 基本給表というのが出来上がりました。その後もう少し整備され第 2 基本給表という仕組みが整えられていきましたが、そういう形で発展してきたという理解をすると、制度の存在理由がよく分かると思います。もちろん、第 2 基本給を退職金計算に使う制度が一般にも普及してくると、もともとの基本給表とは関係なく、独自につくられることも多くなったと思います。

　いずれにしても、このような形で、**図表4-32**のモデル退職金試算表が出来上がりました。

❸ 退職金制度のタイプの選択

　図表4-33に主な退職金制度の四つのタイプを示しました。すでに「①基本給連動型退職金制度」と「②退職金用第2基本給連動型退職金制度」については、図表4-32の「モデル退職金試算表」の作成に当たって用いた事例を通じて説明をしました。基本給というのは、賃金システムの中核として機能する便利なものだったということがお分かりいただけると思います。

　しかし、そもそも基本給に連動すること自体がどうなのかという発想が出てきました。同じ等級でも基本給には金額の幅があります。等級間に基本給の重なりがあるオーバーラップ型の範囲給型基本給であれば、退職金支給係数が勤続年数に連動していますので、勤続年数が同じ人で昇格した人よりも昇格していない人の基本給が高いケースが仮にあれば、下位等級の人の退職金額のほうが多くなります。それは基本給連動型退職金制度の問題点だろうという指摘がされるようになりました。

　また、早く昇格する人も遅く昇格する人も、退職時の基本給が同じであれば、同じ退職金になります。早く昇格する人は貢献度の高い仕事を長くやっているということになるのに、同じ退職金でよいのだろうかという疑問も出されるようになりました。

　そこで、基本給に連動しない方法があるのではないか、ということになり、ポイント制退職金制度が考案されました。

　図表4-34（後掲）の下段の表が「退職金ポイント表」です。等級ごとにポイント数が出ていますが、そのポイントを各等級に在位する年数1年ごとに加えていき、退職時にそのポイント合計にポイント単価を乗じて退職金を算出しようという制度です。この制度だと、早く昇格する人は、遅く昇格する人よりもたくさんの退職金がもらえます。例えば、同期の人で、M等級で10年滞留して、D-1等級に2年いてD-2等級2年目で退職した人（合計590ポイント）と、M等級はあっさり2年で卒業してD-1等級に10年いてD-2等級2年目で退職した人（同630ポイント）は、基本給が同じですが、後者のほうが退職金額は高くなります。より上位

の等級での在位年数が多いほうが、通常会社への貢献度が高いと見ることができますので、妥当ではないかということです。そのような考え方で、ポイント制退職金が生まれました。

　次に、「4確定拠出型退職金・年金制度」が生まれてきました。

　今までの1～3の退職金はすべて退職時に支払う退職金額を決めるタイプであることから、確定給付型と呼びます。いわば普通のタイプの退職金ですが、この退職金の原資の確保を有利にするために、外部の運用機関（信託銀行など）に資金を預けて、少しでも有利な形で運用し利子を稼いで退職金支払い時に得をしようという、いわゆる金融商品ができてきました。当初は5.5％の予定利率を想定して掛金を設定して運用していましたが、バブル崩壊以降そのような利率での運用ができなくなり、掛金の積み立て不足対策をある時期に一気にやらなければならなくなりました。もともと会社として支払うものですから、じたばたする筋合いではないのかもしれませんが、当初の想定外のことなので、会社の負担感が強く感じられたのでしょう。

　そこで、掛金を本人に支給し、本人が自分で運用することで、才覚よく運用できれば、当初想定の退職金額よりも多くなるというやり方を取っていく制度が企画されました。これは日本版401kと呼ばれ、アメリカでは同様の制度が運用されていましたし、日本でも導入しようということで法律上の整備が行われました。この日本版401kは転職しても転職先がこの制度を導入していれば、継続して運用できるということで、勤続年数によって金額が大きく違う確定給付型の退職金の問題点を解決し、転職をしやすくして、労働市場の流動化をも狙ったものです。

　この制度は、転職が活発に行われる業界では、結構普及しました。確定給付制度との併用も認められましたし、退職金原資の運用を自分が行うことで、より多額の退職金が確保できるのであれば、そのほうがいいという社員も出てきましたので、普及していきました。

　会社にとっては、社員の退職金原資の長い間の運用責任から逃れ、どこかで積み立て不足を補うというリスクから解放されるメリットがあります。

❹ 主なタイプの退職金制度の設計

●基本給連動型退職金制度

　ここでは、退職金制度の設計について解説します。基本給連動型退職金制度の設計については、すでに**図表4-32**のモデル退職金試算表をつくる際に説明しました。

　まず、年齢別の退職金額の世間水準を見ながら目標となる退職金額の目安を見つけます。そして、その金額を実現するために基本給との関係を探って、倍数（支給係数）を探り当てます。支給係数については、勤続年数が増えるに従って、多くなるよう設計します。すなわち、退職金は、長期雇用を実現するための手段でもありますので、長く勤めると有利になるように設計するというのが、一般的な考え方です。さらに、モデル給与・賞与試算表をつくった際にモデル昇格年数を決めましたが、それを利用してシミュレーションしながら、適度な支給係数を探っていきます。学校を出てからすぐ入社した人が、モデルの年齢で昇格した場合、定年退職時にいくらの退職金を出すことにするかについては、世間水準と突き合わせつつ、政策判断をしていきます。

●ポイント制退職金制度

　ポイント制退職金制度の設計についても、基本的には手順は変わりませんが、今度は基本給との倍数（支給率）ではなく、等級別ポイント数との関係を見つけることが必要になります。**図表4-34**と**図表4-35**にまとめましたが、これらの表では会社都合の退職金の目標水準を表の中に入れて、それを目指しながら、等級別のポイント数をシミュレーションしていきます。1ポイントはとりあえず1万円にして試算すると、やりやすいでしょう。

　退職金ポイント表にある数値は、当該等級に在籍している間、1年ごとにその等級のポイント数を加算していくというものです。その上で、「累計ポイント×1万円」で年齢別（勤続年数別）の退職金目標水準を目指します。この表では会社都合退職金の金額を見つけ、自己都合退職金比率を掛けて、自己都合退職金を試算するという形で、ポイント制退

図表 4-34 ポイント制退職金制度の例（通常幹部社員）

—万円—

年齢(歳)	モデル等級	等級在位年数（年）	モデル基本給	会社都合退職金 目標水準	会社都合退職金 ①累積ポイント	②自己都合退職金比率(%)	自己都合退職金 (①×②)
18	1等級	1	16.0	9.6	8	0	0.0
19		2	16.2	14.6	16	60	9.6
20		3	16.4	24.6	24	60	14.4
21		4	16.6	34.9	32	60	19.2
22	2等級	1	19.5	52.7	47	60	28.2
23		2	19.8	65.3	62	60	37.2
24		3	20.1	78.4	77	60	46.2
25		4	20.4	91.8	92	60	55.2
26		5	20.7	105.6	107	60	64.2
27	3等級	1	24.0	136.8	127	60	76.2
28		2	24.4	153.7	147	70	102.9
29		3	24.8	178.6	167	70	116.9
30		4	25.2	204.1	187	70	130.9
31		5	25.6	230.4	207	70	144.9
32	4等級	1	30.0	297.0	237	70	165.9
33		2	30.5	329.4	267	70	186.9
34		3	31.0	362.7	297	70	207.9
35		4	31.5	396.9	327	70	228.9
36		5	32.0	432.0	357	70	249.9
37	M	1	37.0	537.2	397	70	277.9
38		2	37.3	577.4	437	80	349.6
39		3	37.6	618.1	477	80	381.6
40		4	37.9	698.1	517	80	413.6
41		5	38.2	740.3	557	80	445.6
42		6	38.5	783.1	597	80	477.6
43		7	38.8	826.4	637	80	509.6
44		8	39.1	872.7	677	80	541.6
45		9	39.4	917.2	717	80	573.6
46		10	39.7	962.3	757	80	605.6
47	D-1	1	40.0	1,008.0	802	80	641.6
48		2	40.4	1,059.3	847	80	677.6
49		3	40.8	1,108.9	892	80	713.6
50		4	41.2	1,159.4	937	80	749.6
51		5	41.6	1,210.6	982	80	785.6
52	D-2	1	45.0	1,355.4	1,032	80	825.6
53		2	45.0	1,355.4	1,082	80	865.6
54		3	45.0	1,355.4	1,132	80	905.6
55		4	45.0	1,355.4	1,182	90	1,063.8
56		5	45.0	1,355.4	1,232	90	1,108.8
57		6	45.0	1,355.4	1,282	90	1,153.8
58		7	45.0	1,355.4	1,332	90	1,198.8
59		8	45.0	1,355.4	1,382	90	1,243.8
60			45.0	1,355.4	1,432	100	1,432.0

［注］ 60歳は定年年齢であり、会社都合と同額となる。

退職金ポイント表

区分		年間加算ポイント数
等級	1	8
	2	15
	3	20
	4	30
	M	40
	D-1	45
	D-2	50
ポイント単価		1万円

図表 4-35 ポイント制退職金制度の例（熟練労働者）

―万円―

年齢(歳)	モデル等級	等級在位年数（年）	モデル基本給	会社都合退職金 目標水準	会社都合退職金 ①累積ポイント	②自己都合退職金比率(%)	自己都合退職金 (①×②)
18	1等級	1	16.0	9.6	10	0	0.0
19		2	16.2	14.6	20	60	12.0
20		3	16.4	24.6	30	60	18.0
21		4	16.6	34.9	40	60	24.0
22		5	16.8	45.4	50	60	30.0
23		6	17.0	56.1	60	60	36.0
24		7	17.2	67.1	70	60	42.0
25		8	17.4	78.3	80	60	48.0
26		9	17.6	89.8	90	60	54.0
27	2等級	1	19.5	111.2	110	60	66.0
28		2	19.8	124.7	130	70	91.0
29		3	20.1	144.7	150	70	105.0
30		4	20.4	165.2	170	70	119.0
31		5	20.7	186.3	190	70	133.0
32		6	21.0	207.9	210	70	147.0
33		7	21.3	230.0	230	70	161.0
34		8	21.6	252.7	250	70	175.0
35		9	21.9	275.9	270	70	189.0
36		10	22.2	299.7	290	70	203.0
37	3等級	1	24.0	348.5	320	70	224.0
38		2	24.4	377.7	350	80	280.0
39		3	24.8	407.7	380	80	304.0
40		4	25.2	464.2	410	80	328.0
41		5	25.6	496.1	440	80	352.0
42		6	26.0	528.8	470	80	376.0
43		7	26.4	562.3	500	80	400.0
44		8	26.8	598.2	530	80	424.0
45		9	27.2	633.2	560	80	448.0
46		10	27.6	669.0	590	80	472.0
47	4等級	1	30.0	756.0	630	80	504.0
48		2	30.5	799.7	670	80	536.0
49		3	31.0	842.6	710	80	568.0
50		4	31.5	886.4	750	80	600.0
51		5	32.0	931.2	790	80	632.0
52		6	32.5	978.9	830	80	664.0
53		7	33.0	994.0	870	80	696.0
54		8	33.5	1,009.0	910	80	728.0
55		9	34.0	1,024.1	950	90	855.0
56		10	34.5	1,039.1	990	90	891.0
57		11	35.0	1,054.2	1,030	90	927.0
58		12	35.5	1,069.3	1,070	90	963.0
59		13	36.0	1,084.3	1,110	90	999.0
60		14	36.5	1,099.4	1,150	100	1,150.0

［注］ 60歳は定年年齢であり、会社都合と同額となる。

退職金ポイント表

区分		年間加算ポイント数
等級	1	10
	2	20
	3	30
	4	40
ポイント単価		1万円

職金制度をつくっています。

　基本給連動型退職金制度の場合、基本給水準をある時期から上がらないようにしたり、支給係数を上がらないようにしたりするなどの方式をとると、試算される退職金額を頭打ちにすることができます。**図表4-32**は、「勤続35年・年齢52歳」からそのような手法をとっています。特に通常幹部社員用の「年齢55歳・D-2等級」からは退職金が上がらなくなっています。退職金が上がらないのであれば、定年退職前に辞めて新しいチャレンジをしようかという気持ちを促すような仕組みともいえます。そういう意味では、基本給連動型退職金制度は、金額水準の設定をする場合にコントロールがしやすい面があります。

　しかし、ポイント制退職金は、勤続年数が増えてくればくるほど漸増していき、最後は急激な上昇を示すようになります。退職金ポイントも下位等級よりは上位等級のほうが高くなるのが普通の考え方だからです。したがって、上位等級になればなるほど、年々の退職金上昇額が大きくなります。

　例えば**図表4-34**の会社都合退職金目標水準が52歳以降頭打ちになっていますが、ポイント制退職金の試算では、そのようなカーブはうまくはつくれません。60歳の退職金額を目標水準に合わせるとすると、その前の勤続年数の人の退職金は、目標水準よりも下回ります。52歳くらいを目標水準に合わせると、60歳の定年年齢では退職金目標水準よりも大幅に高い退職金額になります。そのような特徴を持っています。

　表のつくり方は、会社都合退職金目標水準を目安に、退職金ポイント表の等級別ポイント数にポイント単価を掛けて、等級別在位年数を乗じて、会社都合退職金の金額を決めていきます。その際に、動かせるのは退職金ポイント表の数値ですから、これを微妙に変えながら、探っていくという方法をとります。そうして決まった金額に、あらかじめ決めておいた自己都合退職金比率を掛けて、自己都合退職金を決めることになります。自己都合退職金比率は、やはり世間水準を参考に政策判断をします。ポイント制退職金制度は、そのようなつくり込み方をします。

●**確定拠出型退職金・年金制度**

　確定拠出型退職金・年金制度の設計は、「確定拠出年金掛金表」をつくることが中心となります。もちろん資金運用の仕組みを入れることが必要ですが、それは生命保険会社、信託銀行の力を借りなければどうしようもありませんので、**図表4-36**をつくってから、相談してみてください。そのことによって、この表の修正が必要になるかもしれませんが、そこは柔軟に修正をしていくという考え方でよいでしょう。

　図表4-36では、**図表4-34**で見た通常幹部社員用のモデル等級とモデル基本給を置き、ポイント制退職金制度の設計のときと同じように、会社都合退職金目標水準の数値を入れます。確定拠出年金の掛金は、会社側の支給ですが、自己都合とか会社都合という概念はありません。いったん支給したら、それまでですので、本来は会社都合退職金目標水準を持ってくるのではなく、自己都合退職金を目標水準にしてもよいですし、その中間でもよいと思います。この場合の退職金目標水準の数値を入れるのは割り切りが必要かもしれません。**図表4-36**をつくるときは、予定利率を仮に2％としてそれを前提にしてシミュレーションしています。確定拠出年金の掛金をどのように運用するのかは社員の自由ですが、制度を設計するときには、一応どの程度の運用実績を挙げるのが標準的かということを考えて、予定利率を設定してシミュレーションします。

　退職までの残り期間を年利2％で運用していくことを前提に、退職金目標水準に近づけるよう月額掛金を決めていきます（**図表4-36**では、年換算した掛金を退職までの残り期間を2％複利計算で運用したとして妥当な掛金を見つけるシミュレーションをしています）。「退職までの年間運用実績」欄は、退職までの運用実績を年利2％で運用したものとして試算をしています。

　ただし、「確定拠出退職金額」の欄に入っている年齢別（新卒者の勤続年数別）退職金額は、退職したときにそのまま現金化できるというものではありません。法令の定めによりそのまま60歳まで資産運用をし続ける必要があります。ポータビリティがあるという言い方をしますが、

図表 4-36 確定拠出年金制度の例

―万円―

年齢(歳)	モデル等級	勤続年数(年)	モデル基本給	会社都合退職金 目標水準	確定拠出退職金額(予定利率2%で試算)	年間掛金	退職までの年間運用実績(予定利率2%で試算)
18	1等級	1	16.0	9.6	8.4	8.4	8.4
19		2	16.2	14.6	17.0	8.4	17.0
20		3	16.4	24.6	25.7	8.4	25.7
21		4	16.6	34.9	34.6	8.4	34.6
22	2等級	5	19.5	52.7	46.1	10.8	46.1
23		6	19.8	65.3	57.8	10.8	57.8
24		7	20.1	78.4	69.8	10.8	69.8
25		8	20.4	91.8	82.0	10.8	82.0
26		9	20.7	105.6	94.4	10.8	94.4
27	3等級	10	24.0	136.8	109.5	13.2	109.5
28		11	24.4	153.7	124.9	13.2	124.9
29		12	24.8	178.6	140.6	13.2	140.6
30		13	25.2	204.1	156.6	13.2	156.6
31		14	25.6	230.4	173.0	13.2	173.0
32	4等級	15	30.0	297.0	194.4	18.0	194.4
33		16	30.5	329.4	216.3	18.0	216.3
34		17	31.0	362.7	238.6	18.0	238.6
35		18	31.5	396.9	261.4	18.0	261.4
36		19	32.0	432.0	284.6	18.0	284.6
37	M	20	37.0	537.2	314.3	24.0	314.3
38		21	37.3	577.4	344.6	24.0	344.6
39		22	37.6	618.1	375.5	24.0	375.5
40		23	37.9	698.1	407.0	24.0	407.0
41		24	38.2	740.3	439.1	24.0	439.1
42		25	38.5	783.1	471.9	24.0	471.9
43		26	38.8	826.4	505.4	24.0	505.4
44		27	39.1	872.7	539.5	24.0	539.5
45		28	39.4	917.2	574.3	24.0	574.3
46		29	39.7	962.3	609.7	24.0	609.7
47	D-1	30	40.0	1,008.0	653.1	31.2	653.1
48		31	40.4	1,059.3	697.4	31.2	697.4
49		32	40.8	1,108.9	742.6	31.2	742.6
50		33	41.2	1,159.4	788.6	31.2	788.6
51		34	41.6	1,210.6	835.6	31.2	835.6
52	D-2	35	45.0	1,355.4	894.3	42.0	894.3
53		36	45.0	1,355.4	954.2	42.0	954.2
54		37	45.0	1,355.4	1,015.3	42.0	1,015.3
55		38	45.0	1,355.4	1,077.6	42.0	1,077.6
56		39	45.0	1,355.4	1,141.1	42.0	1,141.1
57		40	45.0	1,355.4	1,205.9	42.0	1,205.9
58		41	45.0	1,355.4	1,272.1	42.0	1,272.1
59		42	45.0	1,355.4	1,339.5	42.0	1,339.5
60		43	45.0	1,355.4	1,408.3	42.0	1,408.3

掛金合計 1,017.6

確定拠出年金掛金表　　　　　―万円―

区分		月額掛金	年間掛金（月額掛金×12）
等級	1	0.7	8.4
	2	0.9	10.8
	3	1.1	13.2
	4	1.5	18.0
	M	2.0	24.0
	D-1	2.6	31.2
	D-2	3.5	42.0

[注] 現段階では、他の退職金制度と併用されない場合の掛金の上限は、月額5万5000円（年間66万円）。確定拠出年金の掛金を等級別に格差をつけて設定するなどの方式で、仕組みをつくる。他の退職金制度と併用する場合の掛金の上限は、月額2万7500円（年間33万円）となる。

転職をした場合、その会社に確定拠出型退職金・年金制度があれば、それを前提に運用を継続していくことになります。同制度が転職先にない場合でも、そこまで積み上げた掛金は、資産運用を継続していくことになります。

　今はマイナス金利の時代ですから、1％くらいの運用しかできないだろうという判断でしたら、制度設計上、掛金が違ってきます。予定利率1％で掛金をシミュレーションしていきます。予定利率が低い中で目標水準に達するよう設計するには、**図表4-36**よりも掛金の負担は大きくなります。

　図表4-36は、月額掛金の年換算金額をベースにシミュレーションしたもので、どのような形で制度化するか、ざっと説明するためのものです。実際の正確な制度設計は、この表を生命保険会社、信託銀行に説明し、詳細に行う必要があります。

3 資金繰りに苦しまない

前節では、「処遇の見通し感を持たせる」という視点から制度設計の在り方を説明してきました。中小企業の場合、人事企画スタッフがなかなか確保しにくいという問題があり、そういう人がいなくても運用できるようにできるだけシンプルなものを目指してはきましたが、人事制度改革の方法論の全体を取り上げる必要から、少し複雑な説明をした部分もあったかもしれません。少し説明が難しいと感じた制度設計については敬遠していただいて、理解しやすかった内容で制度設計をしていくのもよいでしょう。本書を読んで「いいところ取り」をしていただければと思います。

さて、中小企業の人事制度改革を考える場合、資金繰りに苦しまないような仕掛けを組み入れておく必要があります。これまでにも、その都度説明はしているのですが、ここでまとめて述べることにします。

●退職者が少なくなるようにする

給与や賞与は毎月支払うものですし、退職金は退職者が出たら必ず支払うことになります。そういう意味では、まずは退職者が少なくなるようにしないといけません。もちろん会社の仕事になじめない人がいる場合は、他社での活躍をお勧めするということはあると思います。そうでなければ、必ず育成をし、活力を持って仕事をしてもらうように仕向けていかなければなりません。これは会社の成長性を確保するためにも非常に重要なことですし、資金繰りという視点で見ても、重要なことです。退職者が出れば、また採用活動をしないといけません。採用活動には時間とお金が必要になりますので、資金繰りにとっても好ましいことではありません。これが第一のポイントです。

●ベースアップは慎重に

給与制度については、資金繰りとの関係で考えるとベースアップや定期昇給、昇格昇給をどのような範囲で行うかという視点から、基本給テーブルに反映させなければなりません。**図表4-37**は昇給とベースアップの関係を図示しているものです。ベースアップというのは、図表上ではA2 ➡ Bを指します。これは無条件に全員の給与を上げることになります。物価水準の上昇に合わせるとか、全体の給与水準を向上させるという目的があり、必要な場合も過去何度もありました。しかし、今の情勢の中では、政府からベースアップの要請があるとしても、可能な限り基本給のベースを上げることには慎重でなければなりません。もし業績がよくて余裕があるならば、それは賞与で対応すべきでしょう。賞与は業績がよければ支払いますが、業績が悪いと支払わなくてもよいものです。しかし、基本給を上げると、下げることは極めて困難な仕事となります。そういう意味では資金繰りへの配慮として、ベースアップには慎重でなければなりません。これが第二のポイントです。

図表4-37 昇給とベースアップの関係

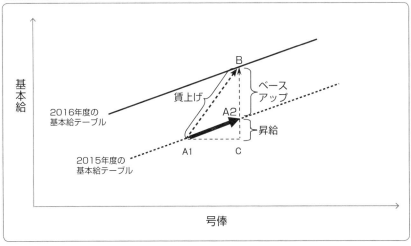

●定期昇給も抑制気味にする一方、賞与で報いる

　第三のポイントとして、**図表4-37**では、A1 ➡ A2 部分の昇給（定期昇給）に関するものです。この定期昇給については、評価がAとかBとか決まれば必然的に基本給の増加が起こります。この点について、モデル給与・賞与試算表をつくったり、それに連動した基本給テーブルをつくったりした際に（141ページ参照）、比較的昇給額を抑えるように設計をしていたことに気付いたでしょうか。1年の昇給が2000円とか3000円、4000円というように比較的昇給幅が小さくなるように設計しました。事業開発人材用のものだけは、少し昇給額が高めですが、それでも1等級4000円、2等級5000円、3等級6000円、4等級7000円というように少し抑え気味になっていると思います。熟練労働者用基本給テーブル、通常幹部社員用基本給テーブルでは、1等級2000円、2等級3000円、3等級4000円、4等級5000円ということで、さらに抑えられたものになっています。通常であれば、その2〜3倍前後ある場合も多いと思います。定期昇給を抑え気味に設計するのは、確実に出ていくお金を少しでも少なくするためです。これも資金繰りに大きな影響を及ぼします。業績がよくて、もう少し年収を高くしようと思うのであれば、賞与を活用すればよいのです。定期昇給は抑え気味に設計することが、中小企業の場合には必要です。

　世間の給与水準に連動させようということであれば、昇格のタイミングをうまく使うことが大事です。昇格昇給を使って、世間の給与水準をキャッチアップするという考え方です。これですと、昇格したときの本人のインセンティブにもなりますし、漫然と支給額を増やすだけということにはなりません。昇格審査という選抜の仕組みがありますから、実力がない人は昇格しません。そういう意味でも対象が絞り込める手段がセットされているということになります。

　さらに、賞与原資の問題があります。賞与は基本的には業績がよければたくさん出し、業績が悪ければあまり出さないという性格を持っています。ですから、業績が本当に悪ければ、賞与は支給されないのが普通

です。それでも、いろいろな経緯の中で、賃金規程の中に、夏賞与と冬賞与でそれぞれ最低2カ月分は支給するというように書き込んでいる会社があったりします。もしそういう規程があるならば、確実に改訂することをお勧めします。そういう規程があると業績が悪くても、最低2カ月分は支給しないといけなくなります。今はそういう規程はほとんど見なくはなりましたが、中小企業の場合には、それが残っているケースがまだあります。できるだけ2カ月分は出したい、という社長の気持ちが、規程上書き込むという間違いにつながったのだろうと思いますが、そういうことではいざというときの資金繰りに困ることになります。

　退職金制度では、世間水準を考えなければなりませんが、比較的低く抑えるようにしたほうがよいでしょう。本書での説明も、世間水準と連動させましたが、比較的抑えた退職金水準になっていると思われた人も多いと思います。世間水準よりも低ければ心配でしょうが、説明がつくならば、少なめにしたほうがよいでしょう。それよりも、業績がよいときに賞与の支給月数を多くするということで対処したほうが、中小企業の場合はよいと思います。

第5章

新人事制度導入のための社内説明・制度導入後の定着フォロー

　しっかりとした人事制度を導入しようとしても、従業員の納得を得ることができるか不安です。また、経営層からも横やりが入らないとも限りません。どのように社内のコンセンサスを取っていけばよいでしょうか。また、制度をスムーズに運用するための研修や、制度導入後の効果測定・フォローはどのように行えばよいでしょうか。

1 新人事制度の社内説明

1 経営層、労働組合・従業員代表への説明

　人事制度改革は、経営マターですから、必ず経営的な意思決定が必要です。人事諸規程を改定することになりますので、正規の手続きを踏んで、経営的な意思決定を得る必要があります。人事制度改革プロジェクトを組織して、人事制度改革の企画を練り、経営陣ともいろいろと意見交換をした上で、新しい人事制度の実施案ができたわけですが、それでも経営陣に十分に理解してもらうことは、必ずしも簡単ではありません。

　新しい等級基準を設定しても、昇格審査のときになると、「(等級基準はさておき)よく頑張っているから、昇格させてもいいではないか」「昇格させないと辞めるかもしれないから、昇格させよう」といった話が経営陣から出されることがあります。事業を変えるために、新しい評価基準を持ち込み、事業を変えるための行動を促進させようとしているのですから、このような"雑音"に振り回されてはいけません。しかし、こういう話は必ずといっていいほど出てきます。

　辞めてもらいたくない人に辞められるのは困りますが、それを昇格審査の合否に絡めてしまっては、何のために人事制度改革をして評価基準を変えたのか分からなくなります。「辞めるかもしれない」と心配する事情があるなら、本人とよく話し合う必要があります。昇格などと絡めず、「力を貸してほしい」と直接訴え、思い直してもらうように話し合うべきでしょう。そうでないと、会社方針に文句も言わず、黙々と働いている人が損をすることになります。こういう新人事制度の運用をめぐる問題についても、あらかじめ推測し、その対処方法を検討しておくこ

とが必要です。この辺りは、中小企業の場合、なかなか社内のみで対応することは難しいところです。専門のコンサルタントの支援を受けるといいと思います。

　経営陣が運用で迷うのは、自分の意向を受けて頑張ってくれる人の成果が上がらず、そのままだと低い評価になるかもしれない場合の対処方法です。成果が上がっていないことが事実なら、たとえ自分の意向を受けて頑張ってくれたとしても、評価は評価として公正に行うことを、よく意思統一しておくべきでしょう。頑張ってくれたことに感謝するのであれば、評価結果をいじるのではなく、直接会って感謝の意を伝えればいいのです。評価を冷徹につけることと、苦労してくれたことに感謝することは両立します。このような点は、経営陣には研修の場を利用して伝えると角が立たずよいでしょう。

　次に、労働組合あるいは従業員代表への説明です。いずれにしても、就業規則や労働協約に関わることですから、しっかりと説明し、合意を得ていく必要があります。新しい人事制度がどういうものかを理解することは、1～2時間の説明では難しいものです。新人事制度の実施案をつくる過程の中でも、必要な情報をリリースし、話し合ってもらい意見を事前に得る努力をしておくと、労働組合にしろ、従業員代表にしろ、従業員内部での検討と合意が進みやすくなります。

　新人事制度の実施案ができたら、その全体像を労働組合や従業員代表に説明し、一定期間、内部検討をする時間を持つ必要があります。それぞれ職場会議などを持って、検討し、意見を集約するのにある程度の時間が必要です。あまり急がせても進みにくい面がありますので、その点は注意しなければいけません。労働組合も従業員代表もこういう議論に精通していなければなりませんが、中小企業では、そういう話し合いの経験が少ない場合が多いので、簡単ではないかもしれません。しかし、現行の人事制度をどういう考え方で改革し、どういう新しい人事制度になるのか、人事部門は丁寧に説明して理解を求めてください。人事制度改革は、多くの人への趣旨浸透によって初めて効果が出ます。よく説明

し、よく議論し、合意を得るように努めてください。そうして合意を得たら、全社員に理解を求めるため、人事部門が直接、社員説明会を開くことを経営陣に了解してもらってください。

2 全社（各事業所）説明会の開催と社内コンセンサスの醸成

　ここまでのような手順を踏んでから、社員説明会を開きます。中小企業の場合、そもそもそれほど人数がいるわけではありませんので、全員を対象に数回の説明会を開き、全員がどこかの説明会で話を聞くように訴え、実行しなければなりません。

　人事制度は、新しいものができて運用さえすれば、自動的に効果を生み出していくタイプのものではありません。普通の業務システムであれば、それを動かせば、より効率的に仕事ができる、データが蓄積される、などといったことが、それこそ自動的にできるようになります。しかし、人事制度の場合、新しい制度がどういう趣旨の下につくられたのか、どういう事業改革を行うための社員の行動変化を目指すのかについてよく説明し、社員の意識を結集させることが必要です。社員の支持率が高くなって初めて、運用できるようになり、行動変化という効果が生まれるようになります。

　社員説明会では、新しい人事制度の中身に加えて、「なぜ」「何を目指して」改革するのかをよく説明してください。そして質疑応答を面倒くさがらずに行い、Q&A集をつくって配布するなど、社員とのコミュニケーションを深める努力を行ってください。

2 人事制度の運用・定着策

　社員説明会を開いて、人事制度改革の趣旨、制度改革の内容、チャレンジしてほしい事柄を訴えたにもかかわらず、社員からはまだ「腑に落ちない」という反応が出ることがあります。経営陣としてはできるだけスピーディーに実行して、事業改革に取り組みたいわけですが、社員の反応が悪い場合、そのまま事業改革を進めるか、立ち止まるかは微妙な判断が必要になります。

1 管理者など一部階層への試行適用の可否

　人事制度改革の効果は、社員が制度改革の狙いどおりに行動することによって出てきます。新しいシステムをつくるときは、「心理的自動化の原則」（いつの間にかそのような行動を取ってしまうようにしていく）にのっとって、いろいろなものを仕組むわけですが、人事制度は社員の支持率によって行動変容の程度にばらつきが出ます。したがって、社員からの反対の声が大きい場合に、それでも断行するか、しばらく待つかは、微妙な経営判断の問題になります。

　「しばらく待つ」という判断を下し、単純に何もしないのであれば、将来もう一度人事制度改革の話を持ち出したとしても、またゼロからのスタートになり、同じことの繰り返しとなります。そこで、部分的に実施できないかを検討することになります。

　例えば、第4章で説明した事業開発人材の人事制度だけを実行することも考えられます。この事業開発人材の人事制度の場合は、新たに外部から採用して、その人材に適用しようということですし、そもそも従来

からいる社員とはまったく違う職務となりますから、これについての利害関係者は少ないと思います。そういう人事制度を導入すべきではないという考え方を表明する社員もいるでしょうが、これは経営としての方針の問題ですから、断行することに支障はないでしょう。経営としては、新しく採用して事業開発に取り組ませることで、現実として事業改革の実際を社員に見てもらうことができます。また、新しい経営方針の成功を感じてもらい、全体の人事制度の妥当性をPRすることもできるでしょう。

　あるいは、管理者（第4章の説明では、通常幹部社員群の人事制度の中の管理者部分）だけを対象に実行することも可能です。もちろん管理者からも"総スカン"を食っているのであれば、少し説得の期間を設ける必要がありますが、一般的に管理者はこういうものを受け入れやすい立場です。また、経営陣との関係も強いですし、よく話し合える関係にもある場合が多いと思います。さらに管理者の人事制度改革は、労働組合とは一線を画しますので、労働組合の合意がないと進められないということも少ないと思います。管理者が労働組合に所属していない※としても、労働組合が管理者を対象とする一部実行も含めて反対し、紛争になることはあるかもしれません。ただ、筋としては、管理者の制度については労働組合の交渉対象ではないと主張して、管理者にだけ新しい人事制度を部分導入するという選択肢はあると思います。

※管理者（管理職）が「使用者の利益を代表する者」（いわゆる「利益代表者」）に当たる場合、その管理職は労働組合に所属（加入）できません。利益代表者とは、①役員（取締役、監査役、理事、監事など）、②人事権を持つ上級管理者（「雇入解雇昇進又は異動に関して直接の権限を持つ監督的地位にある労働者」）、③人事部門の管理者（「使用者の労働関係についての計画と方針とに関する機密の事項に接し、そのためにその職務上の義務と責任とが当該労働組合の組合員としての誠意と責任とに直接にてい触する監督的地位にある労働者」）などをいいます（労働組合法2条1号）。「利益代表者」に当たるかどうかは、「部長」「課長」などの名称ではなく、その実質的な立場・役割等に基づき判断されます。したがって、前記「利益代表者」に当たらない「部長」「課長」等であれば、同法上の労働組合に所属できます。

その場合、全社員に対するメッセージを強く意識する必要があります。新しい人事制度は事業競争力を上げ、会社を成長させていくためのものだということや、今の業績水準だと例えば年間3カ月分の賞与しか出せないが、この改革が実を結び業績がよくなれば賞与の支給月数ももっと多く出せること、そして、管理者が先頭に立って努力し、その端緒を切り開いてみせることなどを強く訴えます。その上で、まずは管理者だけを対象に新人事制度をスタートさせるのだと、全社員によく伝わるようにPRしてください。

　人事制度はその支持率が高くないと意図どおりの運営ができない、とも言いましたが、新人事制度の趣旨に賛同する社員が増えてくれば、人事制度を変えなくても、ある程度行動変容が可能になります。それが人事制度というシステムの面白いところです。

2 各種研修の実施

　新人事制度の導入が決定した後は、その理解促進のために必要な研修を行います。研修の実施を宣言して、それなりの頻度で実行し、全体の気分を盛り上げていくのがよいでしょう。もちろん、新しい改革に必要な知識・スキルを習得させるのが本筋ですが、これから会社は変わっていこうとしているのだ、という気持ちになってもらうことも大切です。

　新人事制度の導入後の研修で最もオーソドックスに行われるのが、人事評価者研修（人事評価者「訓練」ということもあります）と、評価される側の被評価者研修です。

❶ 人事評価者研修

　人事評価者研修は、評価者、つまり管理者を対象にしたものです。人事評価を意図どおりに行うためには、期首の目標設定が重要ですので、目標設定のトレーニングも含めることが多いです。**図表5-1**に人事評価者研修のプログラム例を載せました。人事制度改革のプロセスの中で、

図表 5-1 人事評価者研修のプログラム例(2日コース)

狙い
(1) 人事評価の原則を確認するとともに、目標設定の仕方、人事評価における評価事実のつかみ方と評価決定の判断ポイントを研究する
(2) 事業強化課題および人事評価結果を踏まえた人材育成課題の設定と、育成計画の立案ポイントを研究する

1日目

時間	項目	狙いと内容
9:00	I. 自社の人事評価の課題	・人事部から、自社の人事評価の課題を話してもらい、本研修の狙いをガイドする
	II. 人事評価の考え方 1. 近年の人事評価の動向 2. 人事評価の原則と手順 3. 評価に使う目標設定の基本 4. 人事評価のエラー傾向	・人事評価の原則を再確認する
	III. 評価演習 1. 個人プロフィール表の紹介（目標/活動/実績） 2. モデル検討対象者決め 3. 事実確認（質疑応答）	・実際の部下の活動事実を記述した「個人プロフィール表」をチーム内で紹介し合う ・チーム内で「モデル検討対象者」を1人決める ・「モデル検討対象者」の活動事実について、作成者への質疑を行う
12:00		
13:00	4. 個人評価 5. チーム評価決定と理由づけ 6. 発表・ディスカッション	・チーム内のメンバーそれぞれが相談しないで評価する ・チームとしての評価を決定し評価理由を明記する ・発表を基に評価事実のつかみ方と評価尺度の決め方を検討する
17:00	■1日目のまとめ	

2日目

項目	狙いと内容
IV. 目標設定の見直し 1. 目標設定の3要素 2. 部下の目標修正	・1日目の演習を受けて実際の部下の例で目標の作り方を議論する ・事業強化課題と人材育成の関連を認識する
V. 人材育成の考え方 1. 事業強化課題と育成課題 2. 人材育成の考え方 3. 育成の進め方 4. 育成課題の設定の仕方 5. 育成計画の立案の仕方	・育成目標、育成計画の立案ポイントを確認する ・育成の基本的考え方を学び、育成のタイミングが理解できれば、特別にたくさんの育成のための時間を確保しなくてもよいことを理解してもらう
VI. 育成課題と育成計画演習 1. 育成課題の分析 2. 育成計画の立案 3. 発表・ディスカッション	・職場の環境、事業強化課題、本人の評価結果を踏まえた「モデル検討対象者」本人の育成課題を分析する ・年間の重点育成課題と目標、計画を立案する ・発表を基に育成計画、育成目標、立て方を具体的に示し、後日提出する
■2日間のまとめ	

自社の人事評価を変えるべき点（課題）が見えてきますので、その内容を伝え、その克服のための研修を行うと宣言します。その上で、人事評価の考え方の説明に入り、演習に入ります。中小企業では多くの場合、人事評価の基本的な考え方が普及していないことが多いので、基本をしっかりと学んでもらうのがいいと思います。

その上で、評価演習を行います。「分かること」と「できること」はまったく違います。自分の部下を例に挙げ、実際に評価するのと同じように評価対象の事実を書き出してもらい（事前学習でまとめてきてもらうのがいいでしょう）、それを基に数人のチームで同じ題材で評価してみます。そうして、どれくらいばらつくか、正しい評価結果は何で、なぜ評価結果がばらついたのかを研究してもらいます。研修はできるだけ実際の現場の事例で行うほうが、緊張感が出て理解促進につながります。出来合いの演習事例もありますが、そのようなものを使うよりずっと研修効果が上がります。

評価がばらつくのは、目標設定が評価実務に耐えない、事実の把握レベルが違う、評価基準の理解の仕方が違う、といったことが主な理由となります。それを実感してもらい、これからの評価実務の準備についての決意を形成します。

ここまで行ったら、その部下の育成課題について検討する材料が出てきていますので、しっかりと育成計画を立てる演習も取り入れたほうがいいでしょう。人事評価は、結果を昇給や賞与に反映するだけでは人材マネジメントのツールとしては不十分です。実際に育成活動をし、事業の改革につなげていくことが求められますが、そこまでが人事評価をめぐる管理者の役割なのだと、この評価者研修で訴えます。そういう意味では、新しい人事制度の導入研修としては最も望ましいものだと思います。

ともあれ、**図表5-2**にまとめた人事評価の手順と課題をよく理解し、繰り返しトレーニングしていく必要があり、研修初日には受講者である管理者に対し、これから何回も行われる研修の1回目が本日なのだと訴

図表5-2 人事評価の手順と課題

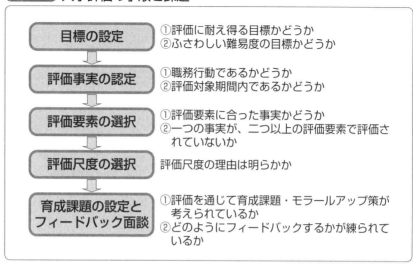

えることが大事です。ごく当たり前の話だともいえますが、特に中小企業の場合は、繰り返しのトレーニングがなかなかできていません。

2日間研修の例が、前掲**図表5-1**ですが、筆者は、支援したある中小企業において月曜日から金曜日まで5日間、このタイプの研修を実施した経験もありますので、2日間が特別長いということはありません。日程が取りにくくても最低1日は実施すべきでしょう。講師は、外部コンサルタントに依頼したほうがいいと思います。評価研修は内部ではなかなか行いづらい面があります。お互いの顔が見え過ぎて、「お前に教えてもらいたくないよ」といった気持ちになりやすいからです。しかし、何回か行った後は、内製化していけるよう人事スタッフが習熟していくべきでしょう。

❷ 被評価者研修

次に、評価を受ける側の被評価者研修について述べます。評価者研修は評価をする側に対して実施するものですから、そのための研修を行う

のは特に違和感がないと思います。一方で、評価を受ける側については、取り立てて研修するまでもないと思われがちです。**図表5-3** は被評価者研修のプログラム例です。丸1日研修としたいところですが、実際は3時間コースくらいが一般的です。これを数回セットして、1人1回、都合のよいところに参加してもらう形をとっていることが多いと思います。

新人事制度の趣旨浸透という目的もありますので、その話をした後、新しい人事評価の考え方を被評価者（部署メンバー）に伝えます。「新しい人事評価には、被評価者の協力が必要なので、よく理解してほしい」というように説明します。

実際、被評価者は、目標管理表を作成したり、人事評価の自己記入欄に記述したりしますし、その記述の内容に問題があれば、正しい評価は行えません。評価者研修の場合も焦点になりますが、**図表5-2** の人事評価の手順と課題について、被評価者の立場でもよく理解してもらう必要があります。

図表5-3 被評価者研修のプログラム例（半日コース）

狙い	(1) 新しい人事評価制度の考え方を確認する (2) 正しく評価されるための目標設定の仕方、評価者が何を見て評価をすることになるかを理解する	
時間	項目	狙いと内容
13:00	I. 人事制度改革の趣旨	・今回実施した人事制度改革の趣旨の確認
	II. 人事評価の考え方 　1. 近年の人事評価の動向 　2. 人事評価の原則と手順 　3. 評価に使う目標設定の基本 　4. 人事評価のエラー傾向	・新人事評価制度の考え方および原則を確認する
	III. 評価演習 　1. 自己の目標設定の検討 　　（目標／活動／実績） 　2. 目標設定の3要素に従い自己の目標を修正する 　3. 人事評価表の自己記入欄の記入方法	・正しく評価が行われるために、被評価者がなすべきことを理解する ・正しい評価のためには、正しい目標設定が必要だが、その正しい目標設定を理解する
16:00	IV. 新人事制度の運用への要望	・新人事制度への質疑応答および要望出し

被評価者は目標管理表に目標を設定しますが、それが評価に耐え得る目標かどうかをセルフチェックしてもらうことが必要です。評価者も、部下が立てた目標を客観的に評価しやすいものへと修正するよう部下を指導することが必要ですので、この目標設定の仕方については、評価者・被評価者を問わずマスターしておかなければなりません。

　図表5-4に目標設定訓練のポイントをまとめています。目標には三つの要素があるといわれています。「①何を、②どの程度、③いつまでに」達成するかが目標設定の本質ですが、研修では、それぞれ①「何を」＝「項目」、②「どこまで」＝「達成水準」、③「いつまでに」＝「期限」ということで、チェックしてもらいながら、目標設定の記述レベルを向上させるトレーニングを行います。シンプルですが、効果的です。

　図表5-4の「悪い目標（例）」欄の目標例は、目標管理制度を導入した会社で、最初に目標設定をしてもらったときに実際に出てきた事例ですが、こういうタイプの例はこの会社特有のものではなく、他社でも頻繁に出てきました。なぜ、悪い例なのかといえば、上記①〜③の"目標の３要素"がないからです。その点をチェックリストにして、目標添削例を検討していきます。自分自身の目標管理表に書いた目標を直接添削していくと効果的です。

図表5-4　目標設定訓練のポイント

	悪い目標（例）	「目標の３要素」チェック			目標添削例
		項目	達成水準	期限	
1	将来的に自部門の取扱高を大きく伸ばす	■	□	□	今期末（３月31日）までに、今期の自部門の取扱高を、前年実績の２倍にする
2	他部門と連携して、業務改善案を３件以上提案する	□	■	□	10月末までに、他部門と連携しないとできない業務改善案を３件、改善提案書の形にまとめる
3	今期は予算管理システムを検討する	□	□	■	予算管理システムの基本設計書を７月31日までに立案して、部長に提出し、８月13日の経営会議で承認を得る

また、人事評価表に自己記入欄を設けた場合、その記述方法についても意思統一する必要があります。評価期間は半年や１年と長いですが、この自己記入欄は、小さいスペースにすぎません。その中に何を書き込めばいいのかが問題になります。実際には「等級基準に要求されている役割を恒常的に果たせているか」、あるいは「能力を発揮できているか」などが焦点になりますので、そういう点に絞った事実を書き出してもらえばよいのです。記入者は、どうしても自分をよく見せたいと思ってしまうので、「普段の自分の業務遂行レベルを反省しつつ、誇張せず、ポイントだけ書いてください」というように説明をします。

　管理者（評価者）にとっては、何を行ったかという業務名称と業務遂行水準が書かれていれば、思い出しやすくなりますし、記入者が誇張していても修正できます。被評価者研修の中では、「できるだけ素朴に現実を書いてほしい」と依頼します。評価というのは、評価者も被評価者もお互いへの信頼がなくなれば、うまくいかなくなります。評価者も被評価者も双方が努力して、よい評価をしていこうとしている――というお互いの信頼感を醸成するためにも、評価者研修・被評価者研修を新人事制度導入期に開始するのは重要なことです。

❸ 管理者研修

　人事制度改革は、自社の事業改革と連動していますので、管理者が率先して必要となる改革イメージを膨らませ、多くの人と共有化してチャレンジしていかなければなりません。そういう意味で、管理者に特別な教育機会を設けることは重要です。人事制度改革は、一過性の取り組みではなく、これから始める事業改革をリードするものでなければならないからです。

　そういう意味で、従来にない管理者研修を企画するのは特別な意味を持つと思われます。

　図表5-5と図表5-6には、管理者研修プログラムの例を挙げています。図表5-5は自社の業績分析を、連続決算書の分析や競合他社との比較分

図表 5-5 管理者研修プログラム例①
【自社の業績分析を行い、業績向上策を企画する能力を形成する管理者研修】

狙い
(1) 管理者としての基本的役割形成と業績向上対策立案力の形成を目指す
(2) 管理者としての役割から見たときに、自己の能力開発上の課題を整理し、自己の育成計画を立案する

時間	1日目	2日目	3日目
9:00 　 12:00	1. 管理者のイメージ 2. 管理（マネジメント）とは 3. 管理者の役割 4. 管理者の能力・資質	10. 演習（続き） 11. 発表・質疑・コメント 12. 管理者の必要スキルチェック	16. 演習の続き 　（個人ワーク⇒ 　チームワーク）
13:00 　 　 　 　 　 　 　 18:00	5. 会社業績に関心を持とう 　・連続決算書の分析 　・競合他社との比較分析　など 6. 演習 　・会社業績の特徴整理 7. 発表・質疑・コメント 8. 会社の業績向上要因分析と 　課題設定とリーダーシップ 　課題	13. 人材育成の基本 　・育成の大原則「事知一体」 　・OJTの進め方 　・Off-JTの企画の仕方 　・コアプロセス革新と人材育成 14. 自己の育成計画 　・キャリアデザインの必要性 　・自己の育成能力課題のつかみ方	17. 発表・質疑・ 　コメント 18. 研修のまとめ
19:00 　 　 21:00	9. 演習 　・全社の業績向上要因分析 　・全社課題（対策）分析 　・自部署課題設定とリーダー 　　シップ課題	15. 演習（個人ワーク⇒チームワーク） 　・管理者として強化したい能力 　・人材育成能力向上のための課題 　・自己の中期育成計画	

析により行い、業績向上のためにどのような対策を打つ必要があるかを検討し、課題提起するという研修です。一般的な業績分析手法の勉強ではなく、自分の会社を素材としたものです。

　図表5-6の管理者研修は、これからの管理者像の転換を目指すことを目的に、参加者全員で「今後どのような活躍をする管理者がいないといけないのか」のイメージを膨らませ、自分と対比して能力開発課題を明確にしていくプログラムです。

　「今は中小企業だが、改革を通じて、大きなチャレンジをしていく。そのために人事制度改革まで行った。頑張って一緒にやろう」というメッセージを強く打ち出していくタイミングです。ですから、あえてこういう管理者研修を企画し、管理者に対しても、一般の社員に対しても、変わろうとしているメッセージを出し続けることには大きな意味がありま

図表 5-6 管理者研修プログラム例②
【自社でこれから求められる管理者像を膨らませ、自らの成長に生かす管理者研修】

狙い	
(1)	管理者としての基本的役割を学び、今後必要とされる新しい管理者像を膨らませていく
(2)	管理者としての役割から見たときに、自己の能力開発上の課題を整理し、自己の育成計画を立案する

時間	1日目	2日目	3日目
9:00 12:00	1. 管理者のイメージ 2. 管理(マネジメント)とは 3. 管理者の役割 4. 目標達成活動と目標設定	9. 発表・質疑・コメント ・管理者像(KJ図解)発表 ・原因結果の系列分析発表 ・1分間スピーチ(自分の夢)	13. 演習の続き (個人ワーク⇒チームワーク)
13:00 18:00	5. 管理者の能力・資質 6. 演習:KJ法的検討 ・自社で必要とされる管理者像 7. 演習:原因結果の系列分析 ・自社の重点革新課題分析 ・リーダーシップ課題	10. 人材育成の基本 ・育成の大原則「事知一体」 ・OJTの進め方 ・Off-JTの企画の仕方 ・コアプロセス革新と人材育成 11. 自己の育成計画 ・キャリアデザインの必要性 ・自己の育成能力課題のつかみ方	14. 発表・質疑・コメント 15. 研修のまとめ
19:00 21:00	8. 1分間スピーチ準備 ・自分の夢 「私はこんな管理者になりたい」	12. 演習(個人ワーク⇒チームワーク) ・管理者として強化したい能力 ・人材育成能力向上のための課題 ・自己の中期育成計画	

す。「人事制度改革は一過性のもので、すぐに何も変わらない現実が戻ってくる」と思われたら、せっかくの取り組みの意義が薄まってしまいます。連続してさまざまな手を講じる必要があります。その際、ここに挙げた人事評価者研修、被評価者研修、管理者研修などは、ある意味定番の取り組みといえます。これら以外にもいろいろと企画して、浸透に向けて取り組んでください。

3 新人事制度導入後の効果測定

　こうして新人事制度の導入教育や各種研修を行って、運営がスムーズに進み、1年後か2年後に、本当にうまくいっているかどうかの確認＝「効果測定」をしてください。効果測定に当たっては、そもそも何を目指して人事制度改革に着手したのかを振り返ってください（「第3章　人事制度改革に向けた準備」の「検討スタート時に確認すべきポイント」（47ページ）参照）。効果測定とは、「なぜやるのか」との問いに何と答えたかを思い出し、どこまで実行が進んだかを見てみることです。

　今後の業績の見通しが悪く、人件費を抑えるために人事制度改革をしたのであれば、人件費抑制策が現実に効きそうかどうかを調べ、人件費抑制ができそうであれば、人事制度改革の効果があったと判断できます。人件費の伸びは、定期昇給の総額の今後の推移を見ればいいでしょう。その際、範囲給の上限者の定期昇給は頭打ちになるという点も踏まえます。賞与を減額して昇給総額を確保する考え方もありますが、リテンションを考えたとき、現実的にそれは可能なのかも考えておく必要があります。その上で、結果として人件費の抑制ができそうならば、「効果あり」とみればいいと思います。

　また、新しい事業をつくるためにさまざまなチャレンジをすることが人事制度改革の目的だったのであれば、この間にどのようなチャレンジが起こったかを挙げてみることです。満足いくほどリストアップできれば、人事制度改革の効果があったとみていいでしょう。逆に、十分なリストアップができなければ、まだ効果は出ていないことになります。現実に事業改革が進んでいるかどうかは総括しやすいものですので、そういうもので判断することをお勧めします。

　さらに、「お客さま第一行動の促進」といったものを人事制度改革の目標の一つに挙げたのだとしたら、「お客さま第一行動」が現実に促進されたかどうかをアンケートで確認すればいいでしょう。そのためには、「お客さま第一行動」とは何かを人事評価表で明確にしておかなければ

なりません。その人事評価表の評価レベルを集約するとともに、実際に関係者にアンケートを行って確認します。アンケートの結果、「以前よりお客さま第一行動が促進された」という答えが多く、かつ人事評価表でもよい評価がついていれば、人事制度改革の効果が出たと考えられます。

　新人事制度の効果測定に関しては、当初何のために人事制度改革をしようとしたのかの問題意識をもう一度思い出し、それを素朴に確認していけばいいのです。もちろんその際、人事制度改革の狙いがはっきりしていなければなりません。ですから人事制度改革の準備項目（前述第3章）の中で、重要な位置づけとして、何のために人事制度改革を行うのかを明確にすべきだと強調したのです。

4　新人事制度および運用の修正・調整

　運用し始めると、修正したい点が見えてくることがあります。例えば「人事評価表の集計欄が見にくいので、もう少し大きくしよう」とか、「人事評価のフィードバック面談を必ず行うよう新人事制度の説明書に書いたが、実際にはせいぜい15分程度しか時間をかけていない。結果のフィードバックだけでなく、今後のチャレンジポイントの説明も明確に入れてもらい、どんなに短くても30分はやるようにしてもらおう」といった点です。より便利に、より分かりやすくする部分修正は、随時行っていけばいいでしょう。

　また、「人事評価表に『お客さま第一行動』と書いたものの、イメージが伝わらないことが分かったので、チェックリストをつくろう」と気づくこともあるでしょう。このように、一種の理念を目標とする場合は、行動ベースで目標をブレイクダウンします。例えば「お客さま第一行動」を目標とするのであれば、①お客さまの問い合わせには可能な限り即答すること、②もし調べて折り返し返答しなければならない状況になっても、30分以内に回答すること、③クレームがあったら、何はともあれ、お客さまのところを訪問すること、などとなります。このように定式化

し、全社に示せばいいでしょう。

　ただ、簡単には修正してはいけないこともあります。例えば、新人事制度導入時に、各等級の範囲給の上限を超えている人については昇給をストップさせる方針を表明していた場合、不満が出てきたからといって、簡単に撤回してはいけません。そこを変えたら、旧制度と変わらなくなる恐れがあります。人事制度改革の本筋に関わることは、簡単には修正しないでください。

　あくまで「より便利にしよう」とか、「より分かりやすくしよう」という部分であるならば、いろいろ工夫をしていくべきでしょう。

3 新人事制度のさらなる改革が必要な場合

　より便利にしようとか、より分かりやすくしようという面での修正や調整ではなく、新人事制度をさらに改革する、ということもあり得ます。経営戦略に連動してその実現の手段として人事制度を位置づけると、経営戦略に変更が生じれば、それに連動して人事制度を変更していくことは自然の流れです。

　筆者の経験の中でも、人事制度改革を支援して5～7年たった企業から、「今の人事制度を改革すべきかどうか検討したいので、支援してほしい」という相談が舞い込むことがあります。その結果、再度人事制度改革を行い、10～20年という長い期間にわたり、コンサルタントとして支援することも珍しくありません。

　さらなる改革支援要請を受けた場合、そもそも何を目指して人事制度改革を断行したのかという原点を、まず考えることにしています。例えば、当時は業績が悪く、人件費を抑制することが主眼だった企業で、その後状況が変わり、現在は積極的に成長戦略を打っているとします。この場合、人件費抑制の仕掛けがたくさん入っている現行の人事制度を、もっとチャレンジを促す内容に変えていく必要があるわけです。

　また、第4章で説明した事業開発人材の人事制度の場合、例えば、当初は多角化の戦略を積極的に進めるために、外部から優秀な事業開発型の人材を採用した上で導入したものの、その後も業績が振るわず、多角化戦略を諦め、本業重視の堅い経営に舵を切る――というように、経営戦略の転換を行うこともあるかもしれません。そういう場合は、この事業開発人材の人事制度そのものを廃止すればいいことになりますが、すでにこの人事制度の適用を受けている人がある程度（10人程度）いると

すると、どのようにして新しい体制をつくっていくかについても検討が必要です。これも、さらなる人事制度改革の課題になります。

　人事制度は、ある意味では極めて体系的につくられますので、少々の状況変化にもそれなりに対応できる方法が仕組まれています。しかし、そもそも経営戦略が根本的に変わったのであれば、旧制度の運用変更による状況対応ではなく、新しいコンセプトでの人事制度改革が必要になります。経営的、事業的に今までの何を変えるのか、何を実現したいのか、この整理にもう一度入り、第1章の説明の最初に戻って、その手順に従って、人事制度改革を企画していくといいと思います。

　すでに一度大掛かりな人事制度改革を実行していますから、要領を分かっている人がいると思いますので、以前よりはやりやすいのではないでしょうか。筆者の支援した企業では、転職などで前の人事制度改革のプロジェクトメンバーが誰もいなくなってしまったこともありましたが、少なくとも社長をはじめとして経営陣には経験者が残っている場合が多いと思いますので、こうした以前の事情にある程度通じたメンバーを中心にプロジェクトを組織していくといいでしょう。また、筆者のようなコンサルタントは、10年前の人事制度改革であっても、状況をよく記憶しているものです。一種の職業病かもしれませんが、極めてよく覚えています。以前のプロジェクトメンバーが社内に誰もいなくなっても、そのときに関わったコンサルタントがいれば、状況の把握や引き継ぎは比較的行いやすいのも事実です。自社の知的資産が、思わぬ形で外部人材の頭の中にストックされていることもあるわけです。

　それはさておき、経営戦略が変わって人事管理のコンセプトを変更しようと決意を固めたら、敢然と人事制度改革に取り組むべきです。そのためにも、どういう経営戦略を念頭に人事制度改革に取り組んだのかを明快にして記録しておく必要があります。

> おわりに

中小企業の人事制度改革の独創性と可能性

中小企業が成長し続けるには、中長期的な観点からどのようなことを意識しておけばよいでしょうか。また最後に、これまでの豊富な人事コンサルティングのご経験を踏まえた、中小企業ならではのよさ・強みを生かした組織づくりに向けたアドバイスをお願いします。

1 人口減少社会の到来は中小企業の経営に何をもたらすか

　人口減少社会が到来するといわれています。それは、中小企業に大きな影響を及ぼします。急激な人口減少、とりわけ生産年齢人口（15～64歳）の急激な減少が推定されているからです。

　国立社会保障・人口問題研究所が、2012年1月に推計した結果によると、わが国の生産年齢人口（出生率一定、死亡率中位）の推移は、

　2015年：7681万8000人
　2025年：7084万5000人

——とされています。つまり、今後10年で、日本の生産年齢人口は7.8％の減少となると予測されています（**図表6-1**）。

　一方、世界の人口は、総務省統計局「世界の統計2016」によると、

　2015年：73億4900万人
　2025年：81億4200万人

——となっています。世界の人口は、今後10年で10.8％の増加が見込まれているわけです。同じ生産年齢人口のデータ比較ではありませんが、日本の状況は、世界の動向とは真逆に進むということは間違いありません。

　日本の出生率（合計特殊出生率）は、このところ、おおむね1.4前後で推移していますが、今後緩やかに低下していき、2060年には1.35になるだろうと予測されていますから、生産年齢人口は長期にわたって低下していくことは確実でしょう。

　したがって、人材採用競争が当面激しさを増していくという前提に立って、企業の人事政策を決めていくべきです。もちろん「一寸先は闇」といわれる社会にあって、リーマンショックのような突然の不況や地震

図表6-1 日本生産年齢人口の推移

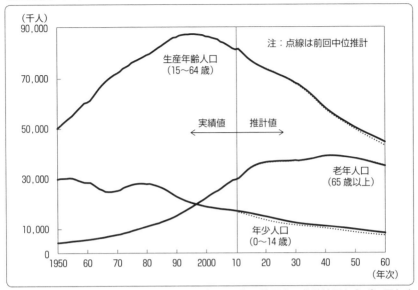

資料出所：国立社会保障・人口問題研究所が、2010年国勢調査の集計結果ならびに同年人口動態統計の確報値を踏まえ、日本の将来人口推計を行ったもの（2012年1月推計）

などの天変地異、戦争やテロに伴う不況・経済不安など、いろいろなことがあるだろうと思います。企業はこのような生産年齢人口の急激な減少が予測される中にあっても、不況になれば採用を控え、好況になれば積極的に採用しようとするでしょう。しかし、特に中小企業は、不況であっても採用を続けていく覚悟が必要になります。好況時には採用が極めて難しくなるのですから。

図表6-2の年齢別労働力率をみると、30～50代前後のいわゆる"働き盛り"世代において、男性はほぼ100％近くが働いていますが、女性はまだ25％くらいの人が働いていません。そうなると、この女性労働力をどのように企業に迎え入れるかということも重要になります。女性は、子育てなどの問題もありますので、かつてもてはやされた「24時間働く」企業戦士のような働き方は望まない人が多いと思います。従来の男性と

図表 6-2 年齢別労働力率（1985～2005年）

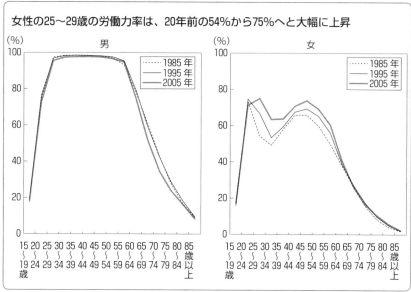

資料出所：総務省統計局「国勢調査」

は異なる働き方を提案できれば、女性労働力をもっと取り込んでいけるのではないでしょうか。

　中小企業の場合、資金繰りの厳しさもありますので、採用に対して慎重になりがちです。常に業務量に対してより少数で対応しようとする本能が働きますので、業績がよくなると残業が激増する会社もあります。忙しさの中で先行きの展望を失い、その結果転職されてしまうことが多くなり、せっかくの成長機会を失うということが起こっています。就業環境の改革にもっと注目して、工夫していく必要があると思います。

　また、日本の生産年齢人口は減少傾向にありますが、海外では人口増加に転じている国が多くあります。そういう国の人を採用して働いてもらうことも考えるべきでしょう。外国人の就業に関するニーズは、従来の日本人社員のそれとだいぶ違うようですが、そこにきちんと対応できれば、外国人労働力も活用できるようになると思います。

中小企業が成長戦略を掲げて本当に頑張ろうとするならば、この生産年齢人口の減少の中で、どのように有能な人材を確保し、活躍してもらうかが大きな経営課題であることを、明確に認識しておかなければなりません。もちろんこの状況は大企業にも等しく当てはまりますが、大企業は知名度があったり、給与水準が高かったりしますので、まだ人材の吸収力があります。そういう点で劣る中小企業の場合は、一層の工夫がないと、働き手がいなくなって廃業となることもあり得ます。

　生産年齢人口の急激な減少は、必ず起こるといわれていますので、緊張感をもって対策を急ぐ必要があります。

2 中小企業には独特の"生命力"がある

　中小企業のよさは、意思決定構造が軽いということです。状況に合わせて小回りよく経営的な意思決定ができるように切り替えやすい条件があります。他方、資金繰りに苦労している会社も多いかもしれませんし、投資と回収を短サイクルで回さないと、ちょっとしたことで運営が難しくなる可能性もあります。

　ですが、新しい商品を出したり、新しいサービスを提供したりすることに対して、割に小回りよく柔軟に対応していける部分が中小企業にはあります。また、処遇についても、従業員が少ないこともあり、ある意味ではいろいろな模索ができると思います。就業時間を10〜16時までとする時短勤務コース社員を提案したり、内部事務を行う者に在宅勤務コースを提案したり、時間外にさまざまな同好会を開いて交流を深めたりするなど、さまざまなことを実施しやすい環境が中小企業にはあります。思い切って実施してみてください。

　年収が高いというのは、就職先を選択する一つの条件ですが、年収の高さより、ある程度子育て時間や介護時間が確保できることを重視する人もいます。激しい競争関係の中で働くよりも、家族的な人間関係の中で働きたい人もいます。そういう人をどんどん吸収する対策を打つべきでしょう。

　中小企業には"採用恐怖症"というようなものが見られがちで、常に少数精鋭の状態になっていると思います。全体を引っ張って事業開発に取り組む少数精鋭の人材と、精鋭ではなくても多様な才能を持った人材を仕事上でうまく組み合わせていくことができれば、非常に強い組織が出来上がるはずです。

日本の大企業の人事部門には、比較的優秀な人材が働いていますので、大企業も、以上で説明したような施策をどんどん打ち出していくと思います。しかし、大企業は意思決定構造が比較的重いので、一般に変化スピードがあまり速くないでしょう。一方、中小企業はその気になればどんどん実行できます。社員数が少ない分、意思統一にも時間がかかりません。

　このように、さまざまな労働力をうまく組み合わせるには、中小企業といえども有能な人事スタッフが必要になります。単に「給与支払い事務だけをこなせればいい人材」とするのではなく、新しい処遇体制を創造していく人材を発掘・育成して、配置してください。

　もともと日本の中小企業には、高い技術や技能が蓄積されていますし、高いモチベーションもあります。処遇についても、もっと創造的になっていく努力をすれば、新しい状況が必ず生まれます。中小企業には独特の"生命力"があるのですから。

3 中小企業ならではの強みを生かして人材を育成せよ

　筆者はこれまで、大企業に対しても中小企業に対してもコンサルティングを行ってきましたが、それぞれの人材を見ていて意外に感じることがあります。もちろん、大企業も中小企業もさまざまですので、一律に断定しようとは思いませんが、中小企業の人材は想像以上に成長している、ということです。

　大企業の社員の中には、学歴は高いけれども、自発的に仕事をする習慣が身に付いていない人がいます。常に指示を受けて動くことに慣れているのかもしれません。一方、中小企業の社員には、人が少ない分、比較的早いうちから仕事を任されて、自分で判断して主体的に仕事をしている割合が多い印象を受けます。

　大企業と中小企業を統計的に比べて出した結論ではありませんから、必ずしも正しいとはいえないかもしれません。しかし、人材育成環境に関する考え方からすると、中小企業のほうが、人材が育っているといっても誤りではないと思います。人は、「クレームが来たり厳しい状況に陥ったりするかもしれないという緊迫感を持って、何とか乗り切ろうと悪戦苦闘する中で成長するもの」ではないでしょうか。そういう環境にないと、少しゆったりしたり、「難しいことは先輩に任せたい」という気持ちになったりします。また、クレームが発生しても、先輩がカバーしてくれて、結果「事なき」を得たりします。そういう中では人材の成長スピードは遅くなります。

　自分で悪戦苦闘し、何とか乗り切る経験を積むと、次に同じような状態に遭遇しても、「今度はこんなに苦労をしないようにしよう」と工夫を凝らします。こうした環境に身を置いていれば、圧倒的に成長スピー

ドが高まります。下手をすると本当にお客さまに迷惑を掛けてしまいますが、そのぎりぎりのところまで踏み込んで、主体的に悪戦苦闘することが、成長スピードを上げるポイントです。

　筆者は本書で、「事業改革と人材育成とは一体である」と述べました。さまざまな研修やセミナーなどに参加して研鑽（けんさん）を深めることも自分を飛躍させるために重要な役割を果たしますが、最も成長に重要な役割を果たすのは、事業改革に取り組むことです。今までどおりのやり方を習得して、「つつがなくできるようになる」段階を突破したら、それをどうにかして改革し、もっと効率的に、もっと確実に、もっと期間短縮して、もっと「お客さま満足度」を上げるようにできないか、もっと価値を高めることはできないか——というような考え方をさせるべきです。しかし、こういう発想は、普通の楽な就業環境の中では自発的には生まれにくいのは確かです。

　中小企業は、少数精鋭にならざるを得ませんので、新人といえども、このようなことを考えなければならない環境にあります。これは人材が育つ上で極めて良好な環境だといえます。中小企業の人事担当者から「わが社は忙しくて、なかなか人材育成をする余裕がなくて困っています」という話を聞くことがあります。実際に研修に行かせたり、セミナーに参加させたりできていないことは確かだろうと思います。しかし、研修やセミナー参加は、決定的に大事なことというわけではありません。いかに自発的に、主体的に悪戦苦闘できる環境があるかが、人材育成にとっては大切なのです。

　筆者の経験の中でも、大企業の社員で「あの人がもし中小企業で働いていたとしたら、もっとビジネスパーソンとして目ざとく、フットワークよくなっていただろうな」と残念に思うことがあります。中小企業とその社員は、自身では自覚していないかもしれませんが、自分たちの強みをもっと自覚して、臆することなく優秀な人材を採用するよう努力し、こうした人材に悪戦苦闘してもらってください。そうすれば、素晴らしいビジネスパーソンが生まれるはずです。

■著者紹介

高原暢恭（たかはら のぶやす）

株式会社 日本能率協会コンサルティング（JMAC）
常務取締役　シニア・コンサルタント
1955年生まれ。早稲田大学大学院（博士課程前期：労働法専修）修了。
HRM分野を専門とするコンサルタント。HRM分野にあっても、現地現物を自分の目で見て考えるという現場主義を貫くことを信条としている。
著書に、『賃金・賞与制度の教科書』『人事評価の教科書』『人材育成の教科書』『人件費・要員管理の教科書』（以上、労務行政）、『人事革新方法論序説』（JMAC）ほか。また、「労政時報」にも賃金関係記事を中心に多数執筆。

［連絡先］
株式会社 日本能率協会コンサルティング

〒100-0003　東京都千代田区一ツ橋1-2-2　住友商事竹橋ビル11階
TEL：03-5219-8050（代）
E-mail：HRMinfo_Consult@jmac.co.jp

カバー・本文デザイン／稲木秀和（アイディープランニング）
印刷・製本／三美印刷株式会社

社長、人事制度で解決できます

2016年9月28日　初版発行

著　者　高原暢恭
発行所　株式会社 労務行政
　　　　〒141-0031　東京都品川区西五反田3-6-21
　　　　　　　　　　住友不動産西五反田ビル3階
　　　　TEL：03-3491-1231
　　　　FAX：03-3491-1299
　　　　http://www.rosei.jp/

ISBN978-4-8452-6333-2
定価はカバーに表示してあります。
本書内容の無断複写・転載を禁じます。